权威·前沿·原创

皮书系列为
"十二五""十三五"国家重点图书出版规划项目

海南中金鹰和平发展基金会资助项目
中国社会科学院地区安全中心研究项目

海外公共安全与合作蓝皮书

BLUE BOOK OF
OVERSEAS PUBLIC SECURITY AND
ITS COOPERATION

海外公共安全与合作评估报告
（2019）

ANNUAL REPORT ON OVERSEAS PUBLIC SECURITY AND
ITS COOPERATION (2019)

主　编／张蕴岭
副主编／张　洁　艾莱提

社会科学文献出版社
SOCIAL SCIENCES ACADEMIC PRESS（CHINA）

图书在版编目（CIP）数据

海外公共安全与合作评估报告. 2019 / 张蕴岭主编
. －－北京：社会科学文献出版社，2019.3
（海外公共安全与合作蓝皮书）
ISBN 978 - 7 - 5201 - 4416 - 2

Ⅰ. ①海… Ⅱ. ①张… Ⅲ. ①公共安全 - 安全管理 -
研究报告 - 2018 Ⅳ. ①D035

中国版本图书馆 CIP 数据核字（2019）第 036618 号

海外公共安全与合作蓝皮书

海外公共安全与合作评估报告（2019）

主　　编／张蕴岭
副 主 编／张　洁　艾莱提

出 版 人／谢寿光
项目统筹／王婧怡
责任编辑／王婧怡

出　　版／社会科学文献出版社·经济与管理分社（010）59367226
　　　　　地址：北京市北三环中路甲 29 号院华龙大厦　邮编：100029
　　　　　网址：www.ssap.com.cn
发　　行／市场营销中心（010）59367081　59367083
印　　装／天津千鹤文化传播有限公司

规　　格／开　本：787mm×1092mm　1/16
　　　　　印　张：15.25　字　数：225 千字
版　　次／2019 年 3 月第 1 版　2019 年 3 月第 1 次印刷
书　　号／ISBN 978 - 7 - 5201 - 4416 - 2
定　　价／98.00 元

本书如有印装质量问题，请与读者服务中心（010 - 59367028）联系

编 委 会

主要编撰者简介

主　编

张蕴岭　中国社会科学院研究员、学部委员，山东大学特聘人文一级教授，东北亚学院学术委员会主任；曾任中国社会科学院国际研究学部主任；第十、第十一、第十二届全国政协委员，外事委员会委员；现担任中国社会科学院地区安全中心主任，中韩友协副会长等。

张蕴岭教授是国内外著名国际问题专家，获国家有突出贡献专家称号，曾担任中国亚太学会会长（1993～2018 年），东亚展望小组成员（1999～2001 年，2011～2012 年）；中国－东盟合作官方专家组成员（2001～2002 年），亚欧合作专家组亚洲代表成员（2003～2004 年），地区"东亚自由贸易区可行性研究"专家组长（2004～2006 年），"东亚经济伙伴关系"可行性研究专家组（CEPEA）成员（2006～2009 年），中韩联合专家委员会中方主席（2009～2013 年），德意志银行亚太地区顾问（2009～2013 年）等。

张蕴岭教授出版了大量的论文和专著，主要代表专著有《世界经济中的相互依赖关系》（1989 年，2012 年）、《未来 10～15 年中国面临的国际环境》（2004 年）、《世界市场与中国对外贸易的国际环境》（2007 年）、《中国与亚洲区域主义》（2009 年，英文）、《中国与世界：新变化、新认知与新定位》（2011 年）、《构建开放合作的国际环境》（2013 年）、《寻求中国与世界的良性互动》（2013 年）、《在理想与现实之间——我对东亚合作的研究、参与和思考》（2015 年）。

副主编

张 洁 中国社会科学院亚太与全球战略研究院研究员，中国社会科学院地区安全研究中心副主任。主要研究方向是南海问题、东南亚外交与安全、中国周边安全等。出版专著《民族分离与国家认同——关于印尼亚齐民族问题的个案研究》，编著《中国周边安全形势评估》（2011~2019 年）。在《国际政治研究》《国际问题研究》《国际安全研究》《当代亚太》《东南亚研究》《太平洋学报》等学术期刊发表论文数十篇。

艾莱提·托洪巴依 现任海南中金鹰和平发展基金会副秘书长，海南公共安全研究院副院长。曾主持或参与 2009 年度教育部重大攻关项目《跨界民族与中国地缘安全研究》、2011 年度国家社科基金西部项目《吉尔吉斯斯坦政局对中国的影响及对策研究》和 2018 年度海南中金鹰和平发展基金会重点项目《东南亚国家安全风险评估》。担任《新疆与中亚跨界民族研究》（民族出版社 2012 年版）、《中亚五国人口研究》（科学出版社 2014 年版）、《中亚五国经济发展现状》（科学出版社 2014 年版）等著作的主编。

摘　要

　　《海外公共安全与合作蓝皮书》重点研究中国面临的海外公共安全问题及其应对，全书分为总报告、综合篇、专题篇、热点篇和附录五个部分。综合篇介绍了迄今国内外有关海外公共安全的研究进展，包括概念界定、研究范畴、研究难点与研究重点等内容以及中国公民和中国企业两大主体面临的主要海外公共安全挑战与发展趋势；专题篇是以海外公共安全的合作与治理为研究内容，从政府、企业与国际制度三个层面展开阐述，总结了近年来中国在治理海外公共安全方面取得的进展与存在的不足；热点篇包括三个议题，即"一带一路"建设涉及的海外公共安全问题，恐怖主义对海外公共安全构成的挑战以及利比亚撤侨事件折射出的中国应对海外公共安全危机的经验与教训。

　　蓝皮书邀请了来自中国社会科学院、外交学院、浙江大学等机构的专家学者以及从事海外安保工作的企业人员共同参与完成，力图将理论与实践相结合，为学术研究、政策制定和企业实践提供借鉴和参考。本书是海南中金鹰和平发展基金会（HAINAN CGE Peace Development Foundation）与中国社会科学院地区安全研究中心（The Center for Regional Security Studies）联合研究项目的成果。

目　录

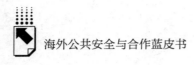
皮书数据库阅读**使用指南**

序　言

张蕴岭[*]

全球化的突出特征是各国都被纳入世界开放的空间，经济、政治、社会、文化相互联系。其中，安全的互联性，即相互联系、相互影响与相互依赖性增强。一般地说，就安全的性质而言，可大体分为传统安全与非传统安全。前者主要是指军事领域，用军事方式解决；而后者主要是指非军事领域，主要用非军事的手段解决。当然，二者相互交叉，在一些情况下，军事手段也被应用于解决非传统安全问题。按照安全层次分类，可分为国家安全与公共安全，前者主要指涉及国家整体的安全问题，而后者主要指社会与个人的安全，二者有着密切的联系，当然，也有区别，一则体现为领域范畴不同，二则体现为解决手段不同。

在当代，公共安全问题越来越具有鲜明的国际特征。之所以如此，是因为全球化的发展把各国更为紧密地联系起来，国家经济的发展越来越与外部相连，对外交往不断扩大，人员流动范围越来越广，规模越来越大，由此，公共安全的一个突出特征——国际性特征也越来越凸显。传统的国家安全是守卫国家边界不受外敌入侵，既捍卫了国家的领土与主权，也保护了社会与公民的安全。但在新形势下，社会与公民的安全越来越多的部分出现在国外，这包括企业在海外投资、经营，公民在海外学习、就业、旅行等。

公共安全问题的另一个突出特征是具有突发性和多样性。之所以如此，是因为公共安全涉及的国家、地区和领域分散、多样，发生的原因也错综复

---

[*] 张蕴岭，中国社会科学院学部委员，地区安全研究中心主任，海南中金鹰和平发展基金会、海南公共安全研究院学术委员会主任。

杂。因此，涉及海外公共安全问题的应对和处理难度很大。此外，在大多数情况下，维护海外公共安全的责任越来越超出国家（政府）的职能范围，具有很强的社会性与合作性。也就是说，维护海外公共安全、处理安全突发事件的角色可能不是主要由国家（政府）担当，而是由社会组织担当，甚至不是由一家机构承担，而是需要多方配合与合作，并且不仅需要本国机构参与，还需要开展国际性合作，需要构建国际联系与合作网络。

海外公共安全问题涉及的领域甚多，从研究的角度来看，是一门大学问，涉及政治、国际关系、经济、社会、文化等诸多领域，不仅需要对问题本身进行定位，还需要找出务实的应对方法。以恐怖主义导致的公共安全为例，不但需要处理恐怖事件本身，而且需要弄清恐怖主义行动产生的根源，并且由于恐怖主义行动的方式千差万别，还需要针对不同的案例进行具体分析；在应对恐怖主义行动方面，既涉及事件本身的应急处理，也涉及相关问题的解决，包括延伸出来的社会问题、法律问题等。在诸多事件的处理中，既需要机构本身的能力，也需要多方联系与合作。特别是海外公共安全问题涉及所在国的政治、经济、法律等关系，如何构建国际联系网、信息网、合作网，如何提高预防和处理突发事件的能力等对各国而言都是新的领域。

海外公共安全问题当然离不开政府的作用。但是，在应对和处理公共安全事件上，社会（民间）组织同样具有非常重要的作用，在一些情况下，后者甚至起着关键性的作用。为此，需要发挥公共安全领域里社会组织的作用。海外公共安全需要国际合作，也需要推动社会组织"走出去"，构建跨国联系与合作网络，需要加强机构与人员的能力建设，花力气培养高素质、高水平的海外公共安全人才队伍，也需要了解和参与现有的国际机制等。

2018年初，海南中金鹰和平发展基金会与海南公共安全研究院举办亚太公共安全国际会议，邀请来自国内外的专家就国际公共安全的理论构建，当前国际公共安全面临的形势与应对，以及如何开展国际公共安全领域的合作等重要问题交流意见、开展讨论，会议还发布了关于构建亚太地区公共安全合作网络的共识文件。会后，中国社会科学院地区安全中心和海南中金鹰和平发展基金会与海南公共安全研究院决定做一项具有开创性的工作——合作组织撰写《海外公共安全与合作蓝皮书》。经过近一年的努力，第一本关于海外公共安全的蓝皮书问世了。

本书对海外公共安全的定位、理论与现实发展，海外公共安全合作的形势、挑战进行了综合分析，对中国人"走出去"涉及的人身安全，对企业"走出去"涉及的投资安全等重要问题进行了综合分析，对海外公共安全领域的热点问题，如"一带一路"建设涉及的公共安全问题、恐怖主义对海外公共安全的威胁、海外政局变动引发的公共安全问题、海外领事保护问题、危机管理机制问题，以及海外安保机制与构建等问题进行了深入的分析。

书中对海外公共安全的理论、定位等进行了梳理与分析，提出海外公共安全存在合法性难题、能力难题与意愿难题，指出在现实发展中，出于公共安全保护的需要，更具强制力和侵入性的措施正在越来越多地被接受，私营安保力量的合法性逐渐得到认可，社会组织的跨国影响力不断增强。

书中对人的海外安全问题进行了具体解析。如今，中国人以各种方式"走出去"的数量是巨大的，并且还在快速增加。正如报告中指出的，在国际形势错综复杂、安全威胁纷繁交织的背景下，中国公民海外安全事件发生频率不断增大、事件种类增多、地域特色明显并呈现安全风险加大、危险系数升高、当事人低龄化等发展趋势。政府"以人民安全为宗旨"的安全政策延伸到海外，要求自身提高为中国公民海外合法权益"保驾护航"的能力，针对不同群体采取不同措施，建立并强化相关沟通与合作机制。同时，也要求中国公民自身增强安全意识，增加安全保护知识和提高自我安全保护能力。

出国留学是国人"走出去"的重要领域。2017 年，中国出国留学人数突破 60 万大关，成为留学生最大生源国。与此同时，留学生的海外安全问题日益突出，事故频发，不时成为社会热点与焦点。留学生的海外安全问题突发性强，需要应急处理机制，也需要构建安全保护机制。劳务输出是中国企业"走出去"的重要支撑，海外务工人员的安全问题也越来越令人关注。海外务工人员的安全问题，除工伤事故外，也涉及越来越多的恐袭事件，以及因为手续不全或者其他原因导致的被扣、被遣返。鉴于中国海外劳工数量大、分布广、分散性强，如何提高应急处理能力，构建保护海外劳工安全的"政府—公司—安保机构—劳工个人—当地"的联系与合作机制，面临诸多挑战。

领事保护是政府对海外公民实施保护的责任。领事保护机制是指国家为了达到保护海外公民和法人合法权益的目的而做出的一整套的工作安排及参与此项工作的各部门之间的互动关系。为此，本书对中国领事保护制度的发展进行了梳理与分析。如今，中国逐步建立起了由中央政府、地方政府、驻外使领馆、企业和公民个人组成的"五位一体"的境外安保工作联动网络，形成了立体式领事保护机制模式。从2004年中央成立"境外中国公民和机构安全保护工作部际联席会议机制"并召开首次会议，到2006年外交部在领事司内设立领事保护处，专门处理和协调中国海外公民及法人合法权益的保护工作，再到领事保护处升格为领事保护中心，政府的领事保护体系基本完备。同时，国内各大型企业也建立了自己的应急管理体系，与政府领事保护机构建立密切联系。

如今，中国已经成为居世界前列的对外投资大国，海外投资安全与安全保护问题显得越来越重要。为此，本书对海外投资安全问题进行了分析。海外投资安全涉及面更广，既有投资本身的安全问题，也有投资环境的安全问题。近年来，中国海外投资增速很快，规模不断扩大，涉及的领域、地区和国家很多，与此相应，海外投资的风险也大幅增加。其中，因当地政局、政策变动引起的投资风险和因恐怖主义威胁引起的投资风险凸显。因此，需要构建官—产—民、中外互联的海外投资安全应急处理和保护机制，包括预警、信息网的建设。

"一带一路"倡议是中国推动新型发展合作的重要载体，也是拉动中国海外投资及经贸、人员、文化交流的重要机制。如今，"一带一路"倡议得到140多个国家和地区的积极响应和支持，中国已与近百个国家和国际组织签署了共建"一带一路"的合作文件。随着"一带一路"建设的推进，投资和其他领域面临的安全风险也日益凸显，人的安全、机构安全和投资安全等问题多了起来。特别是，在大国博弈风险加剧、国家政局变动频繁、极端与恐怖势力猖獗的情况下，"一带一路"建设中的海外公共安全面临诸多挑战。

海外经济利益与海外投资安全有很强的关联性，涉及的经济利益主体主要是企业，不仅涉及公司、项目、个人，也涉及关联机构与国家。事实上，实践中已经建立起了各种官民合作、中外合作的多层次机制。不过，在全球化时代，传统安全与非传统安全问题界限模糊，不仅相互交织，而且在一定条件下还会相互转化。海外公共安全问题与国家政治安全、经济安全等密不可分、相互影响。因此，构建完善的海外利益保护体系，切实保障公民和企业的海外合法权益也是当务之急。这就要求我们在研究海外公共安全问题时，需要建立整体性和系统性的分析框架。

本书也对中国安保企业的发展与其在海外公共安全维护中的作用进行了分析。随着中国企业海外资产的增多，海外安保需求增加，对中国安保公司服务的需求也会大大增加。目前，海外投资安保服务以社会机构为主，因此，中国安保企业"走出去"需要加强与国际安保机构的联系，需要学习现有的国际安保规约，参加已有的协议与组织，加强与它们的合作。本书对如何规制和引导安保行业适应新形势的发展，如何借鉴国际经验，建设有中国特色的海外安保机构提出了建议。安保业的国际规制历经数十年的发展，目前已形成以《蒙特勒文件》《国际私营安保服务商行为守则》为基础的国际法律框架，国际安保行为守则协会（ICoCA）的发展反映了国际安保规制正在向政府、企业、社会多元利益相关者共治模式转型，中国安保服务国际化要积极适应从"保安"向"安保"的业态转型，加快完善中国安保业规制建设，多措并举提升中国安保业能力。"海外中国平安体系"建设已成为重要议题，需要从法律支撑、机制建设、风险评估、安全预警、预防宣传、应急处置等方面加快推进。

总之，从目前和未来发展的需要看，有关海外公共安全的研究还需要进一步加强，亟须构建相对完整的理论研究框架和体系，特别需要加强"田野调查"，获得更多、更真实的第一手资料。理论来自实践，从研究的角度说，需要加强实地调查研究，避免闭门造车，只有这样才可以得出科学的结

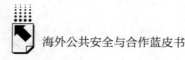

论，提出好的对策建议。

近年来，中国社会科学院地区安全研究中心以合作的方式推动成立了两家社会研究机构，即中金鹰海南公共安全研究院和中坤鼎豪海外公共安全研究院，旨在推动我国有关海外公共安全问题的研究。本蓝皮书作为海南公共安全研究院的旗舰产品推出，得到了社会科学文献出版社的大力支持。希望本书的出版能够推动我国海外公共安全研究，为政府有关部门制定政策做出贡献，同时在维护中国企业海外经营以及中国人海外务工、学习、旅行等方面提供帮助。

总 报 告

General Report

B.1
中国海外公共安全与治理合作

张 洁*

摘 要： 海外公共安全是中国国家安全的重要组成部分，海外公共安全事务需要作为一个独立的重大议题给予更多学术研究和外交关注。在概念上，海外公共安全、公共安全、海外利益等有联系也有区别。从研究主体来看，既包括个人也包括企业。通过合作克服主权国家体系造成的分割状态是治理海外公共安全的重要途径，这既需要国内政府、企业、个人等多主体间的协调合作与机构、机制和硬实力的建设，也需要国际联系与合作网络的构建。未来，中国需要有复合型的手段应对海外风险挑战，增强整体海外公共安全供给能力。

关键词： 海外利益　治理合作　能力建设

---

* 张洁，中国社会科学院亚太与全球战略研究院研究员，中国社会科学院地区安全研究中心副主任。

海外中国、海外中国平安体系、"安保"而非"保安"等一系列新术语、新概念的出现,生动而准确地反映出中国海外公共安全形势的发展与变化。事实上,经过"走出去"战略和"一带一路"倡议两个阶段的跨越式发展,大量的中国公民与中国企业遍布全球,海外公共安全已经成为涉及千家万户、无法被忽视的重大议题。因此,从历史的维度总结中国海外公共安全的发展历程,多视域比较研究海外公共安全面临的问题与挑战,结合国情和国际经验探讨海外公共安全治理模式,是重要的学术问题,也颇具现实意义。

本报告是《海外公共安全与合作蓝皮书》的第一本,在承袭蓝皮书注重年度分析的特点的同时,将首先用相当篇幅回顾中国海外公共安全问题的形成历程与原因,以及目前国内外学术界对海外公共安全的概念、理论等的研究现状与主要观点,作为本系列报告开展的研究背景。

一 "海外公共安全" 的概念界定与研究议题

国内学术界对公共安全、海外利益的研究已有较长的历史,但有关海外公共安全的研究仍是一个新现象,迄今研究成果数量较少。如果以中国知网为数据来源,设定"海外公共安全"为关键词或主题词进行检索,得到的相关数据只有十数条。但是如果把"海外公共安全"设定为全文范围进行检索的话,就可以得到大量的数据,这些数据多数与"中华人民共和国""司法机关""企业管理""应急管理""北美洲""公共安全""突发事件"等主题词有密切的关联度。这说明,大量有关海外公共安全的事务还没有作为一个独立的议题得到关注,而是更多地被放置于更广泛的领域(如"公共安全""应急管理"等)进行研究,① 相关的治理主体则是以国家为主。这一数据分析显示出学术研究与现实需求的鸿沟,凸显了以"海外公共安全"为主题开展研究的迫切性与必要性。

---

① 例如,在有些研究中,用"公共安全"的概念直接替代了"海外公共安全",参见李兵、颜晓晨:"中国与'一带一路'沿线国家双边贸易的新比较优势——公共安全的视角",《经济研究》2018 年第 1 期。

在本报告中，多篇涉及"海外公共安全"概念的讨论，但观点各异，并没有形成统一的答案，这在一定程度上为读者提供了理解这一问题的不同视角。有观点认为，讨论海外公共安全，需要按不同的安全类型、层次进行分类研究。其中，按照安全层次分类，可分为国家安全与公共安全，前者主要指涉及国家整体安全的问题，后者主要指社会与个人的安全。因此，谈及海外公共安全，主要研究对象是企业和个人，其中企业又包括资产和人员的安全。也有观点认为，海外公共安全问题指的是在处于中国管辖权以外的地区发生的、不特定的损害中国公民人身安全的事件，还可能同时造成财产或者名誉损失。这一观点主要集中于公民个人的人身安全问题。由此可见，仅是海外公共安全的研究主体，各方观点就不尽相同。本报告总体采用了较为宽泛的研究主体，即包括了企业与个人。

"海外公共安全"的概念与"海外利益"密切相关。比较而言，海外利益的外延较为宽泛，海外公共安全的概念则提供了更为清晰的理论概念和分析维度，因而争议较少。有观点认为，从中国政府提出海外利益保护的初衷来看，主要是保护中国公民和企业在海外的生命和财产安全，尤其是要减少对非国家行为体的袭击造成的人员伤亡和财产损失。[①]就这种定义而言，"海外公共安全"与"海外利益"的研究范畴高度重合。也有观点指出，现有文献常常在境外公民安全保护和新型国家利益建构这两个意义上使用"海外利益"一词，因此对这两个语境应注意区分。境外公民安全保护即保护境外企业、公民等实体的人身财产免受毁损灭失。而新兴国家利益建构主要是指随着综合国力的增长，一国的国际角色发生变化，并带来了利益观的变化，即逐步在传统经济、军事等物质利益之外拓展多边事务话语权、国际制度权益等新型利益。[②] 在本报告中，有关外交保护、领事保护、投资保护、私营安保的讨论均是和"海外利益"的前一个语境相重合的，故而可以说是狭义上的"海外利益"的

---

① 肖河："'一带一路'与中国海外利益保护"，《区域与全球发展》2017 年第 1 期。
② 刘莲莲："国家海外利益保护机制论析"，《世界经济与政治》2017 年第 10 期。

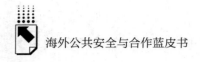

研究。

在现实中，海外公共安全的威胁来源包括军事冲突、政权更迭、治安犯罪、恐怖袭击、流行疾病甚至自然灾害等多种因素。这些因素往往同时存在，引起的安全威胁具有突发性、多样性、跨国性等特征，这些特性决定了海外公共安全的治理模式应该是多手段、多层次并以合作为主。

如何治理海外公共安全问题是本报告讨论的重点，其核心难题是全球化需求的全球治理被主权国家体系分割。因此，通过合作克服主权国家体系造成的分割状态是治理海外公共安全的重要途径，这既需要国内多主体间的协调合作，也需要国际联系和合作网络的构建。

一国除了在国内加强人员、机制等自身实力的建设外，在国际层面，跨国合作是解决海外公共安全难题的关键。这其中不仅包括政府间的合作，还需要动员两国或多国在社会组织、个人力量等各个层面之间的对接。随着冷战的结束以及全球化态势的发展，促进海外公共安全合作的各个路径都有了迅速的发展。在国家层面，更具强制力的措施越来越多地被各国接受；在市场层面，如何运用国际私营安保以及加强对其规制，也是新趋势、新议题；在社会层面，随着网络科技和社交媒体的发展，当今国际事务日益呈现碎片化、网络化的特征，社会组织的跨国影响在不断增强。综上所述，强制性规则和网络化权力是促进海外公共安全合作的两大关键词，它们分别代表了两大发展逻辑和趋势。但是，如何保障国家强制力措施的有效实现仍有困难，海外安保力量的使用也仍然面临着军事化合法性的难题。本报告对上述问题均有涉及，但也仅是研究的开始。未来，这些问题仍将是关注的重点，需要在理论研究与实践总结方面双管齐下。

二　中国海外公共安全现状

改革开放后，随着国际交流的迅速发展，尤其是"走出去"战略的实施和"一带一路"倡议的推进，越来越多的中国公民和企业走出国门。据统计，截至 2018 年 3 月底，正在海外留学的中国公民人数是

145.41 万人；① 2018 年上半年，中国公民出境旅游人数是 7131 万人次；② 截至 2018 年 11 月，在外各类中国劳务人员是 101.1 万人。③ 对于任何国家来说，这都是一个庞大的数据，并且这一数据还有不断上升的趋势。

与庞大数据相应，中国面对的海外公共安全问题日益凸显。其中，中国公民海外安全事件的主要特点表现为：发生频率增大、种类增多、地域特色明显，安全风险系数升高、当事人低龄化等。根据公开报道，2016～2018 年，涉及中国公民（包括游客、留学和劳务人员及渔民和船只等）的海外安全事件约 400 起。其中，游客是中国海外公共安全事件的主要当事人，涉水和交通事故是"头号杀手"，东南亚则是事件高发地区。中国保持着世界最大留学生生源国地位，出国留学人数持续增长，留学目的地集中在欧美发达国家。留学生海外安全事件集中于社会治安事件、违法违规事件和意外事件三大类。此外，自杀事件为留学生群体的独有现象。而就海外劳务人员而言，社会治安恶化以及劳务人员自身违法行为引发的安全问题是最多的。

中国海外投资只是过去二十年出现的"新生事物"，但是增速很快，从 2005 年以来以 36% 的年均增速增长。④ 根据商务部的统计，中国企业"走出去"投资的规模不断扩大，目前海外资产达到 6 万亿美元，中国已经从资本输入国变成资本净输出国。⑤ 故而，庞大的海外资产已经成为中国海外公共安全的重要组成部分。尤其是在"一带一路"倡议的提出与推进下，中国对外投资规模和投资环境进一步发生变化，海外利益的广度和深度进一步得到拓展，"海外中国"正在形成，而庞大的人员和资本则是"海外中

---

① 《2017 年出国留学、回国服务规模双增长》，教育部网站，2018 年 3 月 30 日，http：//www. moe. gov. cn/jyb_ xwfb/gzdt_ gzdt/s5987/201803/t20180329_ 331771. html。

② 《2018 年上半年旅游经济主要数据报告》，中国旅游研究院网站，2018 年 8 月 22 日，http：//www. ctaweb. org/html/2018－8/2018－8－22－10－48－50740. html。

③ 《2018 年 1～11 月我国对外劳务合作业务简明统计》，商务部网站，2018 年 12 月 19 日，http：//hzs. mofcom. gov. cn/article/date/201812/20181202818122. shtml。

④ 《2017 中国对外直接投资统计公报》，商务部网站，http：//www. mofcom. gov. cn/article/tongjiziliao/dgzz/201809/20180902791492. shtml。

⑤ 《商务部部长：中国已从资本输入国变成资本净输出国》，人民网，2017 年 10 月 20 日，http：//politics. people. com. cn/n1/2017/1020/c1001－29598204. html。

国"的重要组成部分。① 相对于"走出去"战略，"一带一路"倡议不仅要扩大中国对外交往的规模，而且试图改变"走出去"的方向，要将"海外中国"（Oversea China）建设的目标由侧重于营商环境较好的国家转向营商条件相对较差的甚至是高风险国家。无论是规模扩大还是方向转变，中国面临的海外利益侵害风险都将增多，这都凸显了保护海外利益的必要性和紧迫性。②

一直以来，海外企业面临的风险就是多样化的。中国商务部在2015年发布的《对外投资合作境外安全风险预警和信息通报制度》中列举了中国企业在东道国可能遭遇的四类风险：政治风险、经济风险、政策风险、自然风险。在有关这些风险对中国企业安全影响的研究中，部分关注于更广泛的海外利益的研究范畴，如政治风险，其主要是发达国家对日益活跃的、中国企业海外营商活动的警惕、排斥所导致，这些发达国家多以安全审查的手段对中国企业的投资加以阻挠。这一类的海外公共安全问题，更多的是与上文所提到的新型国家利益建构的语境相关。而那些由东道国的政局变动、经济环境恶化以及自然风险所导致的安全问题，则属于本报告中有关海外公共安全研究的范畴。

此外，本报告还专门论述了恐怖主义对中国海外公共安全的挑战。这是因为，"9·11"事件以来，恐怖主义已经造成了大量人员的伤亡，财产损失达到上万亿美元，对全球的危害非常深重。特别是，当前许多恐怖组织活跃在东南亚、南亚、中东及北非等"一带一路"沿线国家和地区，如巴基斯坦、伊拉克、阿尔及利亚、菲律宾等国都发生过恐怖组织袭击中国机构、企业和人员的事件。当然，与西方国家相比，当前中国并不是全球恐怖主义的主要攻击目标，这是因为各类恐怖组织在目前的发展和意识形态中，仍然将西方世界视为"万恶之首"。但是，随着中国的发展壮大，尤其是"一带一路"倡议的不断深入，中国与海外国家之间的关系必然不断加深，"摩擦"难以避免，中国形象也难免在各类极端组织和恐怖组织的语境下被

① 《谁来保护"海外中国"的安全?》，中国经济网，2018年7月26日，http://cen.ce.cn/more/201807/26/t20180726_29864914.shtml。
② 肖河："'一带一路'与中国海外利益保护"，《区域与全球发展》2017年第1期。

"污名化"。中国需要密切关注恐怖组织的最新动态，保障中国的海外公共安全。

近年来，中国政府在保护海外公民安全方面出现了制度性变革，主要体现在保护机构的多元化、保护程序的机制化方面。在机构建设方面，中国逐步建立了由中央政府、地方政府、驻外使领馆、企业和公民个人组成的"五位一体"的境外安保工作联动网络，形成了立体式领事保护机制模式。中央政府、地方政府及大型企业都建立了相应的应急协调机制。例如，中央成立了"境外中国公民和机构安全保护工作部际联席会议机制"；各级政府也陆续建立了地方政府层面的应急协调机制；外交部在领事司内设立了领事保护处，后又将其升格为领事保护中心，专门处理和协调中国海外公民和法人合法权益的保护工作；各大型企业也建立了自己的应急管理体系，以期有效应对紧急状况。

国内商业安保公司是为中国海外企业与公民提供安保服务的重要力量之一。早期"走出去"的多是国内大型安保公司，主要服务对象是大型央企，主要业务集中于海上护卫（即境外海上护航）和现场安保（即依托央企资源，为其在海外的项目提供现场安保服务）。经过近十年的海外打拼，中国安保公司在人数规模和经营范围上都有所扩大，但是并未取得符合预期的商业回报，经营状况惨淡。从2014年开始，中资安保公司改变经营方式，开始通过资本收购或合资方式，介入海外当地安保市场，从而解决了在当地合法持枪的问题，也解决了对当地安保公司可靠度无法掌控的问题。未来，这一力量在构建中国海外公共安全服务体系中仍有巨大潜力有待挖掘和释放。

在机制建设方面，本报告重点总结了领事安保工作在2018年度取得的成就。2018年3月8日，国务委员兼外交部部长王毅宣布，面对越来越繁重的领保任务，外交部坚持以人民为中心，持续打造由法律支撑、机制建设、风险评估、安全预警、预防宣传和应急处置六大支柱构成的海外中国平安体系。① 此外，外交部还发布了《中华人民共和国领事保护与协助工作条例

---

① 《打造海外中国平安体系》，中国领事服务网，2018年3月8日，http://cs.mfa.gov.cn/gyls/lsgz/lqbb/t1540551.shtml。

（草案）》，主要内容包括领事保护与协助的职责概述与履责原则，中国公民、法人和非法人组织的基本权利义务，不同情形下的领事保护与协助职责，预防性领事保护有关措施与机制等。[①] 2018 年，外交部继续推动领事保护联络员机制，缓解专业领事人员不足带来的工作压力；各驻外使领馆纷纷建立与当地政府部门和当地中国公民之间的联络和协调机制等。上述措施使整个领事保护工作更加有针对性、预防性，领保应急机制的参与方更加多元化，更加注重领保事件处置的透明化和舆论宣传的主动性，在法律体系、联络机制、预防机制和应急机制建设等方面不断加强对海外企业与公民的人身安全、资产安全及其合法权益的保护。

三 治理海外公共安全面临的挑战与应对

2014 年，中共中央总书记、国家主席习近平在主持召开的中央国安委首次会议上强调，"当前我国国家安全内涵和外延比历史上任何时候都要丰富，时空领域比历史上任何时候都要宽广，内外因素比历史上任何时候都要复杂"。[②] 仅就中国海外公共安全而言，保护需求与能力之间尚存在着巨大的鸿沟，表现在硬实力建设相对滞后，体制机制建设还不完善等方面。因此，中国需要利用复合型手段来应对不断增加的海外风险挑战。[③]

本报告专门分析了利比亚撤侨事件。利比亚撤侨事件是新中国成立以来中国政府实施的最大规模的有组织撤离海外中国公民的行动，情况复杂、规模空前、史无前例。通过对这一事件的分析，有助于更加清晰地了解中国海外公共安全保护能力的优势与不足。在这次事件中，中国领事保护应急协调机制所具有的"总体外交"特征发挥了制度优势，尤其体现在中央、地方政府、驻外使馆和企业之间的相互协调与配合方面。此外，具有中国特色的

---

① "外交部就《中华人民共和国领事保护与协助工作条例（草案）》（征求意见稿）向社会公开征求意见"，2018 年 3 月 26 日，http://cs.mfa.gov.cn/gyls/lsgz/fwxx/t1545294.shtml。
② 《建集中统一高效权威国安体制》，《人民日报（海外版）》2014 年 4 月 16 日第 1 版。
③ Timothy R. Heath, *China's Pursuit of Overseas Security*, Rand Corporation, October, 2018.

经验是，扎实的海外基层党建工作带来了中国公民素质的整体提高。党员的先锋模范作用不仅提升了撤离效率，并且在一定程度上减少了撤侨的损失。但是，这一事件同时暴露出中国领事保护预防机制存在的薄弱环节，诸如对利比亚总体投资风险评估不准确、内战爆发前的预警不足等，包括由于对海外企业和个人信息掌握不全面以致在撤离行动初期的集结阶段，撤侨工作曾遭遇很大的困难。①

因此，无论是常态化保障中国海外公民与企业的安全，还是应对突发性海外公共安全事件，中国都需要多管齐下，增强整体海外公共安全供给能力。

（一）加强海外公共安全治理主体间的力量整合

第一，需要加强中国公民自身的安全意识，增加安全保护知识和提高自我安全保护能力。作为游客，在走出国门前，中国公民应该提前了解目的地国家的基本情况、出入境及海关相关规定和最新安全动态，尊重目的地国家的国情、民情、宗教信仰和风俗习惯。针对劳务人员，企业应当加强对员工的安全风险教育，先培训再派出，派出后仍应定期进行培训。让各级员工特别是项目管理者从培训中切实提高安保防范的意识和能力，强化其安全风险意识，同时，通过定期开展安防培训和安防演练，提高其应对突发事件的能力。海外领事保护中，分清责、权也是一项重要内容。2018 年外交部发布的《中华人民共和国领事保护与协助工作条例（草案）》专门强调公民应知法、守法，政府不为公民的"非法行为"埋单。

第二，作为政府部门，要加强机构与人员的能力建设，花力气培养高素质、高水平的海外公共安全人员队伍，也要不断建设和优化管理机制及法律机制、学习现有的国际机制等。同时，要继续提高为中国公民海外合法权益"保驾护航"的能力。外交部和驻外使领馆要坚持"预防为主"的方针，发挥国家"集中力量办大事"的优势，组织专门机构、专业人员建立国家境

---

① 参见夏莉萍："从利比亚事件透析中国领事保护机制建设"，《西亚非洲》2011 年第 9 期。

外安全保障体系。针对不同群体采取不同措施，建立并强化相关沟通与合作机制。通过继续丰富和细化诸如一键关注领事直通车、12308 微信小程序或领事之声，购买旅游或其他保险等类似措施，提高公民的安全防范意识、完善安全保障机制。

第三，海外中资企业需要加大安保投入，做好安全风险评估，健全企业内部安保制度和措施，将安保投入纳入建设经营的成本。自 2005 年起，商务部、外交部和国资委联合发文要求国企将安保费用计入成本，并敦促后者建立安保预算制度、落实相关投入。未来，企业应加强人防（主要指保安力量的配备）、物防（主要指实体防护设施）、技防（主要指电子科技产品）等方面的保障能力建设。

第四，鼓励私营安保力量发挥更为积极的作用。目前，私营安保力量的合法性已经得到认可，社会组织的跨国影响在不断增强。但是，中国目前总体上还处于"保安"业态，没有上升到精、专、国际化发展的"安保"业态。未来，海外中资安保企业要积极适应从"保安"向"安保"的业态转型，加快完善中国安保业规制建设，多措并举提升中国安保业能力，提高服务水平与质量，改变目前业务管理理念碎片化、服务模式单一化的状态，以国际一流安保公司为蓝本，努力提供情报信息—预警来源—安防设计—协调资源—应急处置全流程的服务。同时，政府应该支持这些公司建立行业联盟、提升国际竞争力，给予政策上的扶持，鼓励在高危地区开展大型投资项目的企业与这些私人安保公司建立利益共享、风险共担的共生关系。

值得关注的是，当前私营安保业在全球治理格局中扮演了重要角色，相关的国际规则也逐步形成并趋向标准化。联合国、欧盟、北约等国际组织以及美国、英国等众多主权国家均倾向于采购满足国际标准认证的安保服务。中国安保业在新时期新要求下应熟悉国际安保业的规则与标准，加强自身能力建设，以适应国际化新需求，尽快完成中国私营安全力量国际化的任务。

（二）加强海外公共安全预警机制的建设

利比亚撤侨事件后，政府和企业开始逐步重视海外安全风险的评估与预警机制建设。未来，应当整合政府、企业与研究机构的力量，完善包括信息搜集、分析研判、预警发布等在内的一整套海外风险预警机制的构建。

首先，探索建立海外安全情报协同体系，加强信息数据库建设，完善海外公民与企业基本信息的搜集和整理工作。同时，还要对风险系数较高的国家、地区、行业进行实时监控和信息搜集，如及时掌握重要地区与国家的政局变动、经济环境、恐怖组织活动动态等信息，为风险预判提供基本的数据条件。其次，要加强对风险系数的设定，对海外突发事件进行科学分级，根据风险评估和监测结果，发布不同级别的风险警告，以及启动相应的预警标准，推动减少在高风险国家、地区、行业的投资和活动。最后，也是很重要的一点，企业和智库、高校之间要建立良性的合作模式。企业要建立海外公共安全专家库，通过实操专家与相关学者的交流与互动，推动相关智库和研究机构将研究成果转化为实际的生产力，帮助企业不断完善海外公共安全应急管理的案例库和应急方案库，供决策参考和不时之需。只有准确做好安全预警，才能更好地为中国海外公共安全保驾护航。

（三）加强多层次的国际合作

在中国推动形成全面开放新格局的新时代背景下，中国与世界的联系互动空前紧密，中国公民和企业"走出去"的步伐继续加快，仅靠一国之力，很难完成海外公共安全的保护责任。因此，应当继续加强与驻在国政府、警方、司法等部门的联系与合作，团结当地华人华侨，与各侨团、商会加强合作，以便在遇到涉及中国公民的安全事件时，能够进行密切合作，形成良性互动，妥善处置相关事件。同时，"走出去"的企业之间可以建立联盟，发挥特色，抱团出海，加强同第三国企业的利益捆绑，积极寻求同国际上其他知名企业开展合作关系，体现合作的包容性和开放性。

综合篇

Overall Report

B.2

海外公共安全与合作：
理论探索与研究进展

肖　河*

摘　要： 海外公共安全这一概念更为精准地界定了保护中国公民海外人身安全这一重大议题，也确定了更为清晰的理论概念和分析维度。海外公共安全合作的核心难题是国际经济与政治发展的不平衡、全球化需求的全球治理为主权国家体系所分割。在这一状况下，国家间的公共安全合作在合法性、能力和意愿领域会出现权力、资源和利益的分离，从而陷入困境。要想突破这一困境，一方面是为主权国家体系添加实质性的秩序约束，即通过限制国家主权来增强合作的稳定性；另一方面则是通过各国

---

* 肖河，中国社会科学院世界经济与政治研究所副研究员，主要研究领域为美国外交、战略竞争和大国关系。

的国内分权来"绕过"主权体系，更有效地在世界范围内配置安全资源。与上述逻辑相应，增强全球治理的强制性、发展网络化权力已成为跨国公共安全合作的主要趋势。中国应当积极顺应潮流，增强整体海外公共安全供给能力。

关键词： 海外公共安全　海外利益保护　国际合作　国际规则　网络化权力

一　海外公共安全的分析维度

维护海外公共安全是保护中国海外利益的一个重要方面。与海外公共安全相比，当前中国学界与政界使用的更多是海外利益这一概念。之所以如此，是因为海外利益的内涵更加宽泛，可以容纳很多模糊甚至有争议的内容。例如中国公民和法人在海外的人身及财产安全是中国海外利益的基础，对它们的保护在国内外都没有争议。但是如果涉及中国的海外安全和政治利益，由于这种利益本身就不是普遍的，因而对它们的保护难免会在国际上引发疑虑，而如何归类并维护这些利益在国内也存在争议。① 与之相比，海外公共安全的定义则更加聚焦和清晰。

海外公共安全借用了法学中有关公共安全（public security）的概念。中国关于公共安全的通说是"不特定多数人的生命、健康或者重大公私财产安全"。② 对其理解有两点需要强调：第一，只要侵害对象具有不确定性，

---

① 一种观点认为对中国海外利益的界定应限于由国际合约规定的法权利益，另一种观点则认为一切处于中国管辖权之外的物质和精神需求都是中国的海外利益，其中安全是最重要的利益。参见苏长和："论中国海外利益"，《世界经济与政治》2009年第8期，第15~16页；王发龙："中国海外利益维护的现实困境与战略选择——基于分析折中主义的考察"，《国际论坛》2014年第6期，第30页；门洪华、钟飞腾："中国海外利益研究的两波潮流及其体系构建"，《中国战略报告》2017年第1期，第110页。

② 高铭暄、马克昌主编《刑法学》（下编），中国法制出版社，1999，第609页。

即使受害者是单个公民也符合"公共"的界定；第二，只有同时造成生命或者健康损害，对财产的侵害才会符合"安全"的界定。① 由这一基本概念可以推导出，海外公共安全问题指的是在处于中国管辖权以外的地区发生的、不特定地损害中国公民人身安全的事件，其还可能同时造成财产或者名誉损失。公共安全的这一概念排除了针对特定个体（例如仇杀）或者因过失（例如安全生产问题）产生的侵害事件。② 在现实中，公共安全的威胁来源包括军事冲突、社会动乱、恐怖袭击、刑事犯罪、流行疾病甚至自然灾害等多种。

与海外利益保护相比，保障海外公共安全的核心是保护中国公民在海外的人身安全免遭外部因素的不特定侵害。这一概念不仅内涵清晰、较少争议，而且将维护个体"免于恐惧"的自由放在了分析的核心地位，顺应了保障"人的安全"这一国际治理和人权理念的演变潮流，回应了中国社会对公民安全日益增加的关切。③ 就保护不断扩大的"海外中国"而言，海外公共安全是一个更具概念稳定性和现实指向性的分析维度。

二 全球化的公共安全困境：合法性、能力与意愿

维护公共安全是国家的基本职能。由于对公共安全的危害具有不特定性的特征，因此在这一意义上一国在其属地管辖范围内对他国和本国公民的保护并无显著差别。如果一国能够切实履行好保护本国公共安全的职责，那么海外公共安全在很大程度上就不会成为一个需要应对的"问题"。但是事实上，在当前全球化与主权国家体系相互嵌套的国际环境中，很多国家很难履行好维护公共安全的职责。全球化对主权国家维护公共安全的冲击主要来源

---

① 胡东飞："论刑法意义上的'公共安全'"，《中国刑事法杂志》2007年第2期，第52~56页。
② 对于中国的海外行为体而言，尤其需要强调要将海外公共安全与安全生产区分开来。参见莫坤："浅谈国际工程企业海外公共安全管理的特点和发展趋势"，《海外投资与出口信贷》2017年第4期，第34~28页。
③ 封永平："安全维度转向：人的安全"，《现代国际关系》2006年第6期，第56~61页。

于三种相互叠加的机制：①经济全球化使得一国的经济和政治、社会发展不同步，一国要解决的治理问题可能超出其实际能力；②主权国家体系规定的主要是国家间的"程序性"内容，而很少对各国在国内治理中施加"实质性"约束，国家间缺少规则共识；① ③全球化的自由市场经济会对社会产生冲击，促使社会发生"反向运动"，如果国家没能及时、有效地建立对社会的补偿机制，就会产生严重的破坏性后果。② 全球经济和政治的不平衡发展带来了全球治理的赤字，在很多国家产生了公共安全困境。因此，母国和东道国才需要通过跨国合作应对公共安全问题，但是这一合作却存在合法性、能力和收益上的诸多难题。

（1）合法性难题：属人与属地权力的分离

维护海外公共安全首先遭遇的难题就是属人管辖权和属地管辖权的分离。在主权国家体系刚刚建立、世界经济还没有全球化的阶段，属人与属地权力是高度重合的，基本不存在两权分离的问题。但是随着经济全球化的迅速发展特别是人员的大规模流动，属人与属地权力分离的现象日益突出。在国际法原则上，属地管辖权优先于属人管辖权。对于拥有属人管辖权的母国而言，这意味着即使自身拥有足够的意愿、能力和资源在海外维护公共安全，也不能在没有取得东道国同意的情况下采取行动，否则就构成了干涉主权。与此同时，由于主权观念的强大作用，很多东道国很难允许其他国家在当地实质性地运用军队、警察等有效的跨境执法力量，担心这会在事实上削弱其自身主权。由于主权观念本身就限制甚至约束了主权之间的合作，母国在试图参与维护海外公共安全时必然会面临合法性难题。

然而，属人与属地权力的分离不只困扰着母国。对于东道国而言，虽然属地管辖权优先原则得到了国际法的尊重，但是在现实中如何对待他国公民仍然是一个难题。第一，当前国际法的发展趋势是在不断削弱主权国家对国

---

① 亨利·基辛格：《世界秩序》，胡利平、林华、曹爱菊译，中信出版社，2015。
② 对市场和社会之间"双向运动"的论述参见卡尔·波兰尼：《大转型：我们时代的政治与经济起源》，冯刚、刘阳译，浙江人民出版社，2007。

民的处分权，呈现出"人本化"的趋势。① 现实中，东道国通常并不能完全按照本国的标准来处理涉及其他国家公民的公共安全事件，在处理过程中，东道国政府的合法性也常常要接受其他国家和国际规则的检验和挑战。第二，在东道国活动的其他国家公民在很多情况下是来自于政治、经济和社会发展程度更高的国家，后者对公共安全事件的处理标准往往要高于东道国，而它们在国际社会中的地位和能力可能也会超过东道国。主权原则虽然能在法理上保障东道国在国内公共安全事务中的决定权，但是不能阻止其他国家就此行使自身主权，可能面对后者的外交施压、外交保护甚至是直接报复。② 主权原则决定了国际社会在本质上还是自助体系，而又反过来限制了主权的行使。

属地管辖权优先于属人管辖权的旧规范和全球化时代国际法"人本化"的新规则之间呈现出日益明显的张力，这使得属人国和属地国在处理海外公共安全事务时都面临不同程度的合法性挑战。

（2）能力难题：治理资源和信息资源的分离

主权国家体系和全球化的纠缠不仅产生了属人与属地权力分离的合法性难题，也让母国和东道国在处理海外公共安全事件时面临着治理资源和信息资源分离的能力难题。其中，治理资源主要是指领土内的物质和行政资源，特别是执法能力；信息资源指的是对公共安全事件相关方信息的掌握。要想合理和有效应对公共安全事件，通常需要同时拥有两类资源，并且有效整合。但是全球化的发展使得一国在应对涉及多国行为体的公共安全事件时很难做到两种资源的"自给自足"。③

对于母国而言，缺少治理和信息资源是非常正常的状况。一方面，母国

---

① 刘笋："国际法的人本化趋势与国际投资法的革新"，《法学研究》2011年第4期，第196~198页。

② 法理上主权间的对抗甚至是相互消灭并不违反主权原则，相反恰恰是一国真正拥有主权的证明，参见 Johanna Jacques, "From Nomos to Hegung: Sovereignty and the Laws of War in Schmitt's International Order," *The Modern Law Review*, 2015, Vol. 78, No. 3, pp. 411 –430。

③ 对这两种资源的分类和论述参见刘莲莲："国家海外利益保护机制论析"，《世界经济与政治》2017年第10期，第139页。

即使能够派遣警察等执法力量前往东道国，其也需要后者在各方面的配合与协助。母国有限的治理资源不可能单独发挥实质作用；另一方面，母国通常无法充分掌握东道国和本国行为体的海外行为信息。在很多情况下，母国还需要通过侨民团体等本土中介来获取当地的政治、社会和文化信息，后者在确保海外公共安全中的"不可替代"的作用恰恰反映了母国在信息领域的先天不足。① 在某些情况下，母国还可能因为信息不对称而在海外活动的处理中受到本国公民的误导。例如，在 2018 年 9 月的瑞典游客受辱事件中，涉事中国公民就有意隐瞒了部分关键信息，使得中国政府在处理时较为被动。结果，中国试图保护本国公民的举动反而引发了瑞典国内更加强硬的反弹。② 这一事件典型地反映出母国在海外信息资源掌握上的不足。

对于东道国而言，虽然它们通常掌握着足够的治理资源和本地信息资源，但是同样面临着对其他国家海外行为体相关信息了解不足的问题，突出地体现在语言、文化和社会关系方面。这种信息不对称会严重削弱东道国在处理相关事件时的能力和效率，使得东道国即使在主观上具有维护公共安全的积极意愿，有时也无法做到充分尊重和保护其他国家公民和法人的合法权益。

（3）意愿难题：投入和收益的分离

除了合法性和能力难题之外，母国和东道国在维护海外公共安全的过程中还面临着投入和收益分离的意愿难题。对于母国而言，除非其海外利益具有高度的集中性和庞大的收益（例如石油、钻石等重要自然资源），否则并没有必要消耗大量自身资源在他国维护公共安全。对于东道国而言，维护公共安全的总体收益虽然相对更高，但是具体到某一部门或者区域，投入充分的行政和财政资源便不一定是最优选择。更何况，其他国家公民和法人的安

---

① 崔守军、张政："海外华侨华人社团与'一带一路'安保体系建构"，《国际安全研究》2018 年第 3 期，第 117～137 页。

② "What Chinese Tourist Row in Sweden Says about the Future of Europe-China Relations," September 21, 2018, https://www.scmp.com/comment/insight-opinion/united-states/article/2164981/what-chinese-tourist-row-sweden-says-about.

全利益同本国的社会需要未必高度契合。在这种情况下，如果总体资源有限，东道国对其他国家公民的公共安全保护很容易被视为"不公正"的超国民待遇，属地管辖权在这种情况下就可能成为高成本、低收益的"负担"。① 这种投入和收益的分离常常使得东道国没有足够的意愿来充分满足其他国家公民的海外公共安全需求。

由于国家之间的信息不对称，一国很难判断另一国在保护其他国家公民上的真实能力和意图，很容易倾向于认为其他国家不愿意在本国公民迫切需要的海外公共安全问题上投入资源，甚至认为对方有意损害他国的合法权益。例如，近期国内一些观点认为部分邻国在有意侵犯中国的权益，中国需要集中力量解决"维权"问题。② 值得注意的是，有时一国确实有可能获得东道国政府的"超国民"保护，但是由于这一做法未必符合东道国社会的偏好，其能否长期持续、是否会带来副作用也引发了双方社会的争论。③ 总而言之，投入和收益的分离使得母国和东道国经常在维护海外公共安全时互不信任乃至相互抱怨。

三　突破海外公共安全困境的路径

跨国合作是解决海外公共安全问题的关键。值得强调的是，这里的跨国（transnational）并不是通常所说的国家间（inter-state）合作。其参与方除了主权国家的政府以外，还包括作为超国家行为体的国际组织和各类次国家（sub-state）行为体。其中，次国家行为体又包括市场和社会行为体。之所以如此，是因为传统的主权国家体系和经济的全球化发展之间的不匹配是产

---

① 张磊："论拉美国家对卡尔沃主义的继承与发展"，《拉丁美洲研究》2014 年第 4 期，第 67～69 页。
② 陈积敏："论中国海外投资利益保护的现状与对策"，《国际论坛》2014 年第 5 期，第 35～36 页。
③ 例如巴基斯坦对中国公民的"超国民"保护就引发过争论，参见《醉心特权的，不只是这个被 AK47 保护的"巴铁少女"》，2017 年 12 月 3 日，http://wemedia.ifeng.com/39511038/wemedia.shtml。

生海外公共安全困境的根源。要想突破这一困境，就必须跳出或者改变既有的公共安全保障的主权国家模式。

从理论而言，共有两种思路。第一，是改变当前主权国家体系重"程序"、轻"实质"的特征，为国家的国内政治、经济和安全行为制定更多有约束力的国际规则。近年来欧美大国积极倡导和推进的制定更高水平的国际规则、重新塑造国际环境的做法就体现了这一路径，同时这是一国维护海外利益的最高层次的渠道。① 第二，则是"绕过"主权国家体系，通过国内的分权让国家不再是公共安全资源的唯一供给者，将原有的由国家垄断的金字塔式的安全供给体系转变为更为平面化的安全供给网络。在这一网络中，国家由直接的安全供给者转变为安全资源的分配和指挥者，作为中心节点，动员和运作一个参与者数量更多、属性更加多元的安全网络。②这样一来，在很多情况下可以将原本的国家间博弈转化为非国家行为体之间的市场化合作或者社会交往。这能够有效消解政府间合作中存在的合法性、能力和成本收益难题。

（1）国家间博弈的规制化

国家间博弈的规制化就是通过有法律约束力的多边、双边安排来规范国际行为，其实质是缩小国家在国内外政策中的自由裁量权，使得合作各方能够对相互行为有着更为稳定的预期，降低物质和心理上的交易成本，提高合作效率。规制化的关键在于如何建立国家违约的惩罚机制。由于当前并不存在世界政府，所谓的惩罚主要还是依靠其他国家的报复。而要想让形成威慑的报复可信，最有效的方式则是"自缚手脚"，例如通过国内立法的刚性方式来限制一国在应对他国违约时的政策选择。③ 从现实来看，国家间博弈的规制化在形式上常常是通过双边或者多边谈判达成，但是依靠的往往是背后

---

① 关于各国维护自身海外利益的方式和层次，参见汪段泳："海外利益实现与保护的国家差异———一项文献综述"，《国际观察》2009 年第 2 期，第 33～41 页。

② 对国家公共安全供给角色变化的详细论述，参见 Ian Loader, "Plural Policing and Democratic Governance," *Social and Legal Studies*, No. 3, Vol. 9, pp. 323 – 345。

③ 托马斯·谢林：《冲突的战略》，赵华等译，华夏出版社，2006，第 31～37 页。

不对称的国家实力。比如，欧盟为了与周边国家实现合作的规制化，在过程
中是以入盟或者睦邻政策补贴作为杠杆，促使谈判对象接受欧盟对后者国内
治理"欧盟化"的严格考核。[①] 美国在这方面表现得则更为极端，其经常通
过单方面的国内立法和"长臂管辖"来迫使其他国家接受美国规制。至今，
美国已经借此形成了庞大的海外利益保护的立法体系。[②]

　　具体到海外公共安全领域，国家间博弈的规制化意味着双方的相关治理
方式将会明显接近甚至趋同，这能够极大地促进对一国公民的海外安全保
护。第一，各国治理规则的趋同能够降低海外行为体在其他国家的信息和交
易成本，使其能够更加顺畅地利用东道国的法律救济；第二，各国治理规则
的趋同使各国的政府机构能够更加顺畅地互相支持，将原本需要通过外交交
涉来解决的高敏感性的政治问题转变为低敏感性的法律问题。例如，在犯罪
认定方面的规则趋同能够显著改善跨国司法合作，使得信息共享、共同执法
和罪犯引渡更加便捷。总体来看，对国家间博弈的规制化是国际政治的发展
潮流，其有利于海外公共安全合作。目前，中国也在探讨如何效仿欧盟模
式、建立援外监督评估体系，以塑造更加有利于中国海外行为体的东道国治
理环境。[③]

　　（2）海外公共安全供给的分权化

　　海外公共安全供给的分权化是指政府将原本由公权力提供的公共安全服
务部分交由市场行为体提供，以私营安保（private security）的渠道在海外
保护本国公民。这一进程发端已久，兴盛于 20 世纪 80 年代。当时，欧美国
家的新自由主义浪潮催生了安全外包、安全市场化的概念。目前，这一浪潮
已经由欧美的少数国家推广到全世界，不同国家的政府、一般海外行为体和

---

① 国家行政学院国际事务与中国外交研究中心："欧盟海外利益及其保护"，《行政管理与改革》2015 年第 3 期，第 83 页。
② 甄炳禧："新形势下如何保护国家海外利益：西方国家保护海外利益的经验及对中国的启示"，《国际问题研究》2009 年第 6 期，第 50 页。
③ 薛澜、翁凌飞："西方对外援助机构的比较与借鉴——改革中国的对外援助模式"，《经济社会体制比较》2018 年第 1 期，第 107 ~ 113 页。

安保供应商已经形成了一个互相嵌套的"全球安全聚合（global security assemblage）"。① 在这一公共安全供给网络中，各参与方对安全资源的跨国调配和使用都已经实现了国际商业规则的合法化，政治上成本更低，经济上更加高效。其实质是通过分权来回避主权国家体系和经济全球化之间的不匹配，并且已经取得了部分的成功。需要强调的是，分权化的公共安全供给网络不可能与国家的主权权威完全分离。在很多情况下，私营安保行为体同样需要得到或者"借用"国家的合法性，而它们的行为后果也将对国家的权威产生对应影响。②

分权化的海外公共安全供给涉及多种行为体和产业，同时要想有效利用这一渠道还必须具备一定的产业基础。当前，世界各国的私营安保产业的发展状况存在极大差异。像美国这样的私营安保大国，其相关产业不仅能够以市场化渠道大量提供海外公共安全产品，还能在政府之外为国家发展军事技术、储备专业人员，有效扩展了国家的整体安全能力。③ 但是在大多数发展中国家，私营安保产业得到发展的原因往往不是国家的主动分权，而是国家能力不足和政权合法性不高所导致的"安全真空"。④ 因此，发展中国家的私营安保产业往往具有内向型、分散化的特征，并不具备提供海外安全产品的能力和经验。中国私营安保产业的发展较为特殊，但是同样呈现出一般发展中国家的形态。20世纪80年代中期，中国才着手组建管办一体的市场化安保产业。在2010年《保安服务管理条例》颁布后，中国的私营安保市场才开始推进管办分离和市场开放。这种发展路径使得中国的安保产业存在高

① Rita Abrahamsen and Michael C. Williams, "Security Beyond the State: Global Security Assemblages in International Politics," *International Political Sociology*, No. 3, 2009.

② Martha L. Phelps, "Doppelgangers of the State: Private Security and Transferable Legitimacy," *Politics & Policy*, Vol. 42, No. 6, 2014, pp. 838 – 839.

③ Eugenio Cusumano, *Regulating Private Military and Security Companies: A Multifaceted and Multilayered Approach*, EUI Working Paper AEL 2009/11, San Domenico di Fiesole: Academy of European Law, 2009.

④ Peter Warren Singer, *Corporate Warriors: The Rise of the Privatized Military Industry*, Ithaca: Cornell University Press, 2004, p. 65.

度的行政干预，缺少不同所有制和地区间的竞争，[①] 呈现出"地方割据"的形态。因此，中国存在大量中小规模的安保企业，缺少产业资源和资本的集中，缺少"外向"发展的能力和经验。受此影响，尽管在 2013 年后中国出现了大量志在提供海外安全服务的私营安保公司，但是只有极少数真正拥有成规模海外业务，大多还是聚焦于安全培训、人员派遣等低端业务领域。[②]经过了 4~5 年的发展，这一状况至今仍然没有得到根本性改变。

（3）公共关系和海外游说

除了国家间博弈的规制化和海外安全供给的分权化之外，公共关系和海外游说也是改善国际公共安全合作困境的有效方法。如果将前两种途径视为"公对公"的政府层面和"私对私"的市场层面的举措的话，公共关系和海外游说可以被分别视为含有"公对私"和"私对公"成分的跨主体行为。

公共关系的主体可以是政府，也可以是企业，其对象通常是东道国的非政府行为体，主要是特定的社区和群体。其内容包括一般意义上的宣传交流，但是更重要的是履行"社会责任"的活动。其实质是由其他国家的企业甚至是政府来代替东道国提供部分经济和社会公共物品，以降低海外公共安全事件的发生概率。这也是中国近年来高度重视、大力推进的一种海外安全保障模式。不过，中国政府和企业在海外推进"社会责任"建设时也存在重物质建设、轻交流沟通的问题，在保障相关方参与和满足对方具体需求方面有明显短板。[③] 相较而言，存在"事倍功半"的缺陷。

海外游说的主体在理论上是企业或者社会等非政府行为体，其对象则是东道国政府。其实质是通过行为主体的"降维"来降低影响东道国政策的政治敏感性，从而建立更为直接的利益相关关系，借助东道国的政治机制来塑造有利于自身的政策环境。但是中国的非政府行为体通常有深厚的政府背景，

---

① 皮中旭："中国保安业的发展"，《中国水运》2007 年第 6 期，第 160 页。
② 余万里："中国海外商业安保企业的发展之道"，察哈尔学会，http：//www. 21ccom. net/articles/world/zlwj/20151209131267. html.
③ 于鹏、李丽："中国企业海外直接投资：社会责任风险管理与利益相关方参与"，《国际经济合作》2016 年第 7 期，第 50 页。

其行为方式与国际通行模式差异较大，普遍缺少国际交往和对话的经验、能力，因此往往无法充分发挥这一途径的效用。① 在极端情况下，相关活动甚至可能引发强烈的反作用。例如，国内针对澳大利亚国会议员的游说就曾在 2018 年引发了澳政界的轩然大波，最终导致澳大利亚立法规定为外国政府游说的团体必须先行注册。② 这极大地损害了中国在澳形象和后续游说的效用。

四　海外公共安全合作的发展趋势

冷战结束以来，促进海外公共安全合作的各个路径都有了较为迅速的发展。在国家层面，更具强制力和侵入性的措施越来越多地被各国接受。国际经济治理率先进入了具有更多实质性内容的时代，这也为国际政治和安全治理的相应发展开辟了道路。在市场层面，国际社会正在增强对国际私营安保的规制，在逐步认可其合法性的基础上确保该产业的发展与增强人权保障的国际法原则相一致，确保母国、雇佣国和东道国切实承担监管跨国市场行为体的责任。在社会层面，随着网络科技和社交媒体的发展，当今国际事务日益呈现出碎片化、网络化的特征，社会组织的跨国影响力不断增强。在经历了近代以来长期的导向民族国家的"权力中心化"后，当前宗教和文化的力量正在重新上升，身份政治回潮，处于国家和公民之间的各种中间社会组织在国内和国际政治中的影响力也在迅速上升，甚至出现了"重返中世纪"的提法。③ 在当前这一国际政治发展的新时代，强制性（coerciveness）规则和网络化权力是促进海外公共安全合作的两大关键词，它们代表了该领域的

---

① 周鑫宇："全球治理视角下中国民间外交的新动向"，《当代世界》2018 年第 5 期，第 32 ~ 35 页。

② "Australia Passes Foreign Interference Laws amid China Tension," June 28, 2018, https://www.bbc.com/news/world – australia – 44624270.

③ "We Have Gone back to the Middle Ages and Face Religious War with the Fascists of Radical Islam," January 27, https://www.telegraph.co.uk/news/worldnews/islamic – state/12124356/We – have – gone – back – to – the – Middle – Ages – and – face – religious – war – with – the – fascists – of – radical – Islam.html.

两大发展逻辑和趋势。

（1）强制性规则

以往的国际公共安全合作大多是双边的，达成的协议本身往往不具备法律上的强制性，国家是否履约往往取决于自身意愿。这种传统的合作方式能够最大限度地确保公共安全合作的主权合法性，但是缺少效率和可靠性，通常也难以实现安全资源的优化配置。因此，要想提高国际公共安全合作的效率，就必然要提高这种合作的强制性。但是，要在国际上达成有强制性的多边条约相当困难，更现实的做法是通过参与方更少的少边合作来制定更具约束力的"高水平"规则。例如，TPP 中就有规定企业可以就贸易问题对他国政府进行诉讼的条款，诉讼的最终结果将由中立的仲裁机构而非政府做出，这就明显限制了国家的司法权。此外，TPP 还进一步限制了国家的多项政策主权，例如禁止成员政府推行企业信息存储的"本地化"政策。① 虽然由于美国国内政治原因，TPP 现在已经搁浅，但是特朗普政府在推进国际经济规则问题上与奥巴马政府的实质立场差异不大，仍然致力于削减国际贸易中的政府补贴、制定针对国有企业的限制条款、优化对外直接投资的东道国环境。② 这些做法导向了在治理领域进一步缩减国家的政策和司法主权，提高国际规则的效力与合作的可预期性。未来，这种新的强制性很可能扩散到与国际经贸议题紧密相关的公共安全领域，例如强制要求东道国改善工人的劳动环境和待遇、加强对环境危害的防护等。

事实上，当前的全球价值链（GVC）已经在扮演着跨国强制角色。处于全球价值链顶端的大型跨国企业一方面可以通过全球分工绕过东道国政府，直接要求作为供应商的当地企业在生产和经营中满足其内部治理标准，另一方面还可以利用高度竞争性的国际经济环境向东道国政府施压，迫使其

---

① USTR，"Summary of Trans-Pacific Partnership，" https：//ustr. gov/about – us/policy – offices/press – office/press – releases/2015/october/summary – trans – pacific – partnership.

② USTR，"Joint Statement by the United States，European Union and Japan at MC11，" https：//ustr. gov/about – us/policy – offices/press – office/press – releases/2017/december/joint – statement – united – states.

改变整体国家政策。① 从某种意义上来说，制定更具强制性的国际规则只不过是将已经存在的这一压力链条正式化。海外公共安全问题原本就是经济全球化的结果，而在经济全球化中又产生了新的跨国权力结构，利用这一权力结构实现安全资源的优化分配、解决海外公共安全问题自然是全球化的题中之义。就此而言，中国对海外公共安全合作的合法性认识"不能止步于对既有国际法规则的符合性"，应当认识到当前的国际规则正处于建构之中，应当"积极推进国际制度体系的边界，为国家利益保护打开局面，而非试图从既有国际法制度中寻求标准答案，限缩自己的行动空间"。②

（2）网络化权力

通过网络化权力来维护海外公共安全是应对主权国家体系对全球治理的地域分割的重要方式。传统的国家权力是将公民在其他国家遭遇的安全侵害"拟制"为对国家利益的侵害，并以此将公民之间、公民与东道国之间的问题转变为国家间问题，然后再通过交涉或者强制促使东道国通过其国内渠道予以救济。如果国家选择交涉，通常就构成了取决于东道国意愿的领事保护；如果国家选择强制，则往往构成具有自助特征的外交保护。③ 但是无论如何，这一过程成本高、周期长、作用机制复杂，在其中任何一个环节出现问题都会损害这种安全供给的效率。在网络化权力中，国家将很多海外安全供给功能下放给了非政府行为体，实现了母国和东道国之间更多元、更直接的对接，其效力不再完全来自国家主权的支持，而是国际的通行规则或者双方的利益连接。换言之，即更大程度地实现了海外公共安全供给的多元本地化。

这一发展趋势在某种程度上构成了对中国海外安全供给的挑战，其原因在于中国政府长期以来在国内外的公共安全供给中扮演着近乎垄断性的角

---

① 关于竞争性的国际环境对国家主权的影响，参见 Tore Fougner，"The State, International Competitiveness and Neoliberal Globalisation：Is There a Future Beyond 'The Competition State'?" *Review of International Studies*，Vol. 32，No. 1，pp. 165 – 185。
② 刘莲莲："论国家海外利益保护机制的国际合法性：意义与路径"，《太平洋学报》2018 年第 6 期，第 15 ~ 16 页。
③ 同上。

色，这使得各种市场和社会行为体在相应领域缺少能力和经验，一方面使得除极少数情况外，中国推进海外公共安全合作主要是通过与东道国的外交交涉实现，高度依赖与东道国的双边关系和对方的意愿和能力；① 另一方面则显著削弱了各种市场和社会行为体的海外行动能力。例如，在争议较小、敏感性较低的国际私营安保领域，中国相关产业近年来的发展并不尽如人意。其中原因除了该产业本身基础薄弱、投资不足以外，也与中国促进和维护整体海外利益的方式存在一些结构性不足有着密切关系。至于在非政府组织的国际化方面，虽然中国国内已经开始重视和提出在海外公共安全合作中发挥中国非政府组织的作用，但是其实效还难以体现。要想在这些领域取得突破，最重要的是要更新对国家在公共安全供给中的地位和作用的认识，充分意识到国家权力在当代国际社会面临以分权和授权为基础的网络化发展趋势。

参考文献

卡尔·波兰尼：《大转型：我们时代的政治与经济起源》，冯刚、刘阳译，浙江人民出版社，2007。

亨利·基辛格：《世界秩序》，胡利平、林华、曹爱菊译，中信出版社，2015。

托马斯·谢林：《冲突的战略》，赵华等译，华夏出版社，2006。

陈积敏："论中国海外投资利益保护的现状与对策"，《国际论坛》2014 年第 5 期。

崔守军、张政："海外华侨华人社团与'一带一路'安保体系建构"，《国际安全研究》2018 年第 3 期。

封永平："安全维度转向：人的安全"，《现代国际关系》2006 年第 6 期。

高铭暄、马克昌主编《刑法学》（下编），中国法制出版社，1999。

国家行政学院国际事务与中国外交研究中心："欧盟海外利益及其保护"，《行政管理与改革》2015 年第 3 期。

胡东飞："论刑法意义上的'公共安全'"，《中国刑事法杂志》2007 年第 2 期。

刘莲莲："国家海外利益保护机制论析"，《世界经济与政治》2017 年第 10 期。

---

① 唐昊："关于中国海外利益保护的战略思考"，《现代国际关系》2011 年第 6 期，第 1～8 页。

刘莲莲："论国家海外利益保护机制的国际合法性：意义与路径"，《太平洋学报》2018 年第 6 期。

刘笋："国际法的人本化趋势与国际投资法的革新"，《法学研究》2011 年第 4 期。

门洪华、钟飞腾："中国海外利益研究的两波潮流及其体系构建"，《中国战略报告》2017 年第 1 期。

苏长和："论中国海外利益"，《世界经济与政治》2009 年第 8 期。

唐昊："关于中国海外利益保护的战略思考"，《现代国际关系》2011 年第 6 期。

汪段泳："海外利益实现与保护的国家差异——一项文献综述"，《国际观察》2009 年第 2 期。

王发龙："中国海外利益维护的现实困境与战略选择——基于分析折中主义的考察"，《国际论坛》2014 年第 6 期。

薛澜、翁凌飞："西方对外援助机构的比较与借鉴——改革中国的对外援助模式"，《经济社会体制比较》2018 年第 1 期。

于鹏、李丽："中国企业海外直接投资：社会责任风险管理与利益相关方参与"，《国际经济合作》2016 年第 7 期。

张磊："论拉美国家对卡尔沃主义的继承与发展"，《拉丁美洲研究》2014 年第 4 期。

甄炳禧："新形势下如何保护国家海外利益：西方国家保护海外利益的经验及对中国的启示"，《国际问题研究》2009 年第 6 期。

周鑫宇：《全球治理视角下中国民间外交的新动向》，《当代世界》2018 年第 5 期。

Eugenio Cusumano， "Regulating Private Military and Security Companies: A Multifaceted and Multilayered Approach", EUI Working Paper AEL 2009/11， San Domenico di Fiesole: Academy of European Law， 2009.

Ian Loader， "Plural Policing and Democratic Governance," *Social and Legal Studies*， No. 3， Vol. 9.

Johanna Jacques， "From Nomos to Hegung: Sovereignty and the Laws of War in Schmitt's International Order," *The Modern Law Review*， 2015， Vol. 78， No. 3.

Martha L. Phelps， "Doppelgangers of the State: Private Security and Transferable Legitimacy," *Politics & Policy*， Vol. 42， No. 6， 2014.

Peter Warren Singer， *Corporate Warriors: The Rise of the Privatized Military Industry*， Ithaca: Cornell University Press， 2004.

Rita Abrahamsen and Michael C. Williams， "Security Beyond the State: Global Security Assemblages in International Politics," *International Political Sociology*， No. 3， 2009.

Tore Fougner， "The State, International Competitiveness and Neoliberal Globalisation: Is There a Future Beyond 'The Competition State'?" *Review of International Studies*， Vol. 32， No. 1.

B.3
中国公民的海外安全现状与发展趋势

魏　冉[*]

摘　要： 随着"走出去"战略的实施和"一带一路"倡议的推进，越来越多的中国公民走出国门。在国际形势纷繁复杂、安全威胁相互交织的背景下，中国公民海外安全事件发生频率不断增大、事件种类增多、地域特色明显并呈现出安全风险加大、危险系数升高、当事人低龄化等发展趋势。为贯彻落实"以人民安全为宗旨"，提高为中国公民海外合法权益"保驾护航"的能力，国家政府部门应"因地制宜"、针对不同群体采取不同措施；应密切配合，建立并强化相关沟通与合作机制。而中国公民自身也要"从我做起"，重视安全提醒并备妥安全"锦囊"，从而使"走出去"的步伐不仅走得快，而且走得稳。

关键词： 中国公民　海外安全事件　风险

在推动形成全面开放新格局、开启新时代开放新征程的时代背景下，中国公民"走出去"步伐明显加快。改革开放40年来，各类出国留学人员累计已达519.49万人。[①] 截至2018年3月底，有145.41万人正在国外进行相

---

[*] 魏冉，法学博士生，外交学院研究生部，主要研究领域为当代中国外交、领事保护。

[①] 《2017年出国留学、回国服务规模双增长》，教育部网站，2018年3月30日，http://www.moe.gov.cn/jyb_xwfb/gzdt_gzdt/s5987/201803/t20180329_331771.html。

关阶段的学习和研究。[①] 2018 年上半年，中国公民出境旅游人数 7131 万人次，比上年同期增长 15.0%；[②] 在外各类劳务人员 99.6 万人，较上年同期增加 7.8 万人；[③] 境外企业超过 3 万家。中国多次成为部分国家永久居民、国际留学生和外国游客第一来源地国。与此同时，国际安全形势相较以往更为错综复杂。传统与非传统安全威胁相互交织，新的风险层出不穷。针对中国公民的海外安全事件不断发生。

本报告将以近三年（2016 年 1 月 1 日～2018 年 9 月 30 日）来世界范围内发生的中国公民海外安全事件为基础，对涉及不同群体的中国公民海外安全事件进行分析，梳理总结中国公民海外安全事件的特点和发展趋势，并对如何进一步提高中国公民的海外安全提出建议。

一 中国公民海外安全事件的特点

根据公开报道，近三年来，涉及中国公民（包括游客、留学和劳务人员、渔民和船只等）的海外安全事件发生约 400 起。其中，相关报道中没有明确提出发生时间或以"近期"为时间单位的，均记为 1 起安全事件。考虑到相关媒体未获悉或避免公开报道等因素，实际发生的中国公民海外安全事件数量远多于此。虽不能以偏概全，但通过这些数据分析，可以一探中国公民海外安全事件的特点和发展趋势。

（一）频率不断增大

中国公民海外安全事件发生频率的增大主要体现在两方面。其一，是"安全提醒"发布的数量。根据外交部领事司官方微信"领事直通车"

---

① 《2017 年出国留学、回国服务规模双增长》，教育部网站，2018 年 3 月 30 日，http：//www. moe. gov. cn/jyb_ xwfb/gzdt_ gzdt/s5987/201803/t20180329_ 331771. html。

② 《2018 年上半年旅游经济主要数据报告》，中国旅游研究院网站，2018 年 8 月 22 日，http：//www. ctaweb. org/html/2018 - 8/2018 - 8 - 22 - 10 - 48 - 50740. html。

③ 《2018 年 1～6 月我国对外劳务合作业务简明统计》，商务部网站，2018 年 7 月 30 日，http：//hzs. mofcom. gov. cn/article/date/201807/20180702770740. shtml。

的相关数据，2016 年 1 月 1 日～2018 年 9 月 30 日共发布"安全提醒"1012 则。仅 2018 年 9 个月所发布的"安全提醒"数量便已超过 2017 年全年发布的数量。"安全提醒"根据当地风险状况按需发布，发布数量最多时一天可达 11 条，部分反映了海外中国公民的安全态势。其二，是海外安全事件发生的数量。在上述时间，中国公民海外安全事件共发生 386起。最频繁时同一天发生的安全事件高达 3 起。尽管 2018 年只有前三季度的数据，但整体来看，中国公民海外安全事件有逐年增加的趋势（见图 1）。

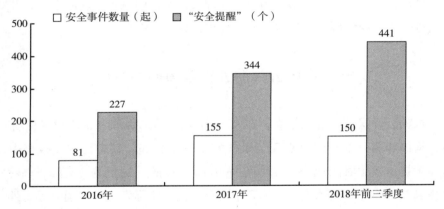

图 1　"安全提醒"、安全事件数量增长情况
（2016 年 1 月 1 日～2018 年 9 月 30 日）

资料来源：根据外交部网站和"领事直通车"数据，由笔者统计整理得到。

（二）事件种类繁多

中国公民海外安全事件的类型多种多样。如表 1 所示，海外安全事件可以分为 14 类，遇难人数达 285 人。一方面，大至直接威胁生命安全的恐怖袭击、爆炸、车祸，小至损害财产权益的偷盗抢劫等安全事件均有涉及。另一方面，每个群体都有值得关注的特殊安全事件，如中国游客的涉水事故，留学生的自杀事件和"虚拟绑架"事件，劳务人员的施工安全事故和劳务纠纷，其他中国公民的电信诈骗事件，渔民和船只的"非法作业"事件。

而诸如社会治安事件、违法违规事件、交通安全事故则几乎覆盖全体海外中国公民，已然成为威胁中国公民海外安全的"头号杀手"（见表1）。

表1 不同群体安全事件发生数量和遇难人数情况

安全事件类别	中国游客（起）	留学人员（起）	劳务人员（起）	其他中国公民（起）	渔民和船只（起）	总计（起）	遇难人数（人）
社会治安事件	22	31	21	15		89	53
交通安全事故	47	5	8			60	82
违法违规事件	7	9	12	23		51	5
涉水事故	23	6	1			30	76
诈骗	1	10	2	12		25	
施工安全事故			11			11	11
因故滞留机场	11					11	
自然灾害事件	11		1			12	8
劳务纠纷			10			10	4
出入境受阻事件	9					9	
火灾事件	5	2	1			8	17
自杀、失踪失联类事件	1	7				8	7
意外和其他事件	28	3	8		8	47	22
"非法作业"事件					15	15	
总计	165	73	75	50	23	386	285

注：以下图表数据均来源于上述平台和网站。

资料来源：根据北京市境外安全服务平台、北京市领事保护教育服务平台、参考消息网、新华网、人民网、中国共产党新闻网、中国新闻网、中国侨网和环球网数据，由笔者统计整理得到。

（三）地域特色明显

截至2018年8月，中国共与178个国家建交。[①] 其中80个国家发生了不同数量和程度的中国公民海外安全事件。如图2所示，亚洲地区25国共发生165起，152人遇难；非洲地区17国共发生52起，40人遇难；美洲地区12国共发生69起，42人遇难；欧洲地区22国共发生72起，41人遇难；

---

① 《中华人民共和国与各国建立外交关系日期简表》，外交部网站，2018年8月，https://www.fmprc.gov.cn/web/ziliao_674904/2193_674977/。

大洋洲地区 4 国共发生 28 起，10 人遇难。这些安全事件的地域分布特点突出。东南亚国家为旅游安全事故高发区，如泰国、菲律宾、马来西亚，而同类事件在非洲只有 12 起；随着"走出去"战略的实施，中国企业扩大了在非洲的市场，因而非洲某些国家成为中国劳务人员海外安全事件频发地，以坦桑尼亚和尼日利亚居多；欧洲和美洲地区是众多中国留学生的留学目的地，其安全事件集中发生在美国、加拿大和法国；增长势头较快的海外自驾事故和电信诈骗案件则集中在大洋洲地区的澳大利亚和新西兰。

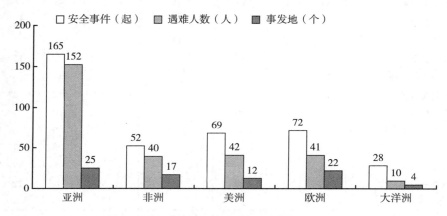

图2　不同地域安全事件发生数量和遇难人数

从地域分布看，亚洲地区为中国公民海外安全事件高发区，大洋洲地区相对较为安全，但还要参考事发地的安全形势和具体的安全事件。总体来看，近三年来的中国公民海外安全事件呈现发生频率不断增大、事件种类增多、地域特色明显等特点。

二　不同群体的中国公民海外安全事件分析

海外中国公民是指在国外工作、旅游、学习及定居的具有中国国籍的人，包括港、澳、台胞。[①] 对海外安全事件的当事人群体进行分类，则包括

---

① 夏莉萍：《海外中国公民安全状况分析》，《国际论坛》2006 年第 1 期，第 41 页。

中国游客、留学人员、劳务人员、渔民和船只以及其他中国公民。如图 3 所示，涉及游客的安全事件占中国公民海外安全事件总数的 43%；留学人员和劳务人员安全事件占比各为 19%；其他中国公民安全事件占比为 13%；渔民和船只安全事件占 6%。遇难群体多为中国游客（161 人），其后为劳务人员（53 人）和留学人员（42 人），这三类群体遇难人数占遇难总人数的 90%。

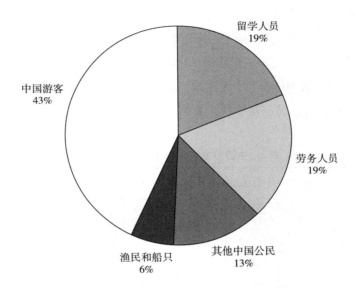

图 3　不同群体在中国公民海外安全事件中的占比

注：一些中国公民由于无法获知或查证其具体身份，因此统一归纳为"其他中国公民"。

（一）涉及中国游客的海外安全事件

中国游客由于数量庞大且多为消费性群体，因而成为海外中国公民中比较特殊的一个群体。每年发生的海外中国公民安全事件，当事人以中国游客居多。按照事件发生区域划分，亚洲地区发生的中国游客安全事件占比约为 55%；非洲和大洋洲地区合占约 14%；欧洲地区占比约为 22%；美洲地区占 9%。

按照安全事件的性质分类，可以分为以下几类：社会治安事件和涉水事故各占中国游客海外安全事件总数的 14%；交通安全事故占比为 28%；意外事件，包括身体状况类、遭遇强制消费、火灾等安全事件占比21%；因故滞留机场和自然灾害合占13%；出入境受阻和违法违规合占约10%。

从表2可见，涉水事故和交通安全事故几乎并列成为海外中国游客的"头号杀手"。其中，中国游客涉水事故23起，共69人遇难，平均每起涉水事故就有3人遇难。由于参加冲浪、浮潜、游船等涉水旅游项目引发的安全事件8起，遇难人数多达53人；因海浪、天气或自身原因造成的溺亡事件15起，16人遇难。交通安全事故47起，致68人遇难。其中，由于追尾、翻车等原因引起的车祸类事故34起，54人遇难；因不熟悉当地交规等造成的自驾类事故10起，12人遇难；因追求更好地观光体验造成的交通事故2起，1人遇难；另空难事故1起。

表2　中国游客海外安全事件情况统计

中国游客海外安全事件及类别（起）		事发地	遇难人数*（人）	报道时间
社会治安事件 23	绑架抢劫囚禁类 14	遭遇绑架	巴基斯坦		2016 年 10 月 12 日
		遭遇抢劫	南非		2017 年 2 月 4 日
		遭遇偷盗	西班牙		2017 年 2 月 7 日
		遭遇袭击抢劫	美国		2017 年 5 月 4 日
		行李被盗	意大利		2017 年 5 月 14 日
		遭遇失窃	埃及		2017 年 5 月 15 日
		遭遇暴力抢劫	老挝		2017 年 5 月 18 日
		遭遇偷盗	韩国		2017 年 5 月 28 日
		遭遇偷盗	希腊		2017 年 6 月 6 日
		遭遇抢劫	泰国		2017 年 6 月 15 日
		遭黑导游洗劫	泰国		2017 年 6 月 16 日
		遭遇抢劫	泰国		2018 年 3 月 13 日
		钱包遭窃	泰国		2018 年 4 月 20 日
		遭遇非法囚禁	泰国		2017 年 6 月 11 日
	性侵类 2	遭遇轮奸	印度		2016 年 8 月 11 日
		遭遇性骚扰	印度		2017 年 5 月 2 日
	遇害身亡类 2	遇害身亡	印度尼西亚	1	2018 年 1 月 6 日
		中枪身亡	美国	1	2018 年 8 月 1 日
	其他类 2	遭遇假警察诈骗	丹麦		2017 年 8 月 17 日
		遭受警察粗暴对待	瑞典		2018 年 9 月 2 日
	恐怖袭击类 3	爆炸袭击	菲律宾	5	2017 年 6 月 2 日
		遭遇恐怖袭击	马里	1	2017 年 6 月 18 日
		被恐怖分子劫持	伊拉克		2017 年 6 月 1 日

中国游客海外安全事件及类别（起）			事发地	遇难人数*（人）	报道时间
交通安全事故 47	车祸类 20	遭遇车祸	西班牙	1	2016 年 9 月 23 日
			美国	1	2016 年 6 月 14 日
			泰国		2016 年 12 月 14 日
			墨西哥		2017 年 10 月 16 日
			美国		2017 年 3 月 11 日
			纳米比亚	2	2018 年 2 月 10 日
			泰国		2018 年 2 月 17 日
			柬埔寨		2018 年 2 月 28 日
			泰国		2018 年 3 月 4 日
			泰国	1	2018 年 3 月 20 日
			泰国		2018 年 3 月 25 日
			马来西亚		2018 年 4 月 7 日
			日本		2018 年 4 月 20 日
			泰国		2018 年 4 月 26 日
			埃及	3	2018 年 4 月 26 日
			泰国	1	2018 年 6 月 11 日
			泰国	1（5 岁）	2018 年 7 月 18 日
			土耳其		2018 年 7 月 29 日
			柬埔寨		2018 年 8 月 6 日
			肯尼亚		2018 年 8 月 14 日
	自驾类 10	自驾发生车祸	澳大利亚		2016 年 2 月 8 日
		自驾撞车身亡	美国	4	2016 年 7 月 30 日
		自驾遇车祸	加拿大	1	2016 年 9 月 1 日
		自驾玩自拍	俄罗斯	1	2017 年 1 月 26 日
		自驾遭遇车辆撞击	澳大利亚	2	2017 年 8 月 16 日
		自驾开错车道	澳大利亚		2018 年 1 月 6 日
		自驾失控	新西兰	1	2018 年 2 月 1 日
		自驾遭遇追尾	泰国		2018 年 2 月 26 日
		自驾逆行	澳大利亚	2	2018 年 8 月 2 日
		自驾遭遇车辆撞击	新西兰	1	2018 年 8 月 30 日
	大巴事故 7	大巴翻车	印度		2016 年 10 月 19 日
		大巴侧翻	泰国		2016 年 11 月 27 日
		大巴翻车	荷兰	5	2017 年 4 月 23 日
		大巴翻车	冰岛	1	2017 年 12 月 27 日
		大巴轮胎爆胎失控	意大利		2018 年 1 月 18 日

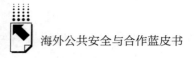

续表

中国游客海外安全事件及类别（起）			事发地	遇难人数[*]（人）	报道时间
交通安全事故 47	大巴事故 7	大巴坠桥	朝鲜	32	2018 年 4 月 23 日
		大巴侧翻	新西兰		2018 年 5 月 31 日
	其他类 10	直升机坠毁	法国	3	2017 年 6 月 2 日
		刹车失灵	泰国		2018 年 1 月 15 日
		车辆追尾	泰国		2018 年 1 月 19 日
		面包车翻车	泰国		2018 年 2 月 1 日
		观光小火车发生事故	澳大利亚		2018 年 3 月 6 日
		翻车事故	葡萄牙		2018 年 3 月 23 日
		车辆坠崖	菲律宾	1	2018 年 4 月 1 日
		交通事故	加拿大	1	2018 年 6 月 5 日
		驾驶全地形车	土耳其	1	2018 年 6 月 19 日
		渡河翻车	俄罗斯	2	2018 年 7 月 25 日
涉水事故 23	溺水身亡类 15	溺亡	泰国	2	2016 年 11 月 18 日
			日本	1	2017 年 4 月 4 日
			泰国	1	2017 年 6 月 12 日
			泰国	1	2018 年 1 月 19 日
			泰国	1	2018 年 2 月 1 日
			泰国	2	2018 年 2 月 23 日
			泰国	2	2018 年 2 月 24 日
			泰国		2018 年 6 月 12 日
			泰国	1	2018 年 6 月 21 日
			泰国	1	2018 年 6 月 28 日
			泰国	1	2018 年 8 月 14 日
			泰国	1	2018 年 8 月 22 日
		被海浪冲走	泰国	1（4 岁）	2017 年 9 月 15 日
			泰国	1	2017 年 12 月 31 日
			萨摩亚	未找到	2018 年 8 月 7 日
	参加涉水旅游项目 8	潜水遇险	印度尼西亚		2017 年 5 月 6 日
		冲浪身亡	马来西亚	1	2017 年 6 月 3 日
		冲浪溺水	美国		2017 年 5 月 13 日
		沉船遇难	马来西亚	4	2017 年 1 月 29 日
		快艇漏油爆炸	泰国		2018 年 1 月 14 日
		租船出海因故障被困海上	菲律宾		2018 年 2 月 1 日
		浮潜遇险	菲律宾	1	2018 年 2 月 18 日
		游船倾覆	泰国	47（13 名儿童）	2018 年 7 月 12 日

中国游客海外安全事件及类别（起）		事发地	遇难人数 *（人）	报道时间
违法违规事件 7	非法持枪	澳大利亚		2016 年 4 月 7 日
	违反当地法规	泰国		2016 年 6 月 10 日
	赌博抢劫	泰国		2017 年 7 月 20 日
	违反机场运营规则	韩国		2017 年 7 月 25 日
	偷盗	意大利		2017 年 7 月 22 日
	违反禁令下水溺水	泰国		2018 年 8 月 27 日
	携带野生动物制品	墨西哥		2018 年 4 月 28 日
意外事件 34	身体状况类 7	突发疾病	荷兰		2016 年 4 月 19 日
		染上登革热	菲律宾		2016 年 7 月 13 日
		食物中毒	泰国		2017 年 5 月 6 日
		误食毒品	美国		2017 年 6 月 10 日
		食物中毒	俄罗斯		2017 年 8 月 12 日
		中暑意外身亡	阿拉伯联合酋长国	1	2017 年 6 月 15 日
		突发疾病	埃及		2017 年 6 月 30 日
	遭遇强制消费 6	遇强制消费	美国		2016 年 3 月 1 日
		遭索要小费者殴打	越南		2017 年 1 月 25 日
		遭遇强买强卖	泰国		2017 年 4 月 8 日
		遭遇黑导游"甩团"	泰国		2017 年 5 月 2 日
		被黑导游强迫购物	泰国		2018 年 5 月 15 日
		因拒缴小费遭机场保安殴打	泰国		2018 年 9 月 27 日
	火灾 5	酒店发生火灾	法国		2017 年 5 月 2 日
		不明火灾	南非		2017 年 6 月 7 日
		森林火灾	葡萄牙		2017 年 6 月 17 日
		鞋厂发生火灾	俄罗斯	7	2018 年 1 月 4 日
		宾馆发生火灾	俄罗斯	2	2018 年 1 月 29 日
	参加游乐项目 5	热气球坠落	土耳其		2017 年 3 月 14 日
		沙漠冲沙	阿曼		2017 年 3 月 24 日
		热气球起火并坠毁	土耳其		2017 年 5 月 2 日
		观看斗牛比赛受伤	哥伦比亚		2017 年 5 月 17 日
		攀岩	南非	1	2018 年 1 月 3 日
	肢体冲突 3	遭泰国导游殴打	泰国		2016 年 12 月 8 日
		因发生口角被刺	日本		2017 年 7 月 18 日
		与店员争执引发群殴	越南		2018 年 5 月 9 日

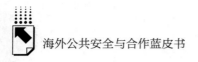

续表

中国游客海外安全事件及类别（起）			事发地	遇难人数* （人）	报道时间
意外事件 34	其他 8	走失后发现身亡	南非	1	2016 年 5 月 23 日
		遭遇辱骂	泰国		2017 年 1 月 5 日
		乘火车将头探出车外拍照	斯里兰卡		2017 年 2 月 6 日
		被误认为"难民"	德国		2017 年 2 月 23 日
		天然气爆炸	美国		2017 年 4 月 4 日
		被骗至赌场	缅甸		2017 年 5 月 14 日
		踩踏事件	意大利	1(7 岁)	2017 年 6 月 3 日
		遭河马袭击	肯尼亚	1	2018 年 8 月 12 日
因故滞留机场 11		受暴风雪影响机场关闭	韩国		2016 年 1 月 26 日
		因军事政变导致航班取消	土耳其		2016 年 7 月 16 日
		飞机发生机械故障	俄罗斯		2016 年 8 月 11 日
		因大雪天气导致航班取消	日本		2016 年 12 月 26 日
		因内部问题造成航班延误	俄罗斯		2017 年 9 月 24 日
		航班被临时取消	比利时		2017 年 9 月 27 日
		受火山喷发影响机场临时关闭	印度尼西亚		2017 年 11 月 22 日
		既定跑道超载需更换	泰国		2018 年 1 月 22 日
		目的地降雪导致航班取消	日本		2018 年 1 月 25 日
		因引擎故障紧急迫降	芬兰		2018 年 8 月 29 日
		受台风影响	日本		2018 年 9 月 5 日
自然灾害 11		地震	印度尼西亚	3	2017 年 5 月 29 日
		被涨潮所困	意大利		2017 年 5 月 28 日
		因地震被困	日本		2016 年 4 月 16 日
		地震被困受伤	新西兰		2016 年 11 月 14 日
		地震	日本		2017 年 5 月 30 日
		地震并引发海啸	丹麦		2017 年 6 月 17 日
		地震	希腊		2017 年 6 月 12 日
		地震引起山体滑坡	印度尼西亚		2018 年 7 月 31 日
		地震	印度尼西亚		2017 年 8 月 6 日
		被热带气旋所困	新西兰		2018 年 2 月 21 日
		因海浪太大被困	泰国		2018 年 8 月 9 日
出入境受阻 9		未办理相应签证	俄罗斯		2016 年 4 月 26 日
		遭到拒签	韩国		2016 年 10 月 1 日
		索要出境卡遭遇粗暴对待	泰国		2017 年 1 月 8 日

中国游客海外安全事件及类别(起)		事发地	遇难人数*（人）	报道时间
出入境受阻 9	未提前备妥相关材料	墨西哥		2017 年 4 月 13 日
	违反出入境规定	泰国		2017 年 5 月 19 日
	入境目的与签证不符	突尼斯		2017 年 7 月 13 日
	携带过多现金	荷兰		2018 年 4 月 4 日
	未办理签证	黑山		2018 年 7 月 19 日
	持旅游签证从事其他活动	印度		2018 年 8 月 28 日

﹡中国公民海外安全事件中若无遇难人数，表中该栏均为空白。

"头号杀手"的事发地集中在东南亚国家。以泰国为例，近三年来，中国游客在泰国遇难的消息频繁见诸报道。涉水事故发生频率和死亡率之高使涉水安全成为中国游客和当地旅游部门必须提高警惕的重要问题。在泰国，每年都会发生中国游客溺亡悲剧，多集中在春节和暑假期间。仅 2018 年前三个季度，在泰国溺水身亡事故就有 9 起，遇难 10 人。海上游船事故也是赴泰旅游的一大问题。在"7·5 普吉岛游船倾覆"事故中，中国公民意外身亡的人数高达 47 人，占涉水遇难总人数的 68%。中国游客海外溺亡事件发生的原因主要有两大类：其一，从客观原因来看，泰国旅游安全设施及相关管理、接待能力不足，救护措施有待完善；其二，从主观原因来看，部分中国游客无视外交部发布的"安全提醒"，并且存在"不浪费旅游费用心理"，不顾风浪预警和警示红旗，在缺乏安全监管和防护的危险水域擅自下水或出海，最终酿成悲剧。从事故发生的主要情况来看，主观原因酿成悲剧的可能性更大。例如 2018 年 6 月 28 日，一名 25 岁的中国游客在泰国普吉岛旅游时，因无视警示红旗，擅自下海游泳被巨浪卷入海中溺亡。

东南亚国家发生的交通安全事故共 17 起，占海外中国游客交通事故总数的 36%。而泰国发生车祸的概率则高居东南亚榜首。中国游客在泰国发生交通安全事故 13 起，多为载有中国游客的旅游大巴侧翻或撞车事故，约占东南亚国家该类安全事件总数的 76%。除天气恶劣因素外，路况复杂以及驾驶员的疏忽大意都是造成交通事故的重要原因。加之涉水事故频发，泰国一度被视为危险的度假胜地。然而，2018 年车祸死亡率最高的事故发生在朝鲜。4 月 22 日，一辆载有 34 名中国游客的大巴在朝鲜黄海北道不慎坠桥，遇难中国公民为 32 人，重伤 2 人。事故发生后，习近平总书记立即作出重要指示，强调各地区和有关部门要绷紧防范安全风险这根弦，切实落实安全工作责任制，深入排查安全隐患，加强防范工作，完善应急措施，确保人民群众生命财产安全。①

除上述安全事件类别外，中国游客因故滞留机场事件也比较普遍，多发生在亚洲和欧洲地区。滞留事件少则数人，多达上万人。滞留期间虽没有造成中国公民伤亡，却使他们的身心倍感煎熬。其中，日本发生的此类安全事件最多，共 3 起，其次为俄罗斯（2 起）。

（二）涉及中国留学人员的安全事件

近年来，中国出国留学人数持续增长。2017 年，我国出国留学人数首次突破 60 万人大关，达 60.84 万人，同比增长 11.74%，持续保持世界最大留学生生源国地位。② 留学目的地集中在欧美发达国家。留学生海外安全问题日益突出，这与留学人数的增长呈正比。

如表 3 所示，按照事件发生区域划分，美洲地区发生 35 起，超过中国留学人员海外安全事件总数的一半；其次是欧洲地区，共 19 起；亚洲地区和大洋洲地区各 9 起；非洲地区 1 起。2018 年 8 月 20 日，南非约翰内斯堡 8 名中国留学生在返校中巴车上遭抢劫，其中一名学生中枪身亡，年仅 19 岁，③ 成为近三年来在非洲地区发生的第一起中国留学人员安全事件。不难发现，美洲和欧洲发达国家及地区成为中

① 《习近平对中国游客在朝鲜发生重大交通事故作出重要指示》，新华网，2018 年 4 月 23 日，http：//www. xinhuanet. com/politics/leaders/2018 - 04/23/c_ 1122729425. htm。
② 《2017 年出国留学、回国服务规模双增长》，教育部网站，2018 年 3 月 30 日，http：//www. moe. gov. cn/jyb_ xwfb/gzdt_ gzdt/s5987/201803/t20180329_ 331771. html。
③ 《南非中国留学生遭抢一人身亡 亲历者讲述经过》，人民网，2018 年 8 月 22 日，http：//chinese. people. com. cn/n1/2018/0822/c42309 - 30244432. html。

国留学人员海外安全事件高发区，尤以美国发生的留学人员安全事件最多。

表3 中国留学人员安全事件情况统计

中国留学人员海外安全事件及类别（起）		事发地	遇难人数（人）	性别	报道时间
社会治安事件41	电信诈骗类10	换汇遭遇诈骗	澳大利亚		未知	2016年5月11日
		遭遇电信诈骗	加拿大		未知	2017年11月14日
			澳大利亚		未知	2018年1月14日
			韩国		未知	2018年2月14日
			美国		未知	2018年3月19日
			英国		未知	2018年8月17日
		遭遇"虚拟绑架"	加拿大		未知	2018年5月10日
			澳大利亚		未知	2018年5月24日
			新西兰		未知	2018年6月2日
			新加坡		未知	2018年6月20日
	绑架、殴打等暴力类10	遭遇侮辱和殴打	法国		女	2016年4月7日
		被殴打致死	澳大利亚	1	男	2016年4月15日
		被殴打致死	英国	1	女	2016年8月19日
		遭遇绑架及虐待	美国		女	2016年10月26日
		校园暴力袭击	美国		未知	2016年11月28日
		遭遇暴力事件	法国		混合	2016年12月25日
		遭遇校园欺凌	美国		女	2017年5月8日
		遭遇囚禁	加拿大		女	2017年5月19日
		遭遇绑架	美国	1	女	2017年6月9日
		中国飞行学员遭绑架	美国		男	2018年5月28日
	抢劫类7	遭遇抢劫	新西兰	1	男	2016年2月14日
		遭遇抢劫	意大利	1	女	2016年12月5日
		遭遇抢劫	新加坡	2	未知	2017年5月2日
		酒吧遭遇抢劫	美国		男	2017年5月15日
		遭遇抢劫	日本		女	2017年6月6日
		遭遇恶性入室抢劫	日本	1	女	2017年10月18日
		遭遇抢劫中枪身亡	南非	1	男	2018年8月21日

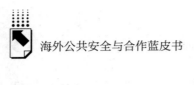

续表

中国留学人员海外安全事件及类别（起）			事发地	遇难人数（人）	性别	报道时间
社会治安事件 41	性侵类 7	遭劫持沦为性奴	德国		女	2016 年 5 月 11 日
		遭遇性侵	德国		女	2016 年 11 月 16 日
		遭遇性侵	美国		女	2017 年 1 月 21 日
		酒吧遭受强奸	美国		女	2017 年 2 月 24 日
		遭遇性侵因反抗被杀	韩国	1	女	2017 年 5 月 29 日
		酒吧遭遇性侵	法国		女	2017 年 6 月 25 日
		遭遇性侵和谋杀	德国	1	女	2016 年 5 月 24 日
	遇害类 4	夜跑遇害	德国	1	女	2016 年 5 月 11 日
		夜跑遇袭	美国		女	2017 年 3 月 18 日
		被邻居杀害	德国	1	男	2018 年 8 月 28 日
		入室行凶	美国	1	女	2018 年 9 月 23 日
	枪击类 3	中枪身亡	美国	1	女	2016 年 1 月 16 日
		中枪身亡	美国	1	男	2017 年 10 月 30 日
		中枪身亡	美国	1	男	2018 年 8 月 3 日
违法违规事件 9		走私大麻	日本		男	2016 年 6 月 19 日
		醉驾	加拿大		男	2016 年 11 月 19 日
		超速驾驶	美国	1	男	2017 年 4 月 3 日
		造假购买狩猎执照遭控轻罪	美国		未知	2017 年 5 月 23 日
		贩卖毒品	美国		男	2017 年 6 月 1 日
		为筹措吸毒资金入室盗窃	加拿大		未知	2017 年 7 月 1 日
		制售毒品	法国		男	2017 年 7 月 18 日
		替考托福被捕	美国		未知	2017 年 8 月 31 日
		酒驾撞树身亡	美国	1	男	2018 年 9 月 17 日
意外事件 23	涉水事故 6	溺亡	荷兰	1	未知	2016 年 3 月 5 日
			美国	1	未知	2017 年 3 月 14 日
			奥地利	1	男	2017 年 7 月 21 日
			法国	1	女	2017 年 8 月 15 日
			美国	1	男	2017 年 10 月 12 日
		泳池憋气身亡	美国	1（15 岁）	男	2018 年 8 月 16 日

续表

中国留学人员海外安全事件及类别（起）		事发地	遇难人数（人）	性别	报道时间
意外事件 23	交通安全 5	遭遇车祸	美国	1	女	2016 年 11 月 26 日
		自驾遭遇车祸	新西兰	1	女	2018 年 1 月 2 日
		遭车辆撞击	澳大利亚		女	2018 年 2 月 21 日
		遭遇车祸	英国	1	女	2018 年 4 月 21 日
		航校教练机失事	美国	3	未知	2018 年 5 月 10 日
	自杀类 4	跳海自杀	美国	1	男	2017 年 4 月 28 日
		坠亡	泰国	1	女	2017 年 6 月 16 日
		跳海自杀	美国	1	男	2017 年 6 月 18 日
		自杀	美国	1	女	2017 年 12 月 17 日
	失踪失联类 3	失踪后死亡	俄罗斯	1	女	2016 年 11 月 29 日
		登山露营失联	瑞士		男	2017 年 5 月 23 日
		失联多天后死亡	英国	1	女	2018 年 1 月 10 日
	火灾类 2	酒店火灾	墨西哥	2	未知	2017 年 6 月 25 日
		住宅火灾	加拿大	1	女	2018 年 5 月 30 日
	其他 3	感情纠葛	日本	1	女	2016 年 11 月 3 日
		被乌龟咬伤	澳大利亚		男	2017 年 5 月 25 日
		登山遇难	美国	1	女	2018 年 7 月 30 日

按照安全事件的性质分类，中国留学人员海外安全事件大致可以分为社会治安事件、违法违规事件和意外事件。在社会治安事件中，有 7 起遭遇强奸或性侵，其中 2 起事发地在酒吧。这种高危险系数场所存在的安全隐患应当引起中国留学人员尤其是女性留学生的重视。值得注意的是，自 2018 年开始，留学生群体遭遇电信诈骗、"虚拟绑架"事件普遍增多。由于社会经验不足和缺乏风险防范意识，他们极易成为电信诈骗的目标和受害者。

在 23 起意外事件中，共 23 人遇难，平均每起意外事件就有 1 名中国留学人员遇难。意外事件遇难人数约占中国留学人员海外遇难总人数的 55%。另外，自杀类事件为留学人员群体的独有事件。据有关报道，4 起自杀类事件的原因分别是面临情感或学习压力、宿舍矛盾和情绪失控等。这从一个侧面反映出，意外事件相较社会治安事件和违法违规事件而言，具有更强的突发性和难以预见性，所带来的后果和遭受的损失也更为惨重。同时，留学人员的心理健康问题值得关注。

按照事件主体性别来看，遭遇绑架、性侵或夜跑遇袭者几乎均为女性。而和毒品、枪支等有关的违法违规事件则以男性留学人员为主。如图4所示，在中国留学人员遭遇的安全事件中，女性留学人员安全事件的占比约为44%，遇难人数占比约为48%；男性留学人员安全事件的占比约为29%，遇难人数占比约为31%；未知性别安全事件占比约为26%，遇难人数占比约为21%。混合性别安全事件占比为1%，遇难数字为0。可见，女性留学人员更易成为袭击目标。

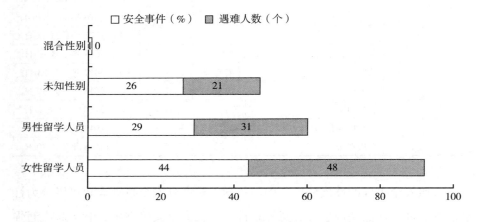

图4 中国留学人员海外安全事件性别情况统计

注：从公开报道中对当事人性别无法获知或查证的称为"未知性别"安全事件；当事人同时包含男、女性别的称为"混合性别"安全事件。

（三）涉及中国劳务人员的安全事件

在涉及海外中国务工人员的75起安全事件中，遇难人数共计53人。按照事件发生区域划分，亚洲和非洲成为事故高发地区。其中，40%的事件发生在亚洲，约31%的事件发生在非洲，15%的事件发生在美洲，9%的事件发生在欧洲，大洋洲地区占比仅为5%。非洲地区安全事件数量仅次于亚洲，遇难人数却高于亚洲地区（见表4）。

表 4　中国劳务人员海外安全事件地区分布和遇难人数情况

地区	亚洲	非洲	美洲	欧洲	大洋洲
占比（％）	40	31	15	9	5
遇难人数（人）	16	22	13	1	1

从安全事件的类别来看，社会治安形势以及劳务人员自身违法行为引发的安全问题最多。如表 5 所示，在 23 起社会治安事件中，共 15 名中国劳工遇难。其中，遭遇恐怖袭击类事件 4 起，1 人遇难。该类事件多和事发地政治局势剧烈动荡、安全形势较为严峻有关。例如，2018 年 8 月 11 日，巴基斯坦西南部地区发生一起针对中国企业项目人员的自杀式汽车炸弹袭击，造成 3 名中国工人受伤。① 自 2018 年 2 月以来，巴基斯坦国内安全形势仍不容乐观，恐怖袭击频发，外交部和中国驻卡拉奇总领馆将安全提醒的有效期从 2018 年 7 月 9 日延长至 2019 年 1 月 16 日。值得关注的是，由社会治安状况恶劣引起的直接或间接枪击案发生率较高，占社会治安事件总数的 22%。在 5 起枪击案中，共 7 人遇难。

在 12 起违法违规事件中，按照后果严重程度来看，走私象牙或涉嫌经营野生动物事件共 2 起；涉嫌运毒、泄露机密事件共 2 起；抢劫和偷渡从事非法活动事件各 1 起；非法采矿、非法窃电、无照行医事件共 3 起；醉驾、被遣返事件 3 起。究其原因，这些违法违规事件，轻则被驱逐出境，重则被判刑，严重损害了国家和企业形象。

施工安全事故是海外中国劳务人员安全事件中一个特殊的类别。随着"一带一路"倡议的推进，海外安全成为每个"走出去"人员必须重视的问题。11 起施工安全事故中，11 人遇难。因施工现场坍塌或失火、爆炸引起的安全事故 7 起，占施工安全事故总数的 64%，遇难人数则高达 9 人。施工安全事故一半以上发生在亚洲地区，仅韩国就 3 起。相关事故在美洲的发生率则为 0。

---

① 《巴基斯坦发生自杀性汽车炸弹袭击　3 名中国公民受伤》，中国新闻网，2018 年 8 月 11 日，http://www.chinanews.com/gn/2018/08－11/8597073.shtml。

表 5　中国劳务人员海外安全事件情况统计

中国劳务人员海外安全事件及类别(起)			事发地	遇难人数（人）	报道时间
社会治安事件 23	遇害类 5	酒店遭遇袭击	马里		2016 年 1 月 15 日
		经商遇害	缅甸	2	2016 年 10 月 10 日
		遇袭身亡	尼日利亚	1	2016 年 10 月 28 日
		在家中遇害	墨西哥	1	2017 年 1 月 30 日
		遇袭身亡	巴基斯坦	1	2018 年 2 月 5 日
	枪击类 5	遭遇枪击	墨西哥	1	2017 年 1 月 9 日
		工棚遭枪袭	老挝	1	2017 年 3 月 1 日
		遭遇持枪抢劫	坦桑尼亚	1	2018 年 4 月 2 日
		遭遇枪杀	菲律宾	2	2018 年 8 月 18 日
		遭枪击身亡	刚果（布）	2	2018 年 9 月 17 日
	恐袭类 4	自杀式袭击机场爆炸	土耳其		2016 年 6 月 28 日
		遭遇恐怖袭击	坦桑尼亚	1	2017 年 6 月 20 日
		自杀式恐怖袭击	阿尔及利亚		2017 年 7 月 1 日
		遭遇自杀式袭击	巴基斯坦		2018 年 8 月 11 日
	抢劫类 3	遭遇抢劫	泰国		2016 年 6 月 25 日
		遭遇抢劫	美国	1	2016 年 12 月 26 日
		遭持刀抢劫	阿尔及利亚	1	2018 年 6 月 11 日
	诈骗类 2	遭遇骗子团伙诈骗	乌兹别克斯坦		2017 年 6 月 10 日
		遭遇电子邮箱诈骗	墨西哥		2018 年 9 月 4 日
	其他 4	遭遇绑架	巴基斯坦		2017 年 5 月 24 日
		遭遇强奸	土耳其		2017 年 6 月 8 日
		因种族歧视被打	希腊		2017 年 7 月 6 日
		工厂发生火灾	吉尔吉斯斯坦		2018 年 4 月 13 日
交通安全事故 8		客机撞山坠毁	巴基斯坦	1	2016 年 12 月 7 日
		遭遇车祸	日本		2018 年 2 月 12 日
		飞机起火	尼泊尔	1	2018 年 3 月 13 日
		车辆触雷	马里	1	2018 年 3 月 23 日
		遭遇车祸	利比亚	1	2018 年 4 月 26 日
		乘船巡视工程	马来西亚	2	2018 年 4 月 27 日
		遭遇车祸	埃及		2018 年 8 月 25 日
		列车相撞	安哥拉	2	2018 年 9 月 4 日

中国劳务人员海外安全事件及类别（起）		事发地	遇难人数（人）	报道时间
违法违规事件 12	参与抢劫	英国		2016 年 1 月 21 日
	走私象牙	坦桑尼亚		2016 年 3 月 18 日
	泄露机密	美国		2016 年 6 月 20 日
	醉驾	安哥拉		2016 年 6 月 25 日
	醉驾	尼日利亚		2017 年 6 月 12 日
	未遵守签证规定被遣返	日本		2017 年 6 月 5 日
	因遭遇劳务纠纷偷渡	新加坡		2017 年 6 月 9 日
	运毒	缅甸		2017 年 6 月 16 日
	偷渡从事卖淫犯罪活动	美国		2017 年 7 月 22 日
	涉嫌非法采矿	尼日利亚		2018 年 2 月 1 日
	涉嫌无照行医	尼泊尔		2018 年 2 月 2 日
	涉嫌非法窃电	南非		2018 年 2 月 12 日
施工安全事故 11	施工时身受重伤	斐济		2016 年 8 月 3 日
	金矿坍塌	坦桑尼亚	1	2017 年 1 月 27 日
	矿井爆炸	阿尔巴尼亚	3	2017 年 2 月 4 日
	油管意外破裂被烧伤	越南		2017 年 3 月 17 日
	高架桥部分坍塌	新加坡	1	2017 年 7 月 14 日
	煤矿坍塌	缅甸	1	2017 年 11 月 30 日
	废纸厂倒塌	韩国	1	2018 年 3 月 6 日
	中资公司桥梁项目遇袭	马里	1	2018 年 3 月 10 日
	矿井内冰块坍塌	俄罗斯	1	2018 年 4 月 27 日
	工地失火	韩国	1	2018 年 6 月 27 日
	同事操作机器失误	韩国	1	2018 年 8 月 8 日
意外事件 11	身体状况类 5	醉酒溺水身亡	澳大利亚	1	2017 年 6 月 2 日
		过度劳累心脏骤停死亡	阿尔巴尼亚	1	2017 年 6 月 4 日
		感染埃博拉病毒	吉尔吉斯斯坦		2017 年 6 月 7 日
		食物中毒	圣多美和普林西比		2017 年 6 月 28 日
		中风意外死亡	柬埔寨	1	2018 年 2 月 9 日
	灾害类 2	居民楼发生火灾	美国	5	2017 年 6 月 19 日
		遭遇地震	乌拉圭	5	2017 年 6 月 22 日
	其他 4	被迫发离境令	印度		2016 年 6 月 15 日
		被误认为恐怖分子	叙利亚		2017 年 6 月 22 日
		聚众斗殴	刚果（布）	2	2017 年 6 月 30 日
		遭驱逐出境	瑞士		2017 年 10 月 14 日

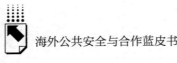

续表

中国劳务人员海外安全事件及类别（起）		事发地	遇难人数（人）	报道时间
劳务纠纷 10	索要买地预付款被杀	安哥拉	4	2016 年 1 月 18 日
	遭遇"黑中介"	美国		2016 年 5 月 1 日
	遭遇劳务中介诈骗	美国		2016 年 5 月 27 日
	被拖欠务工费	澳大利亚		2017 年 6 月 4 日
	讨要薪水遭毒打	英国		2017 年 6 月 26 日
	遭遇欠薪	沙特阿拉伯		2017 年 7 月 2 日
	遭遇劳务中介诈骗	美国		2017 年 7 月 5 日
	因工致残，追赔无路	巴林		2017 年 7 月 9 日
	务工被囚禁	澳大利亚		2017 年 10 月 4 日
	劳资纠纷	柬埔寨		2018 年 7 月 20 日

（四）涉及其他中国公民的安全事件

该类群体共发生 50 起安全事件，致 16 人遇难。从表 6 可见，按照事件发生类型划分，社会治安事件 27 起，超过本群体安全事件总数的一半，共 13 人遇难。其中，诈骗类案件 12 起，占该群体社会治安事件总数的 44%。违法违规事件 19 起，包括持假枪抢劫枪店、冒用当地人身份注册旅游公司、使用电击方式捕鱼等牟取私利类事件 7 起；走私、偷渡和违反当地出入境规定事件 6 起；参与涉嫌红木砍伐，涉嫌象牙、犀牛角和穿山甲等濒危野生动植物及其制品非法贸易类事件 4 起；实施电信诈骗类事件 2 起。另发生意外事件 4 起，造成 3 名中国公民遇难，包括 1 名 3 岁儿童。社会治安事件（除电信诈骗）和意外事件死亡率较高，而违法违规事件对中国公民的生命安全几乎不构成威胁，但因自身不当行为所须承担的刑事责任和面临的其他风险同样不容小觑。

按照事件发生区域划分，亚洲地区发生 19 起，非洲地区 11 起，美洲地区发生 7 起，欧洲地区 10 起，大洋洲地区发生 3 起且均为诈骗案件。具体来看，亚洲地区为电信诈骗高发地，其次是欧洲和大洋洲；泰国和日本为违法违规事件频发地；非洲 4 国发生的抢劫或枪击、遇害事件致 7 名中国公民遇难，成为该群体遇难人数最多的安全事件类型。

表6 中国其他海外公民安全事件情况统计

其他中国公民海外安全事件及类别（起）			事发地	遇难人数（人）	报道时间
社会治安事件 27	诈骗类 12	遭遇经济诈骗	澳大利亚		2016年1月28日
		遭受电话诈骗胁迫	加拿大		2017年7月31日
		遭遇非法投资、代购诈骗	日本		2018年2月1日
		遭遇电信诈骗	澳大利亚		2018年1月3日
			柬埔寨		2018年1月15日
			英国		2018年4月16日
			西班牙		2018年4月30日
			斐济		2018年5月10日
			韩国		2018年6月20日
			越南		2018年8月17日
			意大利		2018年8月26日
			新加坡		2018年9月10日
	绑架抢劫围殴类 7	在家中遭遇抢劫	马达加斯加		2017年2月28日
		遭遇绑架	苏里南		2018年4月11日
		商铺遭抢	南非	1	2018年7月8日
		遭遇抢劫	法国	1	2018年8月28日
		驾车遭持枪抢劫	安哥拉		2018年9月19日
		遭歹徒围殴	阿根廷		2018年9月19日
		驾车遭持枪抢劫	安哥拉		2018年9月19日
	枪击类 3	疑似与警方发生冲突被枪杀	法国	1	2017年3月27日
		遭遇枪击	特立尼达和多巴哥	1	2018年8月2日
		遭遇枪击身亡	刚果（布）	2	2018年9月17日
	遇害类 3	在酒店遇害	马达加斯加	2	2017年3月19日
		遇害身亡	南非	1	2018年4月15日
		被尖锐凶器袭击	安哥拉	1	2018年5月8日
	恐袭类 2	炸弹袭击	老挝	2	2016年1月24日
		自杀式爆炸恐怖袭击	比利时	1	2016年3月22日
违法违规事件 19	牟取私利类 7	持假枪抢劫枪店	泰国		2016年3月4日
		冒用泰国人身份注册旅游公司	泰国		2016年6月18日
		在网上兜售仿制爱马仕包	日本		2017年2月20日
		非法从事网络博彩	菲律宾		2017年4月21日
		冒用泰国人身份证，开旅行社专接中国团	泰国		2017年10月5日
		非法转移画家名画	俄罗斯		2017年12月14日
		违规使用电击方式捕鱼	阿根廷		2018年9月19日

其他中国公民海外安全事件及类别（起）			事发地	遇难人数（人）	报道时间
违法违规事件 19	走私、偷渡类 4	偷渡	阿拉伯联合酋长国		2016 年 5 月 26 日
		走私冰毒	日本		2017 年 6 月 5 日
		走私金块	日本		2017 年 6 月 5 日
		利用美墨边境隧道偷渡	美国		2017 年 8 月 28 日
	非法贸易类 4	涉嫌非法砍伐并出口红木	刚果（金）		2016 年 5 月 5 日
		携带象牙离境	美国		2016 年 9 月 17 日
		携犀牛角过境被捕	南非		2016 年 9 月 26 日
		涉嫌经营穿山甲	斯里兰卡		2018 年 2 月 14 日
	非法离境 2	携百万欧元离境	西班牙		2016 年 12 月 2 日
		携 315 万现金离境被捕	尼泊尔		2017 年 5 月 11 日
	电信诈骗类 2	实施电信诈骗	泰国		2017 年 11 月 17 日
		进行网络赌博和电信诈骗	泰国		2018 年 8 月 23 日
意外事件 4		非法鲍鱼加工窝点发生爆炸	南非	1	2017 年 6 月 10 日
		被车辆撞击	西班牙	1（3 岁）	2017 年 9 月 4 日
		在移民遣送中心意外死亡	英国	1	2017 年 9 月 22 日
		被非法拘禁并向家属索要赎金	缅甸		2018 年 1 月 23 日

（五）涉及中国渔民和船只的安全事件

涉及中国渔民和船只的安全事件共 23 起。如表 7 所示，按照事件发生类型划分，"非法作业"事件 15 起，占该群体安全事件总数的 65%。"非法作业"包含三种情况：一种为未经许可擅自进入他国的专属经济区或者海域进行捕捞，遭到入渔国出动海军或海警对中国船只和渔民进行驱赶或扣押；一种因持有的当地渔业执照过期而继续在该海域捕鱼或违反联合国"漂网捕鱼禁令"；一种为虚报或试图瞒报捕鱼数量。意外事件多为船只相撞倾覆，包括 2 起渔船起火事件，共造成 13 名中国渔民、船员遇难。意外事件虽然数量较少，却对渔民、船员的生命安全造成了不可挽回的损失。另缺少相关许可证或作业方式不规范事件 2 起。以上情况导致中国渔船被抓扣、渔民被抓捕，甚至遭遇暴力执法的情况频繁发生，由此折射出的渔业纠纷亟待解决。

表7　中国渔民和船只情况统计

中国渔民和船只海外安全事件及类别(起)		事发地	遇难人数(人)	报道时间
"非法作业"15	2名中国船长"非法捕捞"红珊瑚被判刑	日本		2016年1月16日
	"非法捕鱼"被击沉	阿根廷		2016年3月16日
	"非法捕捞"遭扣留	印度尼西亚		2016年3月19日
	1艘中国渔船被扣留调查	印度尼西亚		2016年4月5日
	1艘中国货运船涉嫌虚报捕捞量被扣留	韩国		2017年4月25日
	7艘涉嫌非法捕鱼被扣押	塞内加尔		2017年6月11日
	1艘中国运沙船"非法采沙"被拦截	马来西亚		2017年7月7日
	在国家公园海洋保护区捕杀数千条鲨鱼被扣押	厄瓜多尔		2017年8月18日
	"非法捕捞"被扣押	韩国		2018年1月4日
	"非法捕捞"并试图瞒报捕鱼数量	韩国		2018年1月5日
	渔业执照过期被扣留	利比里亚		2018年1月10日
	1艘渔船涉嫌进入"北方界线"被扣押	韩国		2018年1月22日
	1艘涉嫌伪造捕鱼量记录,2艘"非法作业"	韩国		2018年2月1日
	2艘渔船"非法作业"被扣押	韩国		2018年2月26日
	"非法捕捞"	日本		2018年6月21日
意外事件6	1艘中国故障渔船在被另一艘中国渔船拖往中国海域的途中突然倾覆	韩国		2016年1月27日
	1艘中国漂网渔船起火	韩国	3	2016年9月30日
	1艘载有中国船员的挖沙船在海域与邮轮相撞倾覆	新加坡	1	2017年9月13日
	1艘山东籍渔船与香港油轮相撞后倾覆	日本	5	2017年10月6日
	1艘中国挖沙船在海域发生倾覆	马来西亚	4	2018年3月21日
	1艘中国渔船起火	韩国		2018年9月19日
缺少相关许可证或作业方式不规范2	1艘"未持有捕鱼围网许可"和"未配备油类记录簿"被罚款	南非		2016年5月14日
	3艘渔船鱿钓工具无许可被拦截时未配合执法检查被扣押	南非		2016年5月22日

　　按照事件发生区域划分,约74%的事件发生在中国周边邻国的海域。其中亚洲地区发生17起,仅韩国就发生9起,日本发生3起。26%的事件

发生在距离中国遥远的非洲和南美洲国家海域，非洲地区发生 5 起，其中 3 起发生在西非地区，南非 2 起；南美洲地区发生 1 起。

近年来，中韩渔业纠纷频频发生。韩国通过设立人工鱼礁、增设南海渔业管理团、组织"机动战团"严打等措施加大了对韩国海域中国渔船"非法捕捞"的专项整治力度。随着国家海洋权益观念的增强和专属经济区制度的建立，各沿海国家也纷纷加大对"非法捕捞"的监罚和打击力度。除了中国渔民和船只的确存在"非法作业"事实外，也有因其他原因被查扣事件。政府相关部门必须对渔业纠纷予以重视，采取切实措施促进中国远洋渔业可持续发展。如不能妥善解决相关问题，中国渔民的生命财产安全将难以保障，中国的国际形象和国家利益也会遭受严重损失。

三　中国公民海外安全事件的发展趋势

传统型风险因素和多种未知型风险因素交替出现，使中国公民在海外遭受风险的概率增加。通过对既有数据的统计分析，可以发现中国公民海外安全事件呈现出的某种发展趋势。如图 5 所示，遭遇诈骗（包括电信诈骗和"虚拟绑架"）事件、海外自驾事故及未成年人安全事件已经呈现出逐年增长的趋势。

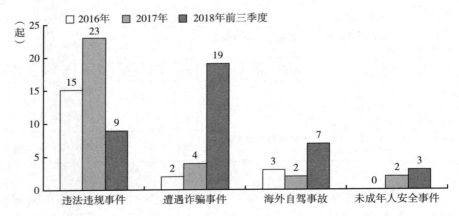

图 5　四类中国公民海外安全事件增长情况（2016 年 1 月 1 日～2018 年 9 月 30 日）

（一）中国公民自身违法违规事件导致的安全风险加大

中国公民在海外违法违规现象逐渐增多，成为仅次于社会治安事件和交通安全事故的第三大安全事件。与前两者不同的是，违法违规事件具有自发性、主动性和破坏性的特点。在涉及中国公民的海外安全事件中，因自身违法违规行为引起的安全事件占总数的 13%。除不尊重当地法律法规和风俗习惯外，一些中国公民还同时违背国内和国际法。例如 2017 年 5 月，14 名中国公民在刚果（金）因涉嫌非法砍伐并出口红木被拘捕。除此之外，中国公民因购买象牙、犀牛角等珍稀野生动物制品和贩毒等被抓事件屡出不止。少数中国公民虽然没有违反事发地法律法规，却违反了国内法。2018 年 1 月以来，缅甸发生多起中国公民参与赌博、因赌资纠纷被扣押事件。中国驻缅甸大使馆随即发布警惕中国公民卷入赌博骗局的安全提示。此外，因非法务工、逾期滞留、贩毒偷渡等被拘捕或驱逐事件也偶有发生。这些违法违规行为不仅对公民自身造成了不良的后果，而且严重损害了中国人在海外的整体形象。究其根本，中国公民应提高道德品质、强化守法意识。

（二）"电信诈骗""虚拟绑架"成为新兴风险

仅 2018 年前三季度，外交部和中国多个驻外使领馆就发布了 53 个谨防"电信诈骗""虚拟绑架"的安全提醒。针对海外中国公民，尤其是留学人员和其他中国公民的此类安全事件几乎呈爆发式增长。而诈骗形式也由简单的经济诈骗升级到涉及假冒驻外使领馆、换汇代购、高薪打工等，花样层出不穷，令人防不胜防。据不完全统计，海外中国公民受骗金额折合人民币累计已超过 2000 万元。① 电信诈骗通过远程操控，犯罪成本低且非法收益高，导致案发率急剧上升。亚洲地区的韩国和新加坡以及大洋洲地区的澳大利亚和新西兰为案发率最高的国家。"电信诈骗""虚拟绑架"已经成为海外中

---

① 2017 年度领事工作国内媒体吹风会，中国领事服务网，2018 年 1 月 11 日，http：//cs. mfa. gov. cn/gyls/lsgz/lqbb/t1524915. shtml。

国公民，尤其是留学人员面临的重大安全隐患。因此，海外中国公民务必要提高警惕和辨别能力，谨防诈骗。

（三）海外自驾的出行方式危险系数升高

近年来，海外租车市场蓬勃发展。海外自驾游因为方便、自由而受到越来越多的中国游客的青睐。除了国内各大旅游平台开辟了海外自驾旅游市场外，一些国外汽车租赁公司也纷纷为中国游客推出自驾游服务。中国游客海外自驾发生交通事故的概率明显增加，约占中国游客海外交通安全事故总数的21%。据相关统计，中国公民海外自驾游事故的主要原因是不熟悉当地交通法规和路况。例如，2016年7月24日，美国亚利桑那州发生一起严重车祸，中国游客因开车左转时没有在停车标识处停车，遭遇其他车辆撞击，酿成一家四口全部遇难的悲剧。中国留学人员也不时发生自驾类（包括醉驾和超速行驶）交通事故。随着中国公民更加注重出行体验，未来海外自驾游的旅行方式或将更加普遍，由此潜藏的各类自驾风险也更加难以规避。这无疑对规范租车行业、细化租车服务提出了挑战。

（四）海外安全事件当事人低龄化

随着人民生活水平的提高和出境游门槛的降低，一些中国游客选择带孩子出国旅游。由于种种风险因素，导致未成年人海外安全事件增多。近三年来，未成年人遇难人数占总遇难人数的比重达到了约6%。2018年7月5日，泰国普吉岛发生重大游船倾覆事故，共造成47名中国游客遇难，其中包括13名儿童。这些悲惨教训给中国家长敲响了警钟。如带未成年人出行，务必提前做好安全防范措施，并且未成年人一定要时刻在家长陪同下参加旅游项目，家长也要时刻关注周围环境，看护好自己的孩子。与此同时，留学人员安全事件也存在低龄化趋势。2018年8月16日，1名15岁的中国留学生赴美参加夏令营，因在泳池玩憋气游戏溺亡。提高未成年人的警戒和安全意识迫在眉睫。

四 改善中国公民海外安全状况的几点思考

近年来，外交部和驻外使领馆在维护和保障中国公民海外合法权益方面采取了一系列措施，取得了长足进展。但随着越来越多的中国公民走出国门，面临的安全隐患和风险类型也逐渐多元化，领事保护需求不断上升。根据以上分析，本报告就如何提高中国公民的海外安全提出以下观点。

（一）因地制宜，针对不同群体采取不同措施

中国公民因私出国的目的包括旅游、留学、务工、探亲等。不同群体及其发生的安全事件各有特点。因此，针对不同群体的海外安全，要因地制宜，主要体现在以下两方面。

首先，建立和完善领事保护相关立法。

推动完善领事保护和中国公民海外安全保障的专门立法，一方面可以使领事保护与协助工作有法可依；另一方面，鉴于常有一些中国公民"巨婴式"的表现，相关立法也可正确引导我国公民和机构形成理性预期。[①] 同时，出于权利与义务相统一的原则，也应将公民的相关责任义务纳入立法重点，进一步明确公民在遵从海外安全提醒、合理安排海外行程以及承担相关费用等方面应担当的法定义务。[②] 此外，应推动完善劳务外派方面的立法。可以借鉴国外劳务派遣立法的成熟经验，对涉及劳务人员权益，如较为常见的人身权受到侵害、工资收益被克扣、拖欠薪资等问题作出明确规定，使海外中国劳务人员的人身财产安全得到切实保障。

其次，积极有效拓展领事保护宣传领域和方式。

在中国公民出国前，由其所在单位外事相关部门或旅行社对其进行目的

[①] 《领事保护立法任重道远》，《光明日报》2017 年 10 月 9 日，第 12 版，http：//news. gmw. cn/2017 – 10/09/content_ 26449972. htm。

[②] 《用领事保护立法来震慑"巨婴"公民》，法治周末报社官网，2018 年 1 月 23 日，http：// www. legalweekly. cn/article_ show. jsp？f_ article_ id = 15405。

地安全教育和领保知识普及，大力推广使用外交部领事司官方网络平台——领事直通车（微信公众号）、12308 微信版和客户端、领事之声（微博）等，发挥其最大效用；扩大"领保进机场"活动的覆盖面，在机场值机柜台为中国公民发放海外目的使领馆编印的安全手册或协助指南；由地接旅行社或当地领保志愿者第一时间对抵达目的地的中国公民进行海外安全教育和应急培训或演练，并告知中国公民在该地的安全风险与注意事项。

对于国内外派企业和劳务人员，更要定期进行安全培训和安全检查、召开安全专题会议、开展安全保障协调等工作；推动国家主管部门加大对海外中国企业和机构的安保投入，加强项目所在地和施工现场的安全防范宣传及措施；在不违反双边国家法律的情况下，规范和细化有利于保障工人权益的合同条款，以此提高企业和劳务人员的安全主体地位，减少意外风险带来的人员和财产损失。针对少部分通过个人途径寻求出国务工的人员，相关政府部门应给予关注，建立对外劳务合作服务平台，避免其遭遇"黑中介"的欺骗和违法行为。

对于出国留学人员，教育部和各正规留学平台可在其官方网站醒目位置增添"平安留学"栏目，对留学目的地国家的基本信息、风险因素及安全事项等内容进行循环播放。驻外使领馆可积极开展"领保进校园"活动，定期举办领保知识讲座。此外，针对事故发生率的低龄化趋势，外交部可以长期跟踪并整合相关信息，联合教育部在中小学课堂设置旅游安全和突发事件应急知识教育等相关内容，加强对未成年人的领事保护引导教育，提高其安全防范意识和自我保护能力。

（二）密切配合，建立并强化相关沟通与合作机制

一方面，外交部和驻外使领馆要坚持"预防为主"的方针，发挥国家"集中力量办大事"的优势，组织专门机构、专业人员建立国家境外安全保障体系，[①]

---

① 《中国承包商海外安保经验分享》，海外安全服务网，2018 年 9 月 21 日，http：//security. cpd. com. cn/index. php？ s = news&c = show&id = 143。

加强安全信息搜集和安全动态监测能力，实时发布预警信息。同时与国内商务部、公安部、文化和旅游部等相关部门做好应对中国公民在海外遇到的社会治安、恐怖袭击、自然灾害和突发事件等各类风险的预案；发挥驻外警务联络官在打击跨国犯罪、督促驻在国警方推动涉华案件尽快侦破、保障海外中国公民生命财产安全方面的积极作用。

另一方面，还应加强与驻在国政府、警方、司法等部门的联系与合作，团结当地华人华侨，与各侨团、商会加强合作，以便在遇到涉及中国公民的安全事件时，能够进行密切合作，形成良性互动，妥善处置相关事件。例如，2018 年 7 月，针对中国游客在法国频遭盗抢的情况，驻法使馆领事部主任约见巴黎警察局主管外国游客安全的负责人，希望法警方进一步采取切实有效措施，在游客较多地区增设监控、增派警力、加强巡逻，提高破案率，加大对作案分子的打击力度。[①]

2018 年 8 月，在我驻清迈总领馆与泰国机场管理部门的积极合作下，清迈机场国际旅客出入境大厅安放了两块大型电子屏幕，以中文文字和动画形式滚动播放相关公共信息及旅游安全视频，并在机场国内和国际抵达大厅等重点区域摆放泰北旅游安全提醒宣传板及领事保护宣传小册子。[②]这种"落地式"预防方式可在国外机场推广采用。此外，加强与当地旅游监管部门的沟通和协商，可在一定程度上强化对中国游客的安全保障。如定期联合有关部门开展旅游安全巡视，提高景区软硬件设施及相关管理和接待能力。例如，制作带有中文的专业警示牌，安装扩音喇叭及时播放警告广播等。如此一来，形成国内外联动、多方参与的局面，为目的地中国公民和机构提供相对安全的环境，减少或消除安全隐患，实现"平安出行"。

---

① 《驻法使馆就加强来法中国游客安保措施约见法国警方》，中国驻法国大使馆网站，2018 年 8 月 1 日，http：//www. amb - chine. fr/chn/zgzfg/zgsg/lsb/t1582354. htm。

② 《驻清迈总领馆开展"领保进机场"活动》，中国外交部网站，2018 年 8 月 13 日，https：//www. mfa. gov. cn/web/zwbd_ 673032/gzhd_ 673042/t1584851. shtml。

（三）从我做起，重视安全提醒并备妥安全"小锦囊"

中国公民在走出国门前，务必提前了解目的地国家的基本情况、出入境及海关相关规定和最新安全动态，一键关注领事直通车、12308 微信小程序或领事之声，购买旅游及其他保险。另外，还要提前了解目的地国家的签证政策和规定，避免入境受阻的情况发生。2017 年 7 月，多名中国公民因赴突尼斯目的为过境、商务、探亲且事先未办理签证，在突尼斯迦太基国际机场入境时受阻。由于不了解只有以旅游目的赴突的中国公民才能享受免签证入境待遇，他们不仅耽误了行程，也造成了经济损失。

到达目的地后，做到"入乡随俗"，尊重当地法律法规和风俗习惯。如果中国公民在目的地遵纪守法，很多安全事件是可以避免的。同时要密切关注中国领事服务网、"领事直通车"等发布的安全提醒及驻外使领馆或其他官方渠道发出的相关安全提示，尤其是外交部发布的三级安全提醒——"注意安全"、"谨慎前往"和"暂勿前往"，合理安排行程。2017 年 11 月，由于没有重视外交部和中国驻印度尼西亚使馆连续发布的 10 余条巴厘岛火山喷发的安全提醒，执意前往，1 万多名中国游客滞留巴厘岛。对此，外交部和中国驻登巴萨总领馆再次发出提醒，强调"如中国公民在暂勿前往提醒发布后仍坚持前往，有可能导致当事人面临极高安全风险，并将严重影响其获得协助的实效，且因获得协助而产生的费用需完全自理。"[①] 因此，对于"明知故犯"的中国公民，外交部和驻外使领馆在维护和保障其合法权益时，程度和内容也要有所侧重，不纵容或袒护其违法行为。

此外，还要牢记目的地中国驻外使领馆和当地警局联系方式。在危机时刻要冷静下来，及时联系当地使领馆或警方，通过合理合法的渠道维权。2018 年 9 月 26 日，"外交部 12308"手机客户端正式上线，用户除了可以了解最新领事动态，还可以在全球任意地点、任何时间通过该客户端拨打外交

---

① 《安全提醒｜中国公民近期暂勿前往巴厘岛旅行》，中国驻登巴萨总领事馆网站，2017 年 12 月 1 日，http：//denpasar. china - consulate. org/chn/lsyw/lstx/t1515862. htm。

部 12308 热线，仅需移动互联网，无须另行支付国际通话费。① 中国游客在瑞典遭遇粗暴对待事件中，如果当事人能在第一时间联系我驻瑞典大使馆，事态的发展或许不会这般糟糕。

结　论

习近平总书记在十九大报告中强调指出"坚持总体国家安全观，以人民安全为宗旨"②。这其中也包括海外中国公民的安全。但是，由于种种未知性因素的存在，如何保护海外中国公民的人身财产和其他合法权益，成为中国全面对外开放过程中亟待解决的一大难题。一方面，中国公民自身要提高素养，本着对个人和国家负责任的态度，重视海外出行安全问题，不仅要做好出行攻略，也要备妥安全"锦囊"，提高自我安全防范意识和紧急应对能力；另一方面，相关政府部门也要数措并举、多管齐下，提高为海外中国公民保驾护航的能力和水平，使中国公民"走出去"的步伐不仅走得快，而且走得稳。

---

① 《"外交部 12308"手机应用客户端正式上线》，外交部网站，2018 年 10 月 10 日，https：//www. fmprc. gov. cn/ce/cebel/chn/zxxx/t1603178. htm。
② 《习近平在中国共产党第十九次全国代表大会上的报告》，中国共产党新闻网，2017 年 10 月 28 日，http：//cpc. people. com. cn/n1/2017/1028/c64094 - 29613660. html。

B.4
中国企业的海外投资安全
现状与影响因素

刘小雪*

摘　要： 报告总结了中国企业海外投资的现状，并且根据国内外研究
机构对海外投资风险因素的认定，分析了中国企业可能遭遇
的各种安全挑战，其中既有来自两国政治关系的影响，也有
来自东道国营商环境的挑战，还有来自企业自身的海外代理
人风险等。对这些风险因素的厘清和认定将有助于企业在未
来的海外投资实践中规避风险。

关键词： 海外直接投资　产能过剩　基础设施

以大规模直接投资为主要形式的"走出去"战略始于 2000 年，时间上
与我国迅速增加的外汇储备相吻合——1999 年我国的外汇储备为 1546.75
亿美元，到 2014 年已经达到 3.99 万亿美元，翻了二十余倍。这主要归因于
以加工贸易为主的出口导向型经济成为这一时期中国经济增长最重要的动力
之源。而为了维持"全球工厂"的地位，中国不仅需要有竞争力的劳动力
供给，也需要有稳定的原材料和能源供给，而后者正是企业"走出去"的
最初动机。之后，随着国内从劳动力到土地、环境等成本的上升，产业升级
已势在必行，为寻求全球最新技术优势而"走出去"的企业日渐增多。而

---

* 刘小雪，中国社会科学院亚太与全球战略研究院副研究员。

全球贸易保护主义的抬头又进一步刺激了中国企业进行跨国生产以绕开关税壁垒。

2013 年习近平总书记提出了"一带一路"倡议,从国家经济发展战略的层面上肯定了中国资本和企业"走出去"的意义。2015 年,中国一跃成为直接投资净输出国,自此连续两年新增海外投资规模都居世界第二位,仅排在美国之后。截至 2017 年末,中国的海外投资存量已达 1.8 万亿美元,居世界第六位。面对如此快速成长的海外投资规模,不仅国内开始关注这些投资的绩效和安全问题,海外舆论也开始热议这些投资对当地可能造成的影响。同时,也有一些国际势力不怀好意地将这些原本正常的商业行为政治化和妖魔化,进一步增加了中国企业开展海外投资的难度。目前,国际政治经济正处在一个动荡的时期,中国的企业既要看到海外市场存在的无限商机,也要意识到海外投资可能遭遇的各种风险,努力做到未雨绸缪,以减少不必要的损失。

一 中国企业海外投资现状

经济发展战略的转移,使企业"出海"势在必行。出口导向型经济使得中国拥有巨额的贸易顺差。同时,优惠的政策、丰富的劳动力资源和庞大的国内市场也吸引了外国直接投资不断流入。而随着国内资产价格的膨胀以及人民币升值压力的加大,流入中国的"热钱"也在逐年增加。因此中国累积的外汇资产很快升至世界第一。但与西方成熟的市场经济国家不同的是,中国的外部资产主要以外汇储备形式由中央银行掌握。[①] 为了实现外汇资产的保值增值,央行又将其转化为大量的美国等国的国家债券或其他由国家担保的债权。由此受到了国内一些学者的质疑:作为发展中国家,怎能用宝贵的储蓄去贴补发达国家的财政?中国的国际收支平衡表已证明了这种质

---

① 根据国家外汇管理局发布的中国国际投资头寸表时间序列,截至 2017 年末,中国储备资产为 32359 亿美元,其中外汇储备为 31399 亿美元,占整个储备资产的 97%。

疑的合理性：作为拥有高额海外净资产的国家，中国经常账户下的投资收益长期为负。只是大量的贸易顺差掩盖了这一项的逆差。虽然国家早在 2001 年就将鼓励企业"走出去"写入了"第十个五年计划纲要"，但从政策的具体表述上看，这种"走出去"仍是以服务中国出口导向型的大战略为目标，即"鼓励有竞争优势的企业开发境外加工贸易，带动产品、服务和技术出口；支持我国企业到境外合作开发国内短缺资源，鼓励企业利用国外智力资源，在境外设立研发机构"等。

2008 年美国的次贷危机促使中国调整了海外贸易和投资的布局，而 2013 年以后中国经济新常态的出现也使经济发展战略转型成为社会共识。很长一段时间以来，不论是流入的直接投资还是热钱，这些外国投资者都在中国获得了比中国投资于美国债券更高的回报。2008 年美国次贷危机更让拥有 1.2 万亿美元美国国债、一时成为美国海外最大债主的中国意识到，不但中国购买的美国"两房"债券可能因为美国政府拒绝担保而变成垃圾债券，[①] 而且美国为刺激国内经济实施的大规模量化宽松政策，也会导致中国所持美元资产因美元贬值而发生实际缩水。[②] 事实上，中国有广阔的内需市场可以开发，还有广大的发展中国家市场有待拓展。"一带一路"倡议的提出、亚投行建立的目的之一，就是通过推动互联互通建设，不仅开发眼下的需求，而且通过由此形成的统一市场培育出更多未来的需求。

与此同时，已经进入中等收入国家之列的中国正经历从经济到社会全方位的变化：从要素供给的角度看，适合流水线上的劳动力不再富余，环境成本、土地租金都在上涨；从社会需求的角度看，居民消费日益多元，对温饱之外的教育、医疗、文化、旅游等服务性需求增加，产业轻型化的趋势已经出现。2014 年开始的几轮扩张性财政和货币政策表明，投资对国内实体经

---

① 次贷危机爆发后，经过美国议会漫长的政治角力，美国政府最终还是接管了房利美和房地美这两大住房抵押贷款机构，保证了"两房"拥有足够资本履行各种担保责任和债务偿付。但其间海外投资者的信心已遭受相当大的打击。

② 2002 年到 2007 年美元实际贬值 36%。2008 年次贷危机之后，美元先是在经历了一段时间的贬值，之后，随着美国经济复苏，已逐渐恢复了坚挺之势。

济增长的带动作用已明显减弱。同时，制造业领域有越来越多尚在折旧年限内的产能开始显现过剩。如今，对于国内的制造业企业，不论是受国家战略转变的影响，还是受自身经营压力所迫，投资海外的动力都越来越强。

中国海外投资增长势头 2017 年有所减缓，但"走出去"的大势不会改变。中国海外投资只是过去二十年出现的"新生事物"，但是增速一直很快，特别是 2005 年以来，每年以 36% 的平均增速高速增长。到 2016 年，中国对外投资存量就已居世界第六位，与居第二、第三位的英国和日本差距已不明显，分别占其总量的 94% 和 97%，但与居第一位的美国差距还很明显，只相当于它的 21%。考虑到 2017 年中国的经济规模已经达到 12.25 万亿美元，相当于美国的 63%，也达到了日本的 2.2 倍①，只要继续对外开放，未来中国的海外投资还将继续增长。经常账户顺差构成了我国外汇储备的稳定来源，为企业"走出去"提供了最可靠的"弹药"。

2016 年，中国对外投资达到 1961.5 亿美元，创历史新高，占当年全球对外投资流量的 12.6%。② 但 2017 年中国的海外投资却较上年骤降 19.3%，全年为 1582.9 亿美元，是 2003 年以来中国对外投资首次出现的负增长。这与国家 2015 年下半年加紧了对资本外流的控制有关。这一方面是为了缓解国内外汇储备下降、人民币贬值的压力。2014 年美国经济复苏势头渐强，美联储也已开始退出量化宽松政策，美元升值加速了全球资金向美国回流，大量投机性的热钱也因之流出中国。中国的资本账户从 2014 年二季度开始出现逆差，并且不断扩大。受此拖累，从 2015 年一季度起中国国际收支连续出现逆差，外汇储备开始萎缩，市场上人民币贬值预期不断加大。而当年货币当局推进的"8·11"汇改短期内又进一步加剧了市场的动荡。另一方面是针对前期出现的一些问题，相关部门决定以行政手段积极规范境外投资。除了限制对海外房地产、酒店、影城、娱乐业、体育俱乐部等进行投资外，国家还要求加强对境外投资真实性、合规性审查，防范虚假投资行为，

---

① https：//www. cia. gov/library/publications/the－world－factbook/.

② 《2017 中国对外投资合作发展报告》，http：//coi. mofcom. gov. cn/article/bt/。

包括建立境外投资黑名单制度，对违规投资行为实施联合惩戒。①

2017 年前后，政府开始整治海外投资，目的是"规范"而不是"限制"海外投资。政府明确表明，"支持境内有能力、有条件的企业积极稳妥开展境外投资活动，推进'一带一路'建设，深化国际产能合作，带动国内优势产能、优质装备、适用技术输出，提升我国技术研发和生产制造能力，弥补我国能源资源短缺，推动我国相关产业提质升级"②。根据商务部最新统计，2018 年 1~7 月中国对外直接投资已恢复了增长势头，非金融类对外直接投资累计 652.7 亿美元，同比增长 14.1%。③

中国企业海外投资模式和实践具有一定的独特性，其对外投资长期以国有企业为主体，虽然目前海外投资存量中这一格局并未改变，但是近年来民营企业在海外投资增量中的份额不断加大。截至 2017 年底，中国共有境外企业 4 万多家，仅 2017 年商务部和省级商务主管部门共备案和核准的境外投资企业就有 6172 家。④ 从企业的性质上看，属于央企的境外企业有 3800 家，即使加上数目相当的地方国企的境外企业，国有企业的数量也不占多数。但从海外直接投资的存量上看，央企由于"走出去"的历史较长、投资多集中在需要庞大资金投入的基础设施和资源项目上，因而尽管数目少，但却占海外非金融类投资存量的 54%。⑤ 在 2016 年中国海外投资存量排名前十位的企业中，央企就占了 9 家，仅腾讯一家是民营企业。尽管如此，随着企业实力的壮大，以及企业自身竞争战略的需要，越来越多的中国民营企业开始"海外布局"。2006 年央企占当年对外投资的 86%，地方企业（包括民营和少量地方国企）只占 14%；但到 2016 年地方企业海外投资就占到

---

① 2017 年 8 月，国家发展改革委员会、商务部、中国人民银行、外交部联合发布《关于进一步引导和规范境外投资方向的指导意见》，参见 http：//fec. mofcom. gov. cn/article/ywzn/dwtz/zcfg/201708/20170802633000. shtml。

② 同上。

③ 引自商务部网站，http：//hzs. mofcom. gov. cn/article/date/201808/20180802779513. shtml。

④ 《2017 中国对外直接投资统计公报》，http：//www. mofcom. gov. cn/article/tongjiziliao/dgzz/201809/20180902791492. shtml。

⑤ 本段数据除特别说明外，均来自《2017 中国对外投资合作发展报告》，http：//www. mofcom. gov. cn/article/gzyb/。

当年新增投资的87%，而央企占比已降到13%。2016年底由于政府加强了对企业对外投资真实性和合规性审查，着力遏制非理性境外投资，特别是从2017年二季度开始，房地产、娱乐、体育等领域受到严格限制，无新增境外投资。地方企业投资受此影响最大，全年海外投资规模下降了42%，即使如此，其占全国海外投资的比重依然达到62%。2018年1~7月中国新增对外投资主要集中在租赁和商务服务业、制造业、采矿业以及批发零售业。这些行业正是民营资本非常活跃的领域。

在行业分布上，中国对外投资已从重资源的采矿业向重市场、重技术的服务和生产领域拓展。最初国家鼓励企业"走出去"是源于对资源的需求，一方面以加工贸易为主的出口导向型经济本身对资源就有着旺盛的需求，另一方面国内快速成长的消费需求也需要有稳定的基础物资作为保障。以原油为例，从1993年开始中国就已经成为石油净进口国，从此对原油进口的依存度不断上升，经过25年的时间就已经上升到75%（2018年）。[①] 而对清洁能源的需求，也使近年来中国对天然气的进口依存度逐渐上升到38%。在此背景下，中石油、中海油、中石化曾长期位列海外投资前三名，直到近年才被中国移动超越。而这种超越本身就代表着趋势的转变：目前租赁和商务服务（34.9%）、金融业（13.1%）以及批发零售业（12.5%）已经占到中国海外投资存量的60%以上。[②] 同期受国际大宗商品价格低迷的影响，也受中国资源型企业前期海外扩张过速、盈利压力加大的影响，从2016年开始，采矿业已连续三年对外投资下降。未来，随着中国经济的进一步转型，国内服务业的竞争优势将大幅提升，服务业"走出去"的步伐会更大。此外，面对国内成本上升以及国际贸易保护主义双重压力的中国制造业，也将进一步向海外转移产能，同时借海外的生产实践以赢得技术先机。

中国商务部一直根据投资首个目的地来统计国内投资流向。2017年流

---

① 田春荣："2017年中国石油进出口状况分析"，《国际石油经济》2018年第3期。

② 《2017中国对外投资合作发展报告》，http://coi.mofcom.gov.cn/article/bt/。

入中国香港的投资规模高达58%，流入开曼群岛的为6.9%，流入维尔京群岛的占6.3%。① 很明显，这些以避税为目的的投资很少会在当地停留。若从存量上看，中国的海外投资以流入发展中国家居多，其中仅亚洲（67%）、拉丁美洲（15%）、非洲（3%）合计就占到85%，这与全球直接投资（FDI）主要集中在发达国家的特点形成鲜明对比。但结合央企的海外投资多偏重于资源开发和基础设施项目这一事实，考虑到在发达国家这两类市场要么偏于饱和，要么因安全因素而难于介入，国内相关投资多流入发展中国家便可以解释了。不论如何，作为位列全球对外投资前十中唯一的发展中国家（无论是存量还是流量），又是成长最快的国家，国际社会对中国的海外投资实践都有着异乎寻常的关注。迄今为止，WTO的很多成员特别是发达经济体始终不承认中国的市场经济地位，因而对中国以国有企业为主体的海外投资行为有着各种质疑，比如除了关注自身利润外，"走出去"的中国企业是否有足够的环境保护意识、能否对当地独特的社会文化习俗予以尊重等。这种质疑既出自其固有的偏见，也出自其对新兴事物的必然担忧。而这种质疑往往会对本不对华友好的外部投资环境起到了推波助澜的作用，反过来加剧了中国企业"走出去"的风险。

二　影响海外投资的一般性风险因素

国际上有关企业投资风险的分类方法众多，从事风险评估的机构也众多，每年甚至每季度都有国别风险报告发布。这些报告虽各有侧重，但大致范围差别不大，一般包括政治风险、经济风险、金融风险。但是，由于目标客户不同，这些报告在选取的具体指标上有所差别，比如经济学家情报中心（Economist Intelligence Unit，EIU）、标准普尔、穆迪与惠誉主要服务于从事主权债务买卖与跨境信贷的客户，因而更注重在宏观层面上对一国金融稳定性的判定。而国际国别风险评级指南机构（ICRG）和环球通

---

① 《2017中国对外投资合作发展报告》，http：//coi. mofcom. gov. cn/article/bt/。

视（GI）的报告则因服务的对象更为广泛，"分析的风险对象涵盖范围极广，包括国家的营商、主权信用乃至某个地区的运营风险。"[①] 尽管如此，这些机构对同一国家风险的认定即使存在不同，一般也是出于定量而非定性的差别。

然而，一国相对于世界的普遍风险并不等同于特定国家对它的风险认知，而且一国的风险也不等同于其特定行业、特定企业的风险。例如，在EIU 的风险报告中，巴基斯坦的主权债务风险、政治风险都很高，而对其国家风险评定也已处在"投资回避"的 CCC 级水平上了。相比之下，EIU 对美国的风险评级非常低，所有的风险指标全部都在 A 甚至 AA 的级别上。但是，对中国投资而言，美国的友好程度远逊于巴基斯坦。随着中国的崛起，越来越多的中国企业走向海外，发达国家的安全审查和政治阻挠风险常常成为中国投资难以逾越的障碍。2005 年，中海油以比竞争对手高得多的报价竞购尤尼科石油公司，就是因为没有通过美国外资投资委员会的安全审查而失利。而 2008 年中国铝业收购澳大利亚力拓股权的失败则完全出于政治方面的原因，当时澳大利亚一些政客、媒体采取种种措施阻挠和反对中铝的注资，最终力拓董事在国内政治压力之下不得不拒绝中铝的要约。

因此，一方面，世界各评级机构的风险报告并不能完全反映中国企业所遭遇的现实风险，另一方面，中国企业的海外投资实践经验也常与现有的一些国别风险报告结论相左。例如，ICRG 和 GI 都视政府治理能力、法治程度为衡量国别风险的重要指标。美国布鲁金斯学会的一份研究报告也证实了全球 FDI 的分布与国家治理指标表现呈正相关，即治理得好的地区得到的 FDI 也就更多。但针对中国的海外投资，报告发现在对市场规模和资源禀赋做变量控制后，中国的海外投资与东道国的政府治理能力无明显相关性。[②] 中国

---

① 张明、王碧珺：《中国海外投资国家风险评级报告》（2018），中国社会科学出版社，2018，第 4 页。

② David Dollar, "China as a Global Investor", Asia Group Working Paper 4, Foreign Policy at Brookings, May 2016.

在委内瑞拉、尼日利亚、津巴布韦等政治经济环境动荡的国家进行大量投资也印证了国际社会对中国海外投资"特立独行"的印象。基于此，一份更符合中国企业海外投资战略和现实的风险报告便显得很有必要。中国社会科学院世界经济与政治研究所发布的《中国海外投资国家风险评级报告》就是该领域的最新成果。该报告立足于中国海外投资，"重点关注直接投资，同时兼顾主权债务投资"，提出了五大风险指标：经济基础、偿债能力、社会弹性、政治风险和对华关系，其中对华关系属于该报告的特色指标。2018年，该报告选取了57个国家作为分析样本，其在2016年共计占中国对外投资流量的83.5%。从报告的结论来看，按照前四个指标，无论是单独排名还是综合排名，这57个国家的排序与现有的国别风险报告都区别不大，只是在风险定级上，该报告显得更温和一些。而一旦加入对华关系的指标，一些国家的风险投资级别就发生了很大的变化。最明显的是巴基斯坦，其在其他四项指标上都排名靠后，只有在对华关系上名列第一，当之无愧的"铁哥们儿"。于是，该国在整个排名中有了质的变化：在世界经济与政治研究所的这份国家风险报告中，它的排名一跃超过了印度、越南。后两者在EIU的报告中，国家风险级别都是BBB级，而巴基斯坦只能落在CCC的级别上。①

双边关系在企业投资决策中的权重问题，始终存在着争议。清华大学产业发展与环境治理研究中心曾与贸促会合作进行了"中国企业对外投资问卷调查"，其中一项内容是请企业评价五年来中越、中美、中日、中印关系可能给企业海外经营带来的间接影响。结论是，企业认为"中日关系、中越关系和中印关系虽然近年来偶有摩擦，但对企业具体业务的影响却相对较小"②。近年来中国与印度、越南之间的双边贸易和投资均增长迅猛，这说明尽管越南不时爆发反华游行，中印之间针对争议领土、达赖问题等在外交上你来我往，但这些确实对企业的经营实务影响有限。如果以中国—巴基斯

---

① EIU 风险报告，http：//www.eiu.com/。
② 沈华、史为夷：《中国企业海外投资的风险管理和政策研究》，商务印书馆，2017，第89页。

坦、中国—印度之间的贸易和投资数据进行比较，会看得更加明显。2017年中巴贸易规模为 200.9 亿美元，而中印贸易规模则为 844.1 亿美元，后者是前者的 4 倍还多。截至 2017 年，中国对巴基斯坦直接投资存量达 57.1 亿美元①，而中国对印度的直接投资存量已超过 80 亿美元②。这说明影响中国企业在印巴两国的贸易和投资活动的因素，更多的还是出于对两国各自的经济体量、政治和社会环境的考虑，而非对华关系：以 GDP 衡量经济规模，印度是巴基斯坦的 10 倍，且经济增速已超过中国，增长前景普遍被世界看好，而巴基斯坦不但经济增速刚刚超过 5%，同时作为反恐前线，其安全形势与印度也有着显著的差距。

三　中国企业海外投资的安全现状

（一）国际层面上西方发达国家对中国海外投资过度警惕甚至出现"全球遏制"的趋势

在和平环境下，中国经济有了长足的发展，国力得以全面提升。但随着"一带一路"建设的推进、中国与周边发展中国家的经贸合作日益紧密的同时，以美国为首的西方发达国家却对中国企业越来越活跃的海外营商活动提高了警惕甚至出现排斥。对中国以并购为主的海外直接投资行为，发达国家通常以国内安全审查的手段加以阻挠。2016 年，中国企业海外投资并购遭否决的案例达 30 起，涉及金额约 740 亿美元，其中中国在美 10 起投资并购案遭否决；在欧 20 起投资并购案遭否决。③ 2018 年 3 月，美国依据"301条款"调查结果，不仅对从中国进口的商品大规模加高关税，而且将进一步限制中国企业对美投资并购。同年 10 月，美国财政部发布了暂行法规，

---

① "中巴经贸合作简况"，http：//www.mofcom.gov.cn/article/tongjiziliao/fuwzn/ckqita/201810/20181002794373.shtml。

② "商务部部长钟山接受印媒专访"，外交部网站，https：//www.fmprc.gov.cn/ce/cein/chn/zywl/t1545816.htm。

③ 王宇鹏："欧美加严外资安全审查的趋势特点和分析建议"，《国际贸易》2018 年第 5 期。

将包括高科技行业在内的 27 个行业作为试点，加大了对中国在美投资的审查力度。

对于中国在发展中国家以援建或 PPP 等多种方式参与的大规模基建项目，以美国为首的西方发达国家通过歪曲性报道甚至背后的"政治小动作"试图破坏项目的推进。最近有关中国在斯里兰卡、巴基斯坦以及一些非洲国家布下"债务陷阱"的指责甚嚣尘上。虽然针对的是中国在境外的贷款，但也包括相当一部分有当地财政担保的中方 BOT 建设项目。① 例如，巴基斯坦因为新一轮支付危机不得不请求国际货币基金组织（IMF）救援，而美国国务卿蓬佩奥就表示，美国作为 IMF 的最大股东，不支持 IMF 用美国纳税人的钱去解救中国债券持有人或中国本身。② 而近期 IMF 总裁拉加德在访问巴基斯坦之后也表示，巴基斯坦若想从 IMF 借贷，须首先向该组织说明其从中国的借贷状况。无论债务是否公开以及公开的结果如何，此条件本身就已使公众先入为主地认定，中国就是巴基斯坦债务危机之源。这无疑将对未来两国合作产生不利影响。另外，西方国家还对一些发展中国家的非政府组织给予大量资金支持，利用它们以环境保护为由，抵制中国项目，这也是中国电力投资集团在缅甸密松水电站项目上失利的一个重要因素。③

（二）来自东道国营商环境的挑战——在企业家精神与必要的谨慎之间保持平衡

中国商务部在 2015 年发布的《对外投资合作境外安全风险预警和信息

---

① 以中国重型机械公司承接的柬埔寨达岱水电站 BOT 项目为例，当时中国公司获得了柬埔寨政府的国王令，这意味着柬埔寨政府将以财政作担保，以保证未来运营期内必须按照协议定价（一般都是美元价格）买入固定数目的电量。目前中国在海外的电站建设 BOT 项目基本上遵循这一模式。

② 2018 年 7 月 30 日蓬佩奥接受美国 CNBC 电视台采访时，发表了相关言论。"蓬佩奥的讲话表明巴基斯坦将成为中美之间新的摩擦点"，https：//www.cnbc.com/2018/07/31/pompeo - spotlights - pakistan - tension - point - between - washington - beijin. html。

③ 密松水电站项目失利的原因是多方面的，从现有的文献来看，仍以缅甸国内的因素为主，包括中央政府与克钦邦地方政府之间权力和利益的分配、军政府与民选政府之间权利与义务的继承以及政府与非政府组织之间的博弈。但是，中国企业自身走向海外的不足以及针对中国的不友好的国际势力的运作同样不能忽视。

通报制度》中列举了四类中国企业在东道国可能遭遇的风险：政治风险、经济风险、政策风险、自然风险。其中政治风险和经济风险属于广义的营商环境，EIU、GI、ICRG 以及世界经济与政治研究所公布的国家风险报告都更偏重对此类风险做出判断。而经济政策风险则以世界银行定义的营商环境指标来衡量更为可靠。世界银行每年发布《世界营商环境报告》，对全球190 多个国家或地区的营商环境进行排名，主要考察的是企业的"可获得性"，即企业在其生命周期的各个阶段获得必要政府公共服务、司法服务的可能性，包括"开办企业办理施工许可证、获得电力、登记财产、获得信贷、保护中小投资者、纳税、跨境贸易、执行合同和办理破产"等，这更接近于狭义的"营商环境"。

　　中国企业在"走出去"的过程中，无不经历来自东道国的上述风险，甚至还因此遭受过重大损失。按照商务部相关文件的定义，政治风险指的是驻在国的政局变化、战争、武装冲突、恐怖袭击或绑架、社会动乱、民族宗教冲突、治安犯罪等。2003 年英美联军对伊拉克发动军事打击，萨达姆政权垮台。之后掌控伊拉克政局的美英决策者认为，前政府遗留的债务属于"恶债"，新政府不予继承，其中就包括一些中国政府与萨达姆政权签订的贷款项目以及中国企业与之签订的投资合约。[①] 2011 年利比亚内战爆发前，中国企业在该国拥有大量投资建设项目，投资工程金额高达数百亿美元。战争爆发后，几乎所有中国企业都遭到了不同程度的洗劫并被迫停工，损失据估计达 200 亿美元。斯里兰卡科伦坡港口城（港口城）面对的则是一种较为温和的政治风险。因为政府换届，新上台的西里塞纳政府为了兑现其在竞选中的承诺，也为进一步打击已下台的拉贾帕克萨的政治影响力，以进行新一轮环评为由叫停了中港集团在建的港口城项目，一年后才得以恢复。

　　东道国的经济风险则指经济危机、金融市场动荡、主权债务危机、通货

---

① 袁海勇：《中国海外投资政治风险的国际法应对——以中外 BOT 及国际投资争端案例为研究视角》，上海人民出版社，2018，第 99 页。

膨胀、利率汇率变动等宏观经济形势变化可能对企业造成的冲击。而世界银行发布的营商环境指标体系模拟的正是企业日常运营的更微观的政策环境。东道国营商环境排名基本能够真实地反映企业可能遇到的经济政策风险的高低。不同的国家，对于投资而言风险各异。比如今天的欧洲，包括希腊、西班牙、冰岛等在内的国家政治风险、政策风险都很低，但是经济环境受到过高的债务拖累而风险加大。与此同时，印度、越南、老挝等国政治稳定、经济保持稳定高速的增长，但是作为转型国家，其经济政策存在很大的变数，营商环境亟待改善。总之，无论在哪个国家投资，企业都会有风险，只是风险的来源不同。因而企业既要根据自己的情况进行权衡，同时也应该做好必要的风险防范。

（三）海外投资引发的企业代理人的道德风险居高不下

对于一个企业而言，一般能够认识到那些无法预测、更无法左右的系统性风险，如国家政局的变化、金融危机的发生、产业政策的调整等，但往往不愿正视代理人风险。事实上，这种风险甚至比系统性风险更现实、也更高发。2003 年，由于中航油新加坡股份有限公司总裁陈久霖决策不当，加之中航油内部风控管理机制不足，任凭陈违规进行石油指数期货交易，国家造成高达 5.5 亿美元的亏损。国家对国企的软预算约束让这些企业难以克服投资冲动，只要条件允许，往往会出现过度投资。2008 年美国次贷危机后，大批国有企业趁海外资源价格下跌，掀起跨国并购潮，不计成本地收购石油、矿山等资源类企业，但最后铩羽而归的居多。2009 年底，中化集团海外油气项目累计亏损 1526.6 万美元；2011 年，中国铝业集团在澳大利亚的铝土项目中间夭折，损失 3.4 亿元人民币；中信泰富至今还陷在澳大利亚铁矿官司中，账面损失已经超过 300 亿元人民币。[①] 对于中国大多数海外国企而言，代理人的道德风险常常是导致其海外投资失利的最初，也是最根本的

---

① "中企最大海外项目中澳铁矿专利案宣判：中企将损失 300 多亿"，https：//www. guancha. cn/Neighbors/2017_ 12_ 02_ 437511. shtml。

原因。

在科伦坡港口城项目中，作为承包方的中港集团在工程一期阶段以3.61亿美元的超低报价打败了来自印度、新加坡和美国的竞标者，并使该项目成为中斯两国的框架协议项目，享受来自中国的优惠贷款。但中港集团在之后的建设过程中不断增项，实际总造价为5.8亿美元，超出原定成本61%。不仅如此，在一期尚未完工、实际经济效益未显现的情况下，中港集团又积极推动斯政府签署了二期工程协议，规模更是超过一期，总投入达到8.1亿美元。① 在这个项目的建造过程中，斯里兰卡政府除一期时交付了5400万美元的配套资金外，剩余所有款项都来自中国贷款。中港集团这种"低价竞标、增项找齐"的做法，使斯方从一开始就难以把握有关成本的真实信息，以致无法避免项目规模和成本的失控。其结果是，斯政府的债务负担越来越重，倘若中方继续逼斯还账，则为"不义"，最后中方只有接受斯提出的"债转股"，而这又被西方指责为"债务陷阱"，中国的国家形象因此受损。这种进退失据的被动既与中国低估了斯里兰卡存在的主权债务风险有关，也与企业不负责任一味求大的投资冲动有关。

总之，在进行国内和国际投资决策时，企业采用的风险评估框架并没有实质性的不同，只是针对海外投资会多一些对国际关系的考虑。实际上，即使是这一点差别在全球化时代也已变得不那么突出。因为只要生产或服务涉及跨国交易，企业都不能不受海外市场的影响，不能不考虑国际关系的变化。比如当年的古巴，现在的朝鲜、伊朗，它们都是美国经济制裁的对象，其他国家在与它们开展经贸往来时都不得不慎之又慎，以防美国的报复。除此之外，无论是在国内还是在海外投资，企业决策时要考虑的内容都大同小异——既需要了解一个国家的政经大局、营商环境，也需要深究一国对特定产业的政策。此外，企业还应该完善管理机制以应对海外子公司存在的代理

---

① "MR's Statement on Hambantota Port Raises Serious Questions"，http：//www.ft.lk/article/597501/MR－s－statement－on－Hambantota－Port－raises－serious－questions.

人风险。由于信息不对称，分散的股民难以监督经理人，因而如何降低代理人道德风险始终是一道难解的题。西方国家为此纠缠了几百年，有很多经验和教训值得中国借鉴。

结　语

在"走出去"的过程中，中国企业已经发现它们很难将国内的成功经验直接复制到别的土地上。从宏观处着眼，这是由我们独特的发展道路所决定的——在构建社会主义市场经济的过程中，我们的政府角色和施政效率，无论是发达国家还是其他发展中国家，都不足与之相比。我国长期注重经济增长，在很长一段时间甚至是"唯GDP"论，这在某种程度上意味着政府和企业的目标是一致的，因而作为生产者的企业更容易获得政府的支持。但奉行选票政治的国家并非如此，其众多的利益团体相互撕扯，工会、环保团体等都会成为与企业家相对的政策竞争者，这使得"走出去"的中国企业想要获得如国内一般的政策支持几乎不可能，甚至还会遭遇"朝令夕改"的情况。因此，对于中国企业而言，了解投资所在国的政策是必要的，但依赖当地政府则是不可能的，而且作为一家外国企业，盲目进行所谓的政府公关在很多情况下甚至是危险的。

从微观处着眼，我们的企业还需要认识到世界各地从企业文化到消费习惯存在很大的差异。因而在管理、产品和技术的营销上尽快实现本土化就显得尤为重要。作为东亚文化的一部分，我们更讲求纪律、服从以及在此基础上形成的合作，同时作为中国特色之一，我们的工会与企业家之间并不存在着一种必然的对立关系，这些都使得企业在"走出去"之后要面对一种全新的劳资关系以及迥异的东道国企业文化传统。如何在管理上实现"本土化"是企业面临的一大挑战。与之相比，在产品和技术的营销上的本土化要相对容易一些，同时也更早为企业所重视。

在全球化的时代，逐利资本在全球范围自由流动的趋势已经越来越明显，正处在经济转型阶段的我国被裹挟其中。尽管每年海外投资的规模已进入全球三甲，但数量不等于质量，更不等于影响力。确保投资安全是海外中国企业面临的第一要务，只有解决了生存问题才可能谈到发展。这其中必须重视经验和教训的总结。

专 题 篇

Special Report

B.5
2018年度中国领事保护机制建设

——基于中国外交部领事服务网报道的分析

夏莉萍[*]

摘　要： 本文根据中国外交部领事服务网报道，总结归纳了2018年度中国领事保护机制建设情况，分析了其特点，主要包括重视建立领事保护法律体系，强调公民应知法、守法，不为公民的"非法行为"买单；领事保护联络员机制逐渐成熟，在一定程度上缓解了专业领事人员不足带来的工作压力；各驻外使领馆纷纷建立驻外使领馆、当地相关政府部门和当地中国公民之间的联络和协调机制；领事保护宣传教育和预防机制

---

* 夏莉萍，外交学院外交学与外事管理系教授、北京对外交流与外事管理研究基地研究员。主要研究方向为领事与侨务问题、当代中国外交。本文为国家社科基金项目《"一带一路"战略下改进领事服务研究》（16BGJ015）和中国中华全国归国华侨联合会课题《中国与主要发达国家领事保护机制比较研究》（17AZQK202）的阶段性成果。

更具针对性，面向不同公民群体的内容不同；领保应急机制建设的参与方多元化，应急处置程序清晰；在应急处置过程中回应社会关切，及时发布信息，让公众了解处置的详细经过，掌握舆论主动权。

关键词： 领事保护　应急机制　预防机制

引　言

自领事产生之日起，协助和保护海外本国国民一直是领事的重要职责。领事保护是指派遣国的外交领事机关或领事官员，在国际法允许的范围内，在接受国保护派遣国的国家利益、本国公民和法人的合法权益的行为。以我国为例，当中国公民、法人的合法权益在驻在国受到不法侵害时，中国驻外使领馆依据公认的国际法原则、有关国际公约、双边条约或协定以及中国和驻在国的有关法律，反映有关要求，敦促驻在国当局依法公正、友好、妥善地处理。领事保护还包括中国驻外使领馆向中国公民或法人提供帮助或协助的行为，如提供国际旅行安全方面的信息、协助聘请律师和翻译、探视被羁押人员、协助撤离危险地区等。①

领事保护机制是指国家为了达到保护海外公民和法人合法权益的目的，而作出的一整套的工作安排及参与此项工作的各部门之间的互动关系。这种安排和互动关系既反映在各项办事规程或行动准则中，也可以没有相关的书面规定，而只是通过日常的实践表现出来。②

领事制度起源于西方，于晚清时期随着西方国家的殖民侵略传入中国，

---

① 《领事常识》，中国领事服务网：http://cs.mfa.gov.cn/gyls/lscs/，访问时间：2018年12月8日。

② 夏莉萍：《领事保护机制改革研究》，北京出版社，2011，第29页。

至今已有 100 多年的历史。但直到近些年来，领事保护一词才被国人知晓。由于中国改革开放的不断深入，"走出去"的中国公民人数和中国企业数量迅速增加，涉及中国公民和企业的安全事件频频发生，领事保护问题引起了各界的广泛关注。在此大背景下，中国逐步建立了由中央政府、地方政府、驻外使领馆、企业和公民个人组成的"五位一体"的境外安保工作联动网络，形成了立体式领事保护机制模式。[①] 本着"以预防为主，预防与处置并重"的原则，中国领事保护机制建设的主要内容分为应急协调和预防宣传两个方面。

中央政府、地方政府及大型企业，都建立了相应的应急协调机制。2004年 11 月，中央成立了"境外中国公民和机构安全保护工作部际联席会议机制"并召开首次会议。[②] 各地方政府按照《国务院办公厅关于加强境外中国公民和机构安全保护工作的意见》（国办发〔2004〕74 号）及《国务院办公厅关于印发国家涉外突发事件应急预案的函》（国办函〔2005〕59 号）的要求陆续建立了地方政府层面的应急协调机制。2006 年 5 月，外交部首次在领事司内设立领事保护处，专门处理和协调中国海外公民和法人合法权益的保护工作。2007 年 8 月，领事保护处升格为领事保护中心，由外交部领事司司领导担任中心主任，以确保更有效地协调各方处理领事保护事件。与此同时，各大型企业也建立了自己的应急管理体系，以有效应对紧急状况。例如中石化集团公司成立了处理境外突发事件的三级体系：分别为集团公司层面，执行境外投资项目、工程建设、外派工程劳务和设有境外机构的各分公司层面以及各驻外机构（代表处、办事处、公司、项目部）地的项目部层面。2013 年，集团公司及各下属企业结合实际和风险评估结果，修订完善应急预案，举行应急培训；推进公司应急指挥系统及下属企业应急指挥中心建设，还基本建成了中国石化、中国石油和中国海油三大石油公司联

---

① 廖先旺、彭敏：《奋发进取，成果丰硕》，《人民日报》2012 年 10 月 10 日，第 6 版。
② 《境外中国公民和机构安全保护工作部际联席会成立》，新华网，http://news. xinhuanet. com/newscenter/2004 – 11/04/content_ 2177836. htm，访问时间：2004 年 11 月 14 日。

防机制及应急资源与调度管理信息系统。①

外交部、驻外使领馆及各级地方政府外办组织各种形式的领事保护预防宣传活动，旨在树立公民的海外安全风险防范意识，减少领事保护案件发生的频率。例如，散发领事保护宣传手册；利用微信平台发布海外安全信息；在企业、学校和一些重要公共场所巡回举办展览，以丰富的案例、数据、图表介绍海外领事保护的形式和海外安全风险的成因；利用国际旅游展览摊位进行宣传；拍摄领事保护情景剧、举办领事保护知识竞赛等。

党的十九大以来，在中国推动形成全面开放新格局的新时代背景下，中国与世界的联系互动空前紧密，中国公民和企业"走出去"的步伐继续加快，保护任务艰巨。2018年3月8日，外交部部长王毅在"两会"记者会上表示，做好领保工作是义不容辞的责任。面对越来越繁重的领保任务，外交部坚持以人民为中心，持续打造由法律支撑、机制建设、风险评估、安全预警、预防宣传和应急处置六大支柱构成的海外中国平安体系。② 回顾2018年度，中国领事保护机制建设取得了重要进展。本报告以中国外交部领事服务网发布的信息为基础，总结归纳了2018年中国领事保护机制的建设情况和主要特点。③

一 重视领事保护相关法律体系建设，强调公民应 知法、守法，不为公民的"非法行为"买单

（一）发布《中华人民共和国领事保护与协助工作条例(草案)》 （征求意见稿）

建立领事保护法律体系是近年来外交部领事保护机制建设的重点内容。

---

① 《事故预防与应急管理》，中国石化网：http：//www. sinopecgroup. com/group/shzr/fwkh/lhtxdfwfs/，访问时间：2018年12月5日。

② 《打造海外中国平安体系》，中国领事服务网，http：//cs. mfa. gov. cn/gyls/lsgz/lqbb/t1540551. shtml，访问时间：2018年3月8日。

③ 为行文简洁，本报告中所有日期，除特殊注明外，均为2018年。

经过长时间酝酿，2018 年 3 月，外交部在其官网发布《中华人民共和国领事保护与协助工作条例（草案）》（征求意见稿）（以下简称《征求意见稿》）。《征求意见稿》共三十八条，分总则、领事保护与协助案件处置、预防性措施与机制、法律责任和附则五章，主要内容包括领事保护与协助的职责概述与履责原则，中国公民、法人和非法人组织的基本权利义务，不同情形下的领事保护与协助职责，预防性领事保护有关措施与机制等。

《征求意见稿》首先明确了领事保护的职责范围，指出，中国外交官和领事官为公民提供领事保护受驻在国客观条件限制。"驻外外交机构和驻外外交人员应遵守中国法律和中国缔结或者参加的国际条约，尊重驻在国法律、宗教信仰和风俗习惯，充分考虑驻在国各方面客观因素，为中国公民、法人和非法人组织提供相应方式和程度的领事保护与协助。如驻在国法律或者不可抗力等客观因素对提供领事保护与协助构成限制，驻外外交机构和驻外外交人员应当向有关中国公民、法人和非法人组织说明。驻外外交机构和驻外外交人员依法履行领事保护与协助职责的行为受法律保护。"

其次，《征求意见稿》明确表示，领事保护不袒护公民的非法行为。"驻外外交机构和驻外外交人员协助在驻在国的中国公民、法人和非法人组织维护其正当权益，不得为其谋取不正当利益，不袒护其违法行为。"

最后，《征求意见稿》规定了公民在寻求领事保护方面自身的责任，主要包括以下五个方面。

第一，在寻求领事保护时，中国公民、法人和非法人组织提供的信息应当真实、准确、有效。如提供虚假信息或隐瞒真实情况，应由当事人承担相应后果。

第二，中国公民在驻在国遇航班延误或取消，如因航空公司未履行驻在国法律或与当事中国公民订立的航空旅客运输合同规定的义务而导致权益受损的，驻外外交机构和驻外外交人员可以根据其请求，为其维护权益提供必要协助，并向驻在国有关部门表达关注，敦促及时妥善处置。如航空公司已履行驻在国法律及航空旅客运输合同规定义务的，驻外外交机构和驻外外交人员应当予以尊重。

第三，中国公民、法人和非法人组织获得领事保护与协助的，应当自行承担其食宿、交通、通信、医疗、诉讼费用及其他应由个人承担的费用。

第四，中国公民应当密切关注欲前往国家或已在国家的有关安全提醒，加强安全防范，合理安排海外行程，避免前往高风险国家或地区。中国法人和非法人组织应当加强海外安全风险评估，对拟派往国外工作的人员进行安全培训，并密切关注有关安全提醒，避免将人员派往高风险国家或地区。中国公民在相应安全提醒发布后仍坚持前往有关高风险国家或地区的，因协助而产生的费用由个人承担。

第五，中国公民、法人和非法人组织在寻求领事保护与协助过程中，扰乱驻外外交机构正常工作秩序，妨碍驻外外交人员履行领事保护与协助职责，或者侵害驻外外交人员或其他工作人员人身、财产权益的，依法承担相应法律责任。[①]

（二）中国驻外使领馆整合当地法律资源，建立"法律为领事工作服务体系"，并为海外中国公民和企业举办法律知识讲座，开展普法宣传

中国驻新加坡使馆率先尝试构建"法律为新时代领事工作服务体系"，目的是充分调动新加坡当地法律资源，更好地运用法律手段维护在新中国公民和机构的合法权益。该体系建设历时两年。2018 年 5 月，中国驻新加坡使馆召开发布会，公布了服务体系的六项主要内容：一是聘请法律顾问，为使馆依法行政提供专业法律保障；二是建立《新加坡律师事务所推荐名单》，为遇到法律问题的中国公民提供法律支持；三是建立《新加坡免费法律资源名单》，使经济相对困难的中国公民也能获取专业法律指导；四是翻译 9 部新加坡法律文本，向有需要的中国公民和机构免费发放；五是建立新加坡常见法律问题问答及案例库，为中国公民

---

① 《外交部就〈中华人民共和国领事保护与协助工作条例（草案）〉（征求意见稿）向社会公开征求意见》，发布时间：2018 年 3 月 26 日，http://cs.mfa.gov.cn/gyls/lsgz/fwxx/t1545294.shtml，访问时间：2018 年 12 月 5 日。

提供借鉴；六是在使馆网站设立"法律服务"专题板块，方便中国公民获取相关法律信息。①

此外，中国驻外使领馆还对领区内的中国公民，尤其是处于转型期的华商开展有关法律知识的宣传普及活动。例如，波兰华沙中国商城是中东欧最大的商贸集散地之一，商城里有近千家商铺，相当部分由华商经营。5月，在华沙近郊的中国商城管理处办公室，中国驻波兰使馆邀请波兰资深商务律师为与华商们讲授普法课程，内容是关于在波兰营商如何处理海关清关、如何缴纳增值税等外国投资者关心的法律问题。大使在与华商们座谈时强调，波兰法律制度日益完善，市场监管力度逐渐加强是必然趋势，广大华商应着眼长远，转变认识，积极学法、懂法、守法，依法合规经营，转型升级。同时希望商城和侨团向侨胞传播守法经营、依法理性维权的正确观念。② 中国驻南非开普敦总领馆同开普敦华人警民中心、华助中心联合举办面向西开普省侨界的系列普法讲座，旨在帮助当地侨胞更加全面地了解南非有关法律法规，提升华商良好形象。8月，他们邀请南非国家商品质监局、西开普省消费者权益保护办公室和南非独立通信机构代表集中为侨胞现场讲解相关法律知识，还为侨胞发放了《南非国家商品质量条例》和《消费者保护法案》手册。③

在其他国家，中国驻外使领馆也面向侨民进行普法宣传。如近年来在厄立特里亚从事旅游、商贸、文教等活动和务工、生活的中国公民数量不断上升，他们迫切需要了解当地移民政策法规。5月，中国驻瓜亚基尔总领馆与厄瓜多尔外交部驻瓜亚基尔协调员办事处联合举办面向中国公民的厄瓜多尔新移民法专题讲座。此次讲座是自2017年厄瓜多尔新移民法颁布以来，厄

---

① 《驻新加坡使馆举办"法律为新时代领事工作服务体系"发布会和座谈会》，发布时间：2018年5月17日，来源：驻新加坡使馆，http：//cs. mfa. gov. cn/gyls/lsgz/lqbb/t1560262. shtml，访问时间：2018年12月5日。

② 《大使请来老师，与华商侨领一起学法律》，发布时间：2018年5月22日，来源：驻波兰使馆，http：//cs. mfa. gov. cn/gyls/lsgz/lqbb/t1561395. shtml，访问时间：2018年12月5日。

③ 《中国驻开普敦总领馆联合开普敦华人警民中心举办侨界普法讲座》，发布时间：2018年8月20日，来源：驻开普敦总领馆，http：//cs. mfa. gov. cn/gyls/lsgz/lqbb/t1587252. shtml，访问时间：2018年12月5日。

方针对外国公民举办的第一场专题普法活动。① 9 月，中国驻缅甸使馆举办
"2018 年度领事保护专题宣讲会"，邀请仰光省移民局处长讲解缅甸签证类
别与居留办理手续，并就中资企业在缅劳资纠纷、外国公民在缅住所规定等
回答了现场提问。友好律师事务所、缅甸中文导游协会及使馆领事处代表分
别就缅甸涉外法律法规、风俗禁忌事项、典型领保案例等进行讲解。②

（三）强调保护海外中国公民的"合法"权益，呼吁公民依法依规理性维权

在领事保护宣传活动中，驻外使领馆强调保护的是公民的合法权益，绝
不袒护违法行为。例如，上文提到的在中国驻缅甸使馆举办的"2018 年度
领事保护专题宣讲会"上，使馆强调领事保护的内容是中国公民、法人在
海外的合法权益，决不为违法犯罪行为"埋单"。③

在一些具体领事保护案件的处置中，驻外使领馆也呼吁海外中国公民理
性维权，避免卷入不必要的法律纠纷；并对某些海外公民的不文明行为予以
批评。例如，1 月 24 日，由日本成田机场飞往上海的廉价航班捷星航空 35
次航班因上海降雪被迫取消，175 名中国乘客滞留机场。1 月 27 日，伊朗境
内暴雪导致全国大部分机场临时关闭，约 240 名在伊转机的中国旅客滞留在
德黑兰霍梅尼国际机场。前一事件中的廉价航空公司低成本运营，事先与乘
客签署了免责协议，如发生突发情况，航空公司无法及时改签航班、不负责
乘客食宿；后一事件中的马汉航空公司同中方相关旅行社签订了协议，伊方
无义务为旅客在伊转机提供食宿服务。尽管最后经中国驻外使领馆协助，这
两起事件中的中国乘客们都得以顺利回国。但是，中国驻日使馆在事后发布

---

① 《驻瓜亚基尔总领馆举办厄瓜多尔新移民法专题讲座》，发布时间：2018 年 5 月 24 日，来
　源：驻瓜亚基尔总领馆，http：//cs. mfa. gov. cn/gyls/lsgz/lqbb/t1562029. shtml，访问时间：
　2018 年 12 月 5 日。
② 《驻缅甸使馆举办 2018 年度领事保护专题宣讲会》，中国领事服务网，2018 年 9 月 21 日，
　http：//cs. mfa. gov. cn/gyls/lsgz/lqbb/t1597549. shtml，访问时间：2018 年 12 月 5 日。
③ 《驻缅甸使馆举办 2018 年度领事保护专题宣讲会》，中国领事服务网，2018 年 9 月 21 日，
　http：//cs. mfa. gov. cn/gyls/lsgz/lqbb/t1597549. shtml，访问时间：2018 年 12 月 5 日。

的信息中也特别提醒中国乘客，购买机票时应仔细阅读购票协议，遇突发情况理性维权，避免因过度维权卷入不必要的法律纠纷。① 中国领事服务网转载了媒体对后一起事件的报道，其中写道："中国是一个以人民为中心的社会主义国家，游客们在海外遇到困难，使领馆利用所掌握的外交资源提供些力所能及的协助，也是情理之中。但这样的协助，应当始终处在合法、合情、合理的范围内，游客们不应忽略自身责任义务，动辄以'维权'名义提出无理要求，更不应谋求'按闹分配'，对驻外使领馆进行道德绑架。否则，既会引发事态的恶化，最终损及自身安全权益甚至国家的形象和利益，同时也会影响公共资源的合理运用，导致真正有需要的同胞求助无门，背离了'外交为民'的初衷。当然，更不利于国民的整体成长和成熟。"②

二 领事保护联络员机制逐渐成熟，在一定程度上缓解了专业领事人员不足带来的工作压力

领事保护联络员机制是中国外交部为了解决专业领事保护干部人手不足，利用民间渠道补充壮大领事保护队伍的创举。领保联络员一般由驻外使领馆当地的中资企业员工或华侨代表担任。他们密切关注驻在国政治生态、舆情、侨情的动态发展变化，及时就涉中国公民利益和安全风险情况与驻外使领馆沟通；协助使馆做好突发事件处置和预防性领保工作。2016年底之前，外交部在全球 20 个国家的中国使领馆启动"领保联络员"制度试点，2016 年底正式推出该项制度。③ 从表 1 中可以看出，2018 年，领

---

① 《中国驻日本使馆积极处理航班延误事件》，发布时间：2018 年 1 月 26 日，http：//cs. mfa. gov. cn/gyls/lsgz/lqbb/t1529365. shtml，访问时间：2018 年 12 月 5 日。

② 《真想不到！"国产巨婴"们唱国歌前，还曾谩骂我驻外使领馆官员！》，刊于《环球时报》2018 年 2 月 6 日，《为了海外游客的"岁月静好"，他们就这样"负重前行"！——德黑兰机场风波背后不为人知的内幕》，2018 年 2 月 6 日，http：//cs. mfa. gov. cn/gyls/lsgz/lqbb/t1532288. shtml，访问时间：2018 年 12 月 5 日。

③ 2016 年 11 月 23 日，外交部领事保护中心常务副主任杨舒在接受记者采访时的谈话，见《外交部将建立领保联络员制度 联络员有什么作用？》，http：//news. sohu. com/20161123/n473968658. shtml，访问时间：2018 年 12 月 5 日。

事保护联络员机制逐渐成熟，各驻外使领馆纷纷新建领保联络员机制，已经建立的使领馆也注重对领保联络员进行培训，定期听取他们的工作汇报，了解其工作中遇到的问题，并对其中表现优异者进行表彰。领事保护联络员机制的逐渐成熟，一定程度上缓解了领事保护工作由于人手不足而带来的压力。

表1　2018年中国驻外使领馆领事保护联络员机制建设情况*

时间	驻外使领馆	活动名称	参与的联络员人数	活动主要内容
1月23日	驻敖德萨总领馆	首批领保联络员工作总结暨培训会	6	领保联络员汇报了2017年所做工作，反映了问题和困难，分享了心得和体会，并对完善领保联络员制度提出了宝贵意见
3月17日	驻泗水总领馆	首次领保联络员培训	12	副总领事回顾了总领馆领保联络员制度的运行情况，重点就本年度工作方向及领保联络员的制度规范进行了讲解和说明，并对领保联络员队伍建设提出了希望；领保联络员们分享了工作体会，提出了意见和建议
3月17日	驻蒂华纳总领馆	首批领保联络员和志愿者培训活动	9	全体参训人员签署了领保联络员和志愿者承诺书（为期一年）
3月22日	驻格鲁吉亚使馆	领保工作联络员会议	16	使馆领导听取了2017年度领保联络员工作情况汇报，对2018年领保联络员工作方向和内容作出具体部署；向2018年度受聘的领保联络员颁发了《领事保护工作联络员证书》和工作手册
5月3日	驻斐济使馆	领事保护与协助志愿者机制成立大会	不详	大使为领保志愿者颁发了身份识别卡，领保志愿者签署了《担任驻斐济使馆领保志愿者承诺书》和《委任书》
5月31日	驻巴基斯坦使馆	首批领保联络员委任仪式	11	为领保联络员颁发委任书；大使表示，根据国内统一部署，结合当地实际，使馆委任首批领保联络员，同时指出在工作中，联络员要注意把握"4S"：一是为中国公民做好服务（SERVICE），二是为中国公民当好安全（SECURITY）顾问，三是注意领保工作的敏感性（SENSIBILITY），四是要具备一定专业技能和知识（SPECIALITY）

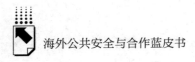

续表

时间	驻外使领馆	活动名称	参与的联络员人数	活动主要内容
7月18日	驻尼泊尔使馆	首批领保联络员委任仪式	9	大使对新任领保联络员提出几点希望和要求:一是要有强烈的奉献意识和担当精神,秉承领保联络员公益志愿宗旨,发扬抗震精神;二是要严于律己,恪守承诺,传播正能量,发挥表率作用;三是要厚植人脉,广交朋友,发挥各自优势特长,为配合使馆领保工作发挥建设性作用;四是要与使馆保持密切联系,及时交流沟通,要当好使馆预防性领保工作的"信息员"和处置领保案件的得力助手;五是要提高自我保护意识,注意个人安全
7月25日	驻菲律宾使馆	领保联络员第二次会议	7	大使向上年表现优异的两位领保联络员颁发了优秀奖牌;参赞介绍了菲律宾领保工作面临的形势、任务及驻菲使馆所做的工作,并着重介绍了几个典型涉赌人身伤害案例,重申了领保联络员的职责和义务;领保联络员现场签署了工作承诺书
8月4日	驻加纳使馆	2018年度领保联络员培训班	>30	参与过第一期领保联络员培训班的联络员介绍参会情况和心得体会;加纳移民局助理局长介绍了加纳签证、雇佣外国劳工政策、工作和居留许可配额发放标准以及外国人办理居留和工作许可的程序;加纳警察总局警司做了"旅加中国公民人身和财产安全"的专题报告,对于中国公民个人人身安全、居家安全和在加纳购买土地等问题进行讲解,并就针对中国公民的犯罪特点和种类及防范措施做了介绍
8月16日	驻土库曼斯坦使馆	2018年领事保护联络员工作会议	7	参赞结合讲解《领事保护联络员手册》进一步明确了领保联络员的具体职责和义务,重点介绍了当前在土开展领保工作面临的形势及领保联络员下一步工作任务

＊根据中国领事服务网2018年1月1日至10月31日有关信息统计。

三　各驻外使领馆纷纷建立驻外使领馆、当地有关部门和中国公民之间的联络及协调机制

驻外使领馆在驻在国不拥有任何能够控制事件进展的实质性的行政或

司法权力，只能通过建议、监督、敦促等方式来促使驻在国当局保护海外本国公民的合法权益。驻在国的法律环境、相关部门对有关中国公民安全保护的重视程度等决定着领事保护的成效。鉴于此，为提升效率，中国驻外使领馆纷纷建立使领馆、驻在国有关部门与当地中国公民和企业之间的联络或协调机制，在开展领事保护预防和宣传活动时，也邀请驻在国有关部门参加。

（一）驻外使领馆与当地政府官员一起走访当地华商

5月，中国驻巴塞罗那总领馆副总领事与西班牙加泰罗尼亚自治区圣哥洛马市负责安全事务的副市长一起前往该市走访当地华商，市政议员、地区安全协调员、巴塞罗那华助中心和市华人华侨协会筹备组代表一同走访。此次走访是总领馆、市政府和侨胞三方协调会的重要成果，有助于了解华商诉求、增强华商安全防范意识，保护华商合法权益。[①]

（二）驻外使领馆与所在地市政府、警察局和侨界代表召开安全座谈会，共同探讨改进华侨社区安全保护的办法

在中国驻斐济使馆积极推动下，3月，斐济首都苏瓦市萨马布拉警察分局纳玛迪（中国侨民聚集区）派出所举办了"加强华侨社区联络，打击预防违法犯罪"座谈会，二十余位华侨社区代表应邀出席。该派出所负责人表示，其当年的目标是有效减少区域内的犯罪率，尤其是要重点保护中国侨民的人身和财产安全。[②] 同月，中国驻巴塞罗那总领馆牵头在圣哥洛马市警察局召开总领馆、市政府、警方和华侨华人代表座谈会，参会各方就前段时间在该市发生的抢劫案和警民冲突事件以及未来如何加强当地治安、密切警

---

① 《中国驻巴塞罗那总领馆与圣哥洛马市政府走访华侨华人商铺》，发布时间：2018 年 5 月 17 日，来源：驻巴塞罗那总领馆，http：//cs. mfa. gov. cn/gyls/lsgz/lqbb/t1560037. shtml，访问时间：2018 年 12 月 5 日。

② 《驻斐济使馆推动斐警方关注华侨社区安全问题》，发布时间：2018 年 3 月 19 日，http：//cs. mfa. gov. cn/gyls/lsgz/lqbb/t1543274. shtml，访问时间：2018 年 12 月 5 日。

民交流等议题交换意见。侨民代表与市政府和警方就设置中文报警电话、建立联络机制、设立志愿者平台、在公共道路安装摄像头等问题交流了看法。①

（三）驻外使领馆邀请驻在国有关政府官员就涉及中资企业和中国公民经营和生活的重要问题举办讲座

6月，中国驻肯尼亚使馆举行在肯中国企业和公民安全风险防范知识讲座，肯警察局、移民局、投资局官员，中资机构代表，肯各侨团会员及在肯经商、就业的中国公民300余人参加。肯尼亚警察总监代表、肯刑事犯罪调查局副局长、肯投资局服务中心负责人、肯移民局和警察局官员分别就在肯中国公民和企业关心的安全风险防范、在肯合法居留和工作许可要求及投资政策等问题作了详细介绍，并与现场中国公民交流互动。② 7月，中国驻乌兹别克斯坦使馆举行同中资机构和公民联络协调机制年内第二次会议，乌最高法院法官受邀做专题讲座，旅乌中资企业和华侨代表约50人与会。中国大使表示，使馆高度重视联络协调机制建设，希望通过这一平台与大家及时交流信息，帮助大家了解掌握乌政策法规，确保在乌平安生活、守法经营。乌高法法官详细讲解了乌经济诉讼法并现场回答了侨胞们提出的问题。使馆有关部门人员介绍了乌近期安全形势、中乌经贸合作注意事项、领事证件新规等。③

（四）驻外使领馆联合驻在国警方一起召开关于中国公民安全提醒发布会

1月，中国驻菲律宾使馆联合菲律宾国家警察反绑架大队召开了中国公

---

① 《中国驻巴塞罗那总领馆与圣哥洛马市市政府、警察局和侨界代表召开安全座谈会》，发布时间：2018年3月21日，http://cs.mfa.gov.cn/gyls/lsgz/lqbb/t1543970.shtml，访问时间：2018年12月5日。

② 《驻肯尼亚使馆举办在肯中国企业和公民安全风险防范知识讲座》，发布时间：2018年7月2日，来源：驻肯尼亚使馆，http://cs.mfa.gov.cn/gyls/lsgz/lqbb/t1573258.shtml，访问时间：2018年12月5日。

③ 《驻乌兹别克斯坦使馆举行同中资机构和公民联络协调机制会议》，发布时间：2018年7月27日，来源：驻乌兹别克斯坦使馆，http://cs.mfa.gov.cn/gyls/lsgz/lqbb/t1580812.shtml，访问时间：2018年12月5日。

民涉赌问题说明会。领事参赞和菲律宾国家警察反绑架大队负责人分别就中国公民在菲参赌、非法拘禁或绑架赌客、在赌场或网络赌博公司非法就业、涉赌劳务纠纷等情况以及菲方相关法律规定和处置案件等情况向媒体做了介绍。①

此外，下文将要谈到的中国驻外使领馆开展的"领事保护进校园、进企业、进社区"等活动都建立了驻外使领馆与当地留学生群体、中资企业和华侨社区之间的联络沟通机制，驻在国有关部门也都参与了这些宣传活动。

四 领事保护宣传教育和预防机制更具针对性，面向不同公民群体的内容不同

中国外交部和驻外使领馆意识到海外中国公民是由不同的人群构成的，且每一类群体所面临的安全风险是不同的。例如从事水上运动不慎溺亡是游客群体面临的主要安全风险之一；心理健康问题是海外留学生群体面临的主要风险；防范安全生产事故和因当地局势、政策变化而带来的经营风险则是海外中资企业关注的重点。鉴于此，针对不同的海外公民群体，外交部和驻外使领馆开展领事保护宣传教育的内容也有所不同，并采取不同的措施予以防范。

（一）面向学生

目前，中国是世界最大留学生生源国。2017 年，我国出国留学人数首次突破 60 万人大关，达 60.84 万人，同比增长 11.74%。截至 2018 年 3 月，有 145.41 万中国留学生在国外进行相关阶段的学习和研究。② 根据外交部

① 《中国驻菲律宾使馆召开中国公民涉赌问题媒体说明会》，发布时间：2018 年 1 月 25 日，来源：驻菲律宾使馆，http：//cs. mfa. gov. cn/gyls/lsgz/lqbb/t1529259. shtml，访问时间：2018 年 12 月 5 日。
② 《出国留学人数首次突破 60 万人 高层次人才回流趋势明显》，教育部网站,：http：//www. moe. gov. cn/jyb_ xwfb/gzdt_ gzdt/s5987/201803/t20180329_ 331771. html，访问时间：2018 年 12 月 5 日。

公布的数据，2014年，中国外交部领事保护中心及驻外外交和领事机构全年受理的领事保护和协助案件数量达59526件，涉及中国公民73107人，其中留学生932人，占涉及总人数的1.27%；2015年，领事保护和协助案件总量为86678件，涉及中国公民95860人，其中留学生6185人，占涉及总人数的6.45%。① 涉及留学生的领事保护问题不容忽视。为此，外交部和驻外使领馆专门开展了各种类型的针对留学生的安全保护宣传活动。

1. "领事保护进校园"活动

"领事保护进校园"已成为外交部和中国驻外使领馆针对海外中国留学生的主要安全预防教育形式。2017年，中国驻纽约总领馆将"领事服务进社区进校园"作为该馆的便民利侨品牌服务活动项目。2018年，1月11日，"2018领事服务进社区进校园主题年"启动仪式暨新闻发布会在中国驻纽约总领馆举行。中国驻纽约总领事、副总领事、教育参赞、纽约地区相关合作侨团侨领、美东各华文媒体代表出席活动。② 5月29日至6月1日，领事司副司长参加"外交外事知识进高校"上海站活动，先后为复旦大学、上海交通大学、上海大学和上海海洋大学师生作"领事保护与服务就在你的身边——新时代领事工作形势与任务"主题宣讲。上海市外办负责人、四所高校校领导、各院系师生代表共近2000人出席。③

2. "中国留学生安全月"领保宣介活动

在留学生开学季，举办"留学生安全月"领事保护宣传活动。例如，

---

① 至今，外交部官网只公布了2014年和2015年的相关数据。《2014年中国境外领事保护与协助案件总体情况》，发布时间：2015年7月1日，http://cs.mfa.gov.cn/gyls/lsgz/ztzl/ajztqk2014/t1277568.shtml，访问时间：2017年12月20日；《2015年中国境外领事保护与协助案件总体情况》，发布时间：2016年5月5日，http://cs.mfa.gov.cn/gyls/lsgz/ztzl/ajztqk2014/t1360879.shtml，访问时间：2018年12月5日。

② 《驻纽约总领馆启动防范电信诈骗大巡讲活动》，发布时间：2018年1月19日，来源：驻纽约总领馆，http://cs.mfa.gov.cn/gyls/lsgz/lqbb/t1527041.shtml，访问时间：2018年12月5日。

③ 《领事保护与服务就在你的身边——领事司副司长魏晓东赴上海高校宣讲外交领事知识》，发布时间：2018年6月6日，http://cs.mfa.gov.cn/gyls/lsgz/lqbb/t1566198.shtml，访问时间：2018年12月5日。

每年 3 月是赴澳大利亚中国留学生新生入学时间，为做好留学生预防性领事保护工作，切实提高其安全意识和应急处置能力，中国驻悉尼总领馆举办"中国留学生安全月"活动，分别在悉尼和纽卡斯尔组织了 3 场预防性领事保护宣介活动，来自新南威尔士大学、悉尼大学、悉尼科技大学、纽卡斯尔大学的 600 多名中国留学生参加。澳有关大学、新州警察厅、澳联邦公平工作调查署派员出席，总领馆还邀请部分律师到场回答留学生关心的法律问题。活动中，总领馆领事保护官员及澳方出席人员结合近期案例，讲解了留学生人身和财产安全、心理和身体健康及紧急情况处置等常见问题。①

3. 以"留学安全"为主题录制广播专题节目

除了走进校园举办领事保护宣传之外，驻外使领馆还通过广播节目扩大宣传覆盖面。例如，3 月新学期伊始，中国驻光州总领馆领事官员走进韩国光州 GFN 中文广播，以"留学安全"为主题录制专题节目。② 6 月，中国驻珀斯总领馆领事官员接受西澳主要中文媒体——澳星国际传媒集团西澳分公司记者专访，并通过西澳华语广播电台（FM90.5）宣传介绍防范电信诈骗、留学生假期安全和中国公民申办护照须知等有关情况。③

4. 建立针对青少年留学生心理健康的保护机制

留学生们远离家乡求学，学业压力大，容易出现焦虑和心理问题。留学生聚居地的华侨团体开展关爱留学生的活动，中国驻外使领馆也予以积极支持。3 月，加拿大温哥华当地侨社爱心人士成立关爱青少年成长基金暨关注青少年应急小组（紧急联动机制），驻温哥华总领馆派员出席成立仪式。座谈会邀请当地省市政要、加拿大皇家骑警代表、当地主要侨领代表、心理健康专家等出席，为与会留学生和家长讲解校园安全管理、留学期间心理健康

---

① 《驻悉尼总领馆开展"中国留学生安全月"领保宣介活动》，http：//cs. mfa. gov. cn/gyls/lsgz/lqbb/t1547565. shtml，访问时间：2018 年 12 月 5 日。

② 《驻光州总领馆开展留学生领保安全教育》，发布时间：2018 年 3 月 27 日，http：//cs. mfa. gov. cn/gyls/lsgz/lqbb/t1546112. shtml，访问时间：2018 年 12 月 5 日。

③ 《驻珀斯总领馆宣介防范电信诈骗等领事保护知识》，发布时间：2018 年 6 月 22 日，http：//cs. mfa. gov. cn/gyls/lsgz/lqbb/t1571010. shtml，访问时间：2018 年 12 月 5 日。

等常识，从不同角度解析青少年留学生所面临的问题和困惑，以及家长在孩子成长的不同阶段应扮演的角色。①

（二）面向汉语志愿者教师

随着对外汉语教育的推广，中国向国外派遣的汉语志愿者教师成为海外中国公民中的新群体。驻外使领馆重视他们的安全保护问题。驻有关国家的中国使领馆在汉语志愿者教师上岗培训中纳入安全保护知识宣讲或专门为领区内的汉语志愿者教师们举办安全知识专题讲座。例如，9月，国家汉办泰国管理教师工作组和孔敬大学孔子学院联合举办"泰东北孔敬、猜也蓬、黎府3府汉语教师志愿者岗中培训"开班仪式，81名汉语教师志愿者参加。副总领事结合案例讲解了在泰国的常见安全风险、防范措施、突发事件应急处置、泰东北自然环境和气候应对、泰国风俗礼仪等，并特别提醒要提防假冒中国驻外使领馆名义实施的电信诈骗。② 同月，中国驻尼泊尔使馆在加德满都为在尼孔子学院汉语志愿者教师举办"风险就在身边，安全牢记心间"主题领保宣讲活动，在尼从事汉语教学的志愿者教师等104人参加。中国外交官结合使馆近几年的领保工作实践，围绕领事保护与协助的内涵、使馆领保工作面临的形势、使馆开展领保工作情况及处理的典型案例、在尼志愿者教师如何加强防范以降低风险等四个方面展开宣讲。③

（三）面向游客

随着国内人民生活水平的提高，出国旅游的中国游客人数也迅速增加。中国旅游研究院和国家旅游局数据中心发布的数据显示，2017年全年，中

---

① 《驻温哥华总领馆出席当地侨社关爱青少年工作专题座谈会》，发布时间：2018年3月10日，http：//cs. mfa. gov. cn/gyls/lsgz/lqbb/t1541241. shtml，访问时间：2018年12月5日。
② 《驻孔敬总领馆为泰东北地区汉语教师志愿者宣介领保安全知识》，中国领事服务网，发布时间：2018年9月10日，http：//cs. mfa. gov. cn/gyls/lsgz/lqbb/t1593631. shtml，访问时间：2018年12月5日。
③ 《中国驻尼泊尔使馆举办领保宣讲活动》，中国领事服务网，发布时间：2018年9月18日，http：//cs. mfa. gov. cn/gyls/lsgz/lqbb/t1596074. shtml，访问时间：2018年12月5日。

国公民出境旅游 13051 万人次，比上年同期增长 7.0%。中国已连续多年保持世界第一大出境旅游客源国地位。① 为了做好海外中国游客的安全保护工作，中国驻外使领馆多管齐下，防患于未然。

1. 驻外使领馆赴当地热门旅游景点开展中国游客安全巡视工作

2 月，中国驻印度尼西亚使馆领事参赞率工作组赴北苏拉威西省美娜多开展中国游客安全巡视。工作组分别会见了省、市旅游部门，机场管理局，移民局等负责人，与中国游客主要地接旅行社、当地旅游协会、导游协会代表进行座谈，并实地考察有关旅游景点和设施，重点排查潜水等涉水旅游项目安全风险。② 8 月，中国驻越南使馆参赞前往越南老街省开展中国游客旅游安全专题巡视工作。参赞一行与老街省外事厅厅长及老街省文化体育旅游厅、边防部队、公安厅、老街国际口岸及旅游协会等部门负责人举行中国游客安全专题会议，就中国游客在老街省旅游及出入境情况、有关安全问题及工作建议等进行交流。其间，参赞走访了老街国际口岸，详细考察口岸出入境服务大厅，实地了解中国公民出入境情况。与接待中国游客的当地旅行社举行座谈，并就中国游客在老街省旅游期间的食、住、行等方面情况进行实地安全巡查。③ 泰国的普吉岛、苏梅岛是中国公民赴泰南旅游的热门目的地。9 月底，国庆黄金周在即，中国驻宋卡总领馆领事巡视工作组专程赴普吉岛、苏梅岛开展安全巡视及预防性领事保护工作。工作组实地考察中国游客游览较多的码头、海滩、景点、酒店巡视安全情况，了解救生设备及旅游安全设施情况，推动设立中文安全标识牌。工作组与当地旅游警察、游客协助中心、华人救助中心及旅行社负责人进行座谈，就加强中国游客安全、开展预防性领保探讨交流。工作组走访期间，通过领保联络员及当地旅行社、

---

① 《2017 出境游大数据：中国公民出境游 1.3 亿人次》，中国网：http://travel.china.com.cn/txt/2018 - 04/27/content_ 50976602.htm，访问时间：2018 年 12 月 5 日。

② 《中国驻印尼使馆赴美娜多开展中国游客安全巡视》，发布时间：2018 年 2 月 7 日，http：cs.mfa.gov.cn/gyls/lsgz/lqbb/t1532592.shtml，访问时间：2018 年 12 月 5 日。

③ 《驻越南使馆就中国游客旅游安全问题与越南老街省政府部门举行会谈并派员走访老街国际口岸》，发布时间：2018 年 8 月 29 日，来源：驻越南使馆，http://cs.mfa.gov.cn/gyls/lsgz/lqbb/t1589174.shtml，访问时间：2018 年 12 月 5 日。

酒店前台、热门景点等向中国游客发放《中国公民赴泰南安全旅游手册》。①

2. 与驻在国旅游管理部门就加强中国游客安全保障进行座谈或召开联席会议

9 月，中国驻埃及使馆和埃旅游事务相关部门就加强中埃旅游合作和安全保障等问题进行座谈。埃及旅游部副部长、导游协会会长、埃几大旅行社负责人等参加了座谈会。中方希望埃方旅游部门增加中文服务、加强导游培训、提高服务质量、完善旅游基础设施、确保中国游客安全。中埃双方共同努力，加强沟通和信息共享，对两国旅游市场严格监管，制订合理的价格标准、服务标准和安全标准，更好地保障中国游客的人身安全和合法权益。②同月，中国驻土耳其大使率使馆工作人员一行赶赴卡帕多奇亚景区所在地内夫谢希尔省政府，与土文化旅游部官员、内夫谢希尔代省长、省辖各县市的县市长、省宪兵司令、省警察厅长、省文化和旅游厅长、土旅行社联合会和导游行会代表等，共同召开中国公民旅游安全联席会议。③

3. 驻外使领馆赴中国游客集中购物点举办预防性领事保护讲座

7 月，中国驻巴塞罗那总领馆派员赴巴塞罗那拉罗卡购物村举行领保宣讲，购物村中国籍员工代表参加。七八月是当地购物旺季，购物村会迎来众多中国顾客。使馆官员重点介绍了领事保护的基本概念、领事官员的"可为与不可为"、寻求领事保护的注意事项等，结合具体案例详细讲解了中国公民遭盗抢、丢失证件、旅游遇险、出入境受阻、突发疾病、遭遇电信诈骗等情况的处置方法，当场发放了总领馆制作的《中国驻巴塞罗那总领馆提醒领区侨胞谨防电信诈骗》卡片，并提醒参会人员外出旅游时加强关注中

① 《驻宋卡总领馆工作组赴普吉岛、苏梅岛开展预防性领保》，中国领事服务网，发布时间：2018 年 9 月 27 日，http：//cs. mfa. gov. cn/gyls/lsgz/lqbb/t1599506. shtml，访问时间：2018 年 9 月 30 日。

② 《中国驻埃及使馆举办中埃旅游合作与安全保障座谈会》，中国领事服务网，发布时间：2018 年 9 月 16 日，http：//cs. mfa. gov. cn/gyls/lsgz/lqbb/t1595525. shtml，访问时间：2018 年 9 月 30 日。

③ 《驻土耳其使馆推动召开中国公民旅游安全联席会议》，中国领事服务网，发布时间：2018 年 10 月 8 日，http：//cs. mfa. gov. cn/gyls/lsgz/lqbb/t1602529. shtml，访问时间：2018 年 10 月 16 日。

国外交部和驻外使领馆发布的安全提醒，不参与高风险旅游项目。[①]

4. 驻外使领馆开展保护游客安全专项行动

例如，中国驻马来西亚使馆在暑期中国公民来马来西亚旅游高峰之前，开展专项行动，多措并举，做好中国游客安全保护工作。

（1）大使和使馆高级官员与马相关政府部门沟通，推动马方进一步重视中国游客旅游安全。中国大使在与马政府高级官员交流中多次就加强两国旅游合作和提高风险防范等议题交换意见，并专门致电马文化旅游部秘书长，希望马方进一步重视中国游客旅游安全，采取切实措施排查隐患，加强监管。领事参赞亦约见马警察总署总监办公室外联处、文化旅游部旅游促进局、马中旅游协会等政府部门和旅游行会，敦促加强针对中国游客的安全旅游举措。

（2）与马方对重点旅游区域进行巡检。使馆领事部人员专程前往旅游点景区，与当地警局、旅游促进局、旅游警方官员、旅游公会等政府部门及行会会晤，希望马方排查安全隐患，建立健全在危险天气或海况来临前通知到每个旅行社、每艘（辆）船（车）的预警机制，采取确保游客出发前穿好救生衣等强制措施；整顿违规经营，打击取缔非法无证经营；推出切实举措加强游客安全，如严禁旅游船只超载，在游泳池、游船、海滩等地方增设显眼中文警示标识，增设海岸救生员等；制定完善高效的应急机制，确保岛上医疗及救护设施完整及有效运转等。使馆领事部还与马方就预警提醒、救生衣防护、游船载员、定期检查和维护、救生员考核等进行了抽查巡检。[②]

5. 驻外领馆向驻在国有关部门寻求关于中国游客安全保护的建议

9月，中国驻卡尔加里总领馆的工作人员前往加拿大西北地区黄刀市，

① 《中国驻巴塞罗那总领馆赴拉罗卡购物村举行领保宣讲》，发布时间：2018 年 7 月 30 日，来源：驻巴塞罗那总领馆，http：//cs. mfa. gov. cn/gyls/lsgz/lqbb/t1581146. shtml，访问时间：2018 年 12 月 5 日。

② 《中国驻马来西亚使馆多措并举推动加强中国游客旅游安全》，发布时间：2018 年 7 月 20 日，来源：驻马来西亚使馆，http：//cs. mfa. gov. cn/gyls/lsgz/lqbb/t1578908. shtml，访问时间：2018 年 12 月 5 日。

面见当地皇家骑警、机场管理局、市政府官员、旅游局、旅游信息中心人员，为越来越多前来观看极光的中国游客求问安全建议，并将其编入《中国公民赴卡尔加里旅游与留学安全手册》。①

（四）面向中资企业

中资企业是"一带一路"倡议实施的主要参与者。2017年，中国在境外设立企业超过3万家。② 在中资企业分布比较集中的国家，中国驻外使领馆开展领事保护宣传教育和安全巡视，提醒企业始终绷紧安全这根弦，关注当地安全形势发展，遵纪守法，与当地民众和睦相处，积极履行社会责任，树立良好形象，着眼长远发展。

1. 召开中资企业安全座谈会

例如，土库曼斯坦国情特殊，在土中国公民以中资企业员工为主。4月，中国驻土库曼斯坦使馆为驻土中资企业举办领保工作宣传讲座。参赞结合土社会治安形势、近期处理的典型领保案例，详细介绍了领保工作的基本概念、原则和范畴，以及在土开展领保工作面临的形势和领保工作的权限与职责，并就驻土中资企业加强安全防范工作提出建议。③

2018年是巴基斯坦大选年，巴政局复杂、风险难测，安全形势不容乐观。5月，中国驻拉合尔总领馆举行2018年度领区中资机构安全工作会议，旁遮普省28家中资机构负责人与会。总领馆要求中资机构要牢固树立安全意识，建立健全安全工作责任制，确保安全出行，尊重为中资机构提供安保的巴军警及安保人员；坚持生产与安全两手抓，妥善处理好劳资关系，教育

---

① 《极光固然美，安全更重要——驻卡尔加里总领馆对赴加拿大西北地区中国游客的旅游安全建议》，中国领事服务网，发布时间：2018年9月21日，http://cs.mfa.gov.cn/gyls/lsgz/lqbb/t1597722.shtml，访问时间：2018年9月30日。

② 《【现场实录】2017年度领事工作国内媒体吹风会》，发布时间：2018年1月11日，http://cs.mfa.gov.cn/gyls/lsgz/ztzl/2017ndlsgzcfh/t1524915.shtml，访问时间：2018年12月5日。

③ 《驻土库曼斯坦使馆举办领保宣传讲座》，发布时间：2018年4月4日，来源：驻土库曼斯坦使馆，http://cs.mfa.gov.cn/gyls/lsgz/lqbb/t1547960.shtml，访问时间：2018年12月5日。

员工遵守巴法律法规、尊重当地宗教信仰及风俗习惯，切实维护好海外中国公民形象，巩固并传承好中巴友谊。①

2."领事保护进企业"宣传活动

（1）在自贸区召开安全工作座谈会。3月，中国驻拉各斯总领事在莱基自贸区主持召开莱基地区中资企业安全工作现场会，自贸区入园企业、莱基地区中资企业代表近40人出席。总领事向与会人员通报了近期领区安全形势，分析了近期发生的涉中国公民安全案件的特点，并就进一步做好安全工作提出要求。②

（2）领事保护宣传进企业。5月，中国驻米兰总领馆举办领保进中资企业讲座，领区中资企业代表、华文媒体记者等90余人出席。领馆负责人表示希望中资企业通过讲座能够加深对当地法律法规的了解，强化安全生产、守法经营意识，在抓好企业发展的同时，积极履行社会责任，更好地融入和造福当地社会。米兰警察局、伦巴第大区海关、意大利对外贸易委员会、伦巴第大区工业家联合会相关负责人及领事官员，分别就中资企业关心的居留、货物清关、进口增值税免除、维护企业权益以及为合作伙伴申办赴华签证等问题作了详细介绍，并进行交流互动。③

6月，中国驻斯里兰卡使馆领事部官员前往中国电建集团斯里兰卡代表处，向该公司28名管理层人员介绍了斯里兰卡的安全风险及注意事项、使馆领事保护与证件等工作，并列举了斯里兰卡在政治、社会治安、医疗卫生、交通、自然灾害等方面存在的安全风险并指出应对之策。④ 同月，中国

① 《驻拉合尔总领馆举行领区中资机构安全工作会议》，发布时间：2018年5月5日，来源：驻拉合尔总领馆，http://cs.mfa.gov.cn/gyls/lsgz/lqbb/t1556838.shtml，访问时间：2018年12月5日。
② 《驻拉各斯总领事巢小良赴莱基自贸区召开安全工作现场会》，发布时间：2018年3月30日，http://cs.mfa.gov.cn/gyls/lsgz/lqbb/t1546842.shtml，访问时间：2018年12月5日。
③ 《驻米兰总领馆举办领保进中资企业讲座》，发布时间：2018年5月9日，来源：驻米兰总领馆，http://cs.mfa.gov.cn/gyls/lsgz/lqbb/t1558297.shtml，访问时间：2018年12月5日。
④ 《驻斯里兰卡使馆赴企业积极宣介领事工作》，发布时间：2018年6月26日，来源：驻斯里兰卡使馆，http://cs.mfa.gov.cn/gyls/lsgz/lqbb/t1572024.shtml，访问时间：2018年12月5日。

驻阿富汗使馆领事部官员前往位于阿巴米扬省的中国路桥达亚公路项目营地，开展领保下基层、进企业活动。他们要求企业方面绷紧安防这根弦，查找漏洞，完善制度，做到万无一失，并为中国路桥员工举办讲座，介绍了阿富汗安全形势，讲解领保、安防、紧急救护等方面知识，就紧急情况下包扎自救常识进行现场培训。①

五　领保应急机制建设的参与方多元化，应急处置程序清晰；外交部和驻外使领馆在应急处置过程中回应社会关切，及时发布信息，让公众了解处置的详细经过，掌握舆论主动权

领保应急机制建设的参与方多元化。从表2中可以看出，参与领事保护应急处置的不仅有政府部门，还包括民间组织和市场力量，如民间救援队、华侨团体、留学生志愿者组织、搜救公司；政府部门中不仅是驻在国的外交部门，还包括海事执法局、海警局、海军、消防局及国际组织等。

应急处置的程序清晰明确。外交部要求各驻外使领馆制订应对各类涉及中国公民安全事件的应急处置程序。由于保密原因，这些内容外界无法知晓。但表2反映出，中国驻外使领馆在处理不同类型的领事保护紧急事件时有条不紊，步骤合理，在与驻在国各方交涉时有力、有理、有节，从一个侧面反映了应急机制渐成熟。

在自媒体时代，人人都可以发布信息。在应急处置的过程中，如果权威部门信息发布不及时，就会让小道消息有了更多的传播空间，极有可能滋生谣言，将处置工作带入被动局面。因此，相关政府部门及时发布信息，掌握舆论主动权，让公众了解处置的详细经过，回应社会关切，这一点十分重要。从表3中可以看出，在7月初发生的泰国沉船事件处置过程中，中国驻

---

① 《驻阿富汗使馆开展"领保进企业"活动》，发布时间：2018年7月3日，来源：驻阿富汗使馆，http://cs.mfa.gov.cn/gyls/lsgz/lqbb/t1573562.shtml，访问时间：2018年12月5日。

表2 2018年中国外交部和驻外使领馆处理的涉及海外中国公民的重大突发事件汇总

	时间	地点	事件概况	参与方	处置和交涉的主要内容
1	3月21日	马来西亚麻坡	一艘载有中国船员的挖沙船在附近海域发生倾覆，船上共有16名中国船员	中方：中国驻马来西亚大使馆，中国广东搜救中心；外方：马当地救援公司，马海事执法局，海警局，海军、消防局，救援公司；马方还请印尼方面协助搜寻	1. 中国大使直接联系负责搜救工作的马海事执法局局长及马海军司令，要求对方想尽一切办法搜救失踪的中国船员； 2. 领事参赞驻守麻坡搜救指挥中心，协调配合督促搜救工作
2	7月5日	泰国普吉	两艘游船倾覆，涉及122名中国公民，其中75人获救，41人不幸遇难，另有6人失联	中方：中国驻泰国使馆，驻宋卡总领馆，外交部领事司副司长率领的外交部、交通运输部、文化和旅游部联合工作组，中方专业救援队、民间救援队（公羊队）泰方：成立七部门联合委员会，累计安排80余批次军舰舰船，飞机60余架次实施搜查，沿岸部队每日徒步巡逻，共计投入兵力数千人次开展立体式搜救，并动员周边民众积极参与搜救联合泰军蛙人部队，中国应急救援队组织水下搜救力量，澳大利亚、英国、新西兰等国潜水志愿者积极参与搜救；中国使馆和当地律师志愿团组合为家属提供服务	1. 中方要求泰方尽一切努力搜寻失踪人员； 2. 尽快查明事故真相，明确事故责任； 3. 设立遇难者家属接待中心，拿出显示诚意的善后处理方案； 4. 泰有关部门要采取切实有效措施加强旅游安全管理，加强与中方的沟通与合作，防止此类事件再发生

续表

	时间	地点	事件概况	参与方	处置和交涉的主要内容
3	8月14日	菲律宾马尼拉	菲律宾移民局在马尼拉中国城999商场进行居留证件和就业手续检查,现场查扣75人,其中包括73名中国公民	中方:中国驻菲律宾使馆、菲华商总会、华助中心 外方:菲移民局	1. 驻菲使馆派员看望被扣中国公民,与菲华商联总会、华助中心等人员会面沟通情况,合力协调做好被扣人员安抚和临时安置; 2. 向菲方核实了解被扣中国公民合法权益,要求菲方尽快向中方通报案情,保障被扣中国公民合法权益,依法公正处理
4	9月2日	尼泊尔旅游地区博卡拉山区	一名中国游客在观光时意外跌落,致腰椎骨折,下肢完全失去知觉,病情十分危急	中方:中国驻尼泊尔使馆、航空公司 外方:加德满都机场总部	1. 大使指示领事部人员紧急与在尼各中资航空公司联系,搜集信息,供伤者及家属选择参考; 2. 使馆领事部、航空公司驻尼营业部派员前往伤者所在医院探望,现场办公,指导伤者填写特殊旅客乘机申请书,取得适宜乘机的医疗证明; 3. 该航空公司与加德满都和国内机场及总部运力部门展开联络协调,完成乘机手续并顺利将游客送回国治疗
5	9月6日	日本北海道胆振地区东部	发生里氏6.9级地震,北海道全境电力供应中断,大部分地区供水技术中断,公交系统全部停止运行,通信基本中断,新千岁机场受损严重并关闭,北海道成为黑暗的"孤岛"	中方:中国驻日本札幌总领事馆、当地华侨华人团体、中资机构、留学生志愿者等、国内航空公司	1. 领馆迅速与北海道各华侨华人团体、中资机构、留学生团体取得联系,确认各类组织人员安全; 2. 组建地震应急志愿者队伍,设立中国公民救助中心,为滞留中国游客提供临时食宿和紧急援助; 3. 协调各航空公司通过增设航班、更换机型等方式加大运力,全力推进救助滞留中国游客返回国内; 4. 协助受困游客乘坐公共交通离开灾区

续表

时间	地点	事件概况	参与方	处置和交涉的主要内容
6	9月14日	土耳其伊斯坦布尔	正在建设中的第三国际机场发生骚乱，土耳其工人焚烧汽车，堵塞工人宿舍区与工作区间道路，游行人群对与机场保安对峙，23名中国工人被困宿舍区，情况紧急	中方：中国驻伊斯坦布尔总领事馆，中资公司 外方：当地政府官员、警方、宪兵队、机场承建方	1. 联系新机场被困中国工人领队了解情况； 2. 总领事向伊省主管机场工作的副省长打电话，表达对被困中国工人的安全关切； 3. 副总领事与主管机场安全的伊省警察局副局长和新机场辖区宪兵队负责人通电话，要求土方采取措施保护中国工人； 4. 领事部与中国工人聘用公司联系，请其与工人保持联系，履行职责提供保障，确保工人人身安全，吃得上饭； 5. 总领事赴伊省新机场，经与伊省警方、宪兵队及机场建设方联系，进入宿舍区看望和慰问23名中国工人，了解最新情况； 6. 总领事在工地现场会见了新机场承建方公司的首席执行官，向其表达了对此事的看切，要求在剩余建设工期内，务必保证中方人员的安全和正常生活供应
7	9月28日	马达加斯加旅游景点穆龙达瓦市	近郊发生严重骚乱，一时间当地交通阻断，部分外国游客遭到抢动，正在穆龙达瓦旅游的中国游客或被困在市中，或被卡在路上，进退两难，人身财产安全受到威胁	中方：中国驻马达加斯加使馆 外方：马政府、宪兵队	1. 使馆领导亲自与马政府高层联系，请其保证在该地区的华侨、中国游客、中资企业的安全，并护送中国旅客尽快撤离； 2. 领事部负责人与中国游客保持热线联系，安抚报案人员情绪，悉心提供指导和帮助； 3. 经交涉，被困在穆龙达瓦市的中国游客（含一名外籍华人）在马宪兵护送下，顺利离开

续表

时间	地点	事件概况	参与方	处置和交涉的主要内容
8 10月4日	中非共和国西南部城市索索-那孔波市	一艘载有4名在当地务工的中国公民和1名中非青年的船只在卡岔河发生倾覆，4名中国公民幸存，中非青年失踪；随后，幸存的中国公民前往当地宪兵队做笔录配合调查，遭遇一伙当地暴徒袭击，导致3名中国公民死亡，另有1人受重伤，当地宪兵队同时遭到围攻和洗劫	中方：中国驻中非使馆，驻乌干达使馆，中国援乌医疗队 外方：总统，警方，国民议会议长，内政和公安部部长，联合国秘书长特别代表，联合国驻中非共和国多层面综合稳定团团长	1. 大使与中非总统通电话，并于当天紧急约见中非总理、内政和公安部部长，提出严正交涉并敦促相关部门迅速采取措施，及时开展调查，尽快将遇害者遗体和伤亡者转移至首都班吉，保护中非中国公民的人身安全和其他合法权益； 2. 中非政府加派警力赶赴当地保护中国公民人身安全，并派包机将处置保护中国公民人身安全，尽快将遇害者遗体和伤亡者转移至首都班吉； 3. 中非共和国国民议会议长及多名议员前往中国驻中非大使馆，悼念在此次事件中遇难的3名中国公民； 4. 中国大使再次紧急约见中非内政和公安部部长，继续敦促中非方加大调查力度，缉拿并严惩凶手。部长表示，涉嫌杀害3名中国公民的3名重要嫌犯已被中非警方抓获； 5. 中非方根据中国使馆要求，调集大批警力，保护其人身财产安全，并调集车辆将找到查找、集中在中国籍员工，保护其人身、财产安全，将形势稳定的省会城市的58名中国公民全部护送并就近安置在形势稳定的省会城市； 6. 在此次事件中受重伤的1名中国公民在中非首都班吉的联合国医院进行救治，被送往位于中非首都班吉的联合国医院进行救治； 7. 驻中非大使根据两次约见中国联合国秘书长特别代表、联合国多层面综合稳定团（简称联稳团）团长，联合国驻中非和国多层面综合稳定团（简称联稳团）团长紧急通电话，寻求由驻中非使馆协团派专电同胞转运至乌干达； 8. 由驻乌工作小组配合乌联合国和中国援乌医疗队队员组成的应急工作小组同时对该重伤员进行救治，使馆要求院方尽一切可能挽救伤者生命，愿全力协助做好救治工作

续表

时间	地点	事件概况	参与方	处置和交涉的主要内容
9 10月24日	北马里亚纳群岛天宁岛（Tinian）全岛和最大岛屿塞班岛（Saipan）大部分地区	遭到超级台风"玉兔"袭击。台风眼时速超过180英里/小时，美国媒体称这是1935年以来袭击美国的最强风暴。台风导致人员伤亡、电源、饮用水中断，上百座房屋建筑被段破坏，树木和电线杆被刮倒，口岸关闭，航班取消，美国总统宣布北马里亚纳群岛联邦进入紧急状态，并为其提供联邦救助	中方：中国驻洛杉矶总领馆、华侨华人社团、国内主要旅游包机公司 外方：塞班当地、当地旅行社	1. 总领馆第一时间与塞班当地游客接待旅行社取得联系，了解灾情况并表达关切，塞班当局和旅行社表示，将尽力为包括中国公民在内的外国游客提供帮助，总领馆接到了个别当地中国公民寻求帮助的电话，无人员伤亡报告； 2. 10月25日，总领馆开通24小时应急热线电话，对有关来电情况逐一进行登记，来电主要诉求为因台风导致航班取消，游客希望尽早离开灾区； 3. 总领馆与北马里亚纳联邦总督高度关注调员通话，问灾区公民情况，并表示总领馆高度关注他们的生活，希望北马政府安置好他们的生活，尽快采取措施安排中国游客撤离，及时向总领馆通报机场撤离开快方案； 4. 总领馆与当地接旅行社、华侨华人社团等保持密切联系，据了解，在当地中国游客约有1500人，大多为国内直航包机自由行游客，少数系搭乘第三国航班前往，在当地食宿总体有保障，无人员伤亡报告； 5. 总领馆和国内主管部门与国内公民的有关旅行商议、国内有关航空公司研究复通航后撤离可行方案，总领馆给运营单位为游客提供并公布支持热线； 6. 总领馆就个别中国公民因台风这一不可抗力滞留留期而导致签证影响而滞留当地期的游客加签证停留期过期，美方确认受台风影响同离开，只要在撤离期间离开，均不会遇到问题，也不会有任何不良记录； 7. 总领馆派工作组赴塞班岛，并在塞班恢复空中运输后设法该前往塞班开展工作； 8. 经国内主管部门门协调，承接塞班机场业务的四川航空公司和首都航空公司根据当地机场开放情况，东方航空公司研拟当地机场开放后班机返回，安排运力，派包机前往塞班； 9. 总领馆工作组走访在赴机场候机旅客安排客登机返回； 10. 工作组走访三户受灾严重的华侨家庭，中华总会、当地中文学校和华人商家，现场察看灾情，进行慰问

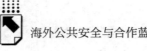

泰国使馆对事件的处理进展进行了非常详尽的报告，从 7 月 5 日事件发生到 7 月 15 日遇难的中国公民遗体搜救工作结束，共发布了 8 篇报道，有时一天上下午各一篇报道。关于 10 月份发生的超级台风袭击塞班岛事件，10 月 26 日~30 日共发布了 5 则报道，平均每天一则，及时通报救助情况。

表3　中国领事服务网关于重大领事保护案件处置的报道情况

事件	发布时间	新闻标题
泰国沉船	2018 年 7 月 7 日 13:34	外交部继续全力开展泰国普吉游船倾覆事故处置工作
	2018 年 7 月 9 日 10:35	吕健大使和中国政府联合工作组就加快处理普吉游船倾覆事故同泰方沟通协调
	2018 年 7 月 9 日 20:22	外交部发言人介绍泰国普吉游船倾覆事故处置工作最新进展
	2018 年 7 月 10 日 18:34	中国驻泰国大使吕健同泰国总理巴育进行会晤并慰问普吉游船倾覆事故伤员和遇难者家属
	2018 年 7 月 11 日 19:35	中国政府联合工作组就加快处理普吉游船倾覆事故再次深入做泰方工作
	2018 年 7 月 16 日 17:13	中国驻泰国大使吕健迎接普吉游船倾覆事故遇难者遗体并慰问搜救人员
	2018 年 7 月 19 日 01:21	吕健大使就普吉游船倾覆事故原因调查同泰国旅游与体育部部长威拉萨交换意见
台风"玉兔"袭击	2018 年 10 月 26 日 14:15	驻洛杉矶总领馆关于超级台风"玉兔"袭击塞班岛有关情况的通报
	2018 年 10 月 27 日 19:21	驻洛杉矶总领馆关于超级台风"玉兔"袭击塞班岛有关情况的通报（二）
	2018 年 10 月 27 日 19:34	驻洛杉矶总领馆关于超级台风"玉兔"袭击塞班岛有关情况的通报（三）
	2018 年 10 月 28 日 11:15	塞班国际机场恢复开放，滞留中国游客正陆续离港回国
	2018 年 10 月 31 日 06:58	驻洛杉矶总领馆工作组继续在塞班开展侨务和领保工作
	2018 年 11 月 1 日 17:23	因台风滞留塞班，香港与内地航空公司接载逾千名中国旅客回国

结　语

总之，在"走出去"的中国公民人数和企业数量不断增加、国际安全形势错综复杂的大背景下，中国领事保护工作面临着巨大挑战。2018 年，中国外交部和驻外使领馆继续创新保护机制，在法律体系、联络机制、预防机制和应急机制建设等方面都取得了很大进展，呈现出一些新特点。

B.6
中国安保公司的海外实践现状与挑战

金桂岭 姜杉 边洪*

摘 要： 自1997年"走出去"战略的首次提出到"一带一路"倡议
的实施，海外中资企业已经走过了20年，在海外投资和海外
承接工程等领域取得丰硕成果的同时，也付出了沉重的损失
和生命的代价。随着国际关系和安全环境日趋复杂，中资企
业和人员在海外面临的各类风险也逐渐加剧；做好风险识别、
风险防范、风险预警、风险处置工作，切实保护海外人员和
财产安全已经上升为国家意志。海外利益保护的刚性需求催
生和带动了海外安保市场，推动中国安保市场与国际接轨。
本报告针对中资安保公司在海外市场的发展现状、发展困境、
市场机遇、所遇问题和解决措施进行分析，一方面有助于中
资企业和安保公司了解和防范海外风险，另一方面有助于中
资安保公司定位海外市场、推动模式转型、实现真正意义上
的"中国安保走出去"。

关键词： 海外风险 海外风险应对 海外安保 安保走出去

一 中资企业境外风险因素与应对措施

中资企业"走出去"取得丰硕成果的同时，也付出了财产、资金乃至

---

* 金桂岭，中坤鼎昊（北京）国际商务服务有限公司总经理；姜杉，风险管理部总经理；边
洪，总经理助理。

生命的沉重代价。在经历了初期的原始资本积累阶段后，有必要总结和分析中资企业面临的外部环境存在哪些重大风险？这些风险会产生什么影响？中资企业目前采取哪些手段应对海外风险？

（一）中资企业海外发展总体状况

从 1997 年江泽民总书记提出"走出去"战略到 2013 年习近平总书记提出"一带一路"倡议，中资企业已经在海外投资、承接海外工程和对外劳务输出领域打拼了 20 多个年头。

据中国商务部统计：中资企业对外非金融投资额累计达到 18000 亿美元（其中，2017 年为 1200 亿美元、2018 年 1～9 月份为 820 亿美元）[①]；对外承包工程完成合同额累计近 20774 亿元（其中，2017 年完成 1686 亿美元、2018 年 1～9 月份为 1089 亿美元）[②]；对外派遣劳务人员累计超过 980 万人（其中，2017 年派出 52 万人、2018 年 1～9 月份派出 35 万人）[③]。另据国务院国有资产监督管理委员会统计：截至 2017 年底，中央企业在境外有 10791 家单位，分布在 185 个国家和地区，承接项目 3116 个（在已开工和计划开工的基础设施项目中，中央企业承担的项目数占比达 50%，合同额占比超过 70%），境外资产总额超过 7 万亿元人民币，全年实现营业收入 4.7 万亿元人民币，利润总额 1064 亿元人民币。[④] 在商务部统计数据中，外派劳务数量指取得劳务签证且在各省商务厅正式备案的工程项下的劳务人员和其他服务类劳务人员，如护理、服装、酒店服务人员等。而实际上一些持有商务签证和工作签证的人员并未统计在内，如果算上这些人员，实际每年

---

① 商务部商务数据中心，http：//data. mofcom. gov. cn/tzhz/fordirinvest. shtml，访问时间：2018 年 12 月 5 日。

② 商务部商务数据中心，http：//data. mofcom. gov. cn/tzhz/forengineerstac. shtml，访问时间：2018 年 12 月 5 日。

③ 商务部商务数据中心，http：//data. mofcom. gov. cn/tzhz/forlaborcoop. shtml，访问时间：2018 年 12 月 5 日。

④ 《国资委召开中央企业参与"一带一路"建设媒体通气会》，发布时间：2018 年 10 月 31 日，来源：国务院国有资产监督管理委员会，http：//www. sasac. gov. cn/n2588025/n2643314/c9764020/content. html，访问时间：2018 年 12 月 8 日。

工程和劳务外派人数超过 200 万人。再加上民营个体海外投资者，则每年赴海外从业人数估计近 500 万人。因此，大量海外资产和人员的增加意味着中国海外利益的迅速扩容，与此同时可能面临的各种安全风险也在不断增加。

（二）中资企业和人员面临的海外安全风险主要类型

中资企业在海外经营管理过程中，面临战争、恐袭、洪水、海啸、疟疾、霍乱、工伤、意外等诸多风险因素，给企业及人员造成重大生命和财产安全威胁。那么，中资企业面临的风险到底有多少种？目前公认的归类方法是按照《国家突发公共事件总体应急预案》，将公共事件分为自然灾害、事故灾难、公共卫生事件和社会安全事件。[①] 其中，事故灾难指生产事故和环境污染，属于传统安全范畴，而自然灾害、公共卫生事件和社会安全事件属于非传统安全范畴。企业在管理中为了区分传统安全和非传统安全，往往针对非传统安全的管理工作成立 HSE 部门（健康、安全和环保部门）或 HSSE 部门（健康、安全、安保和环保部门）。而本报告所讨论的海外安保又特指非传统安全中的社会安全事件。

社会安全事件表现形式诸多，总体可以归结为政治风险（如战争、内战、政变、政府更迭、武装冲突、民主革命、恐怖袭击等）和治安风险（如部落冲突、宗教冲突、绑架勒索以及抢劫、盗窃、枪击、强奸等）两大类。

不同的事件类型对企业和人员造成的威胁和损害程度也有所不同，其中威胁程度和损害程度最大的有以下几类。

1. 战争、内战及武装冲突风险

（1）典型事件

伊拉克战争：2003 年 3 月 20 日，以英美军队为首的联合部队以伊拉克藏有大规模杀伤性武器为由，绕开联合国安理会，单方面对伊拉克发动军事

---

① 《国家突发公共事件总体应急预案》，发布时间：2006 年 1 月 8 日，来源：中华人民共和国中央人民政府网站，http://www.gov.cn/yjgl/2006-01/08/content_ 21048. htm，访问时间：2018 年 12 月 8 日。

行动，拉开伊拉克战争序幕；战争持续数月，并以萨达姆被绞死结束；而后美国长期占据伊拉克达 7 年之久，直至 2011 年 12 月 28 日才全部撤出。战争前夕，中资公司被迫撤出，直至美方撤军后又重返伊拉克，其间导致直接经济损失超过 40 亿美元。①

利比亚战争：2011 年 2 月，境外势力支持的利比亚反卡扎菲势力组成"全国过渡委员会"，举行抗议活动要求卡扎菲下台，2 月 17 日爆发武装冲突（2 月 17 日革命）；2 月 26 日联合国安理会通过对利比亚的制裁决议；3 月 15 日政府军胜利在即；3 月 17 日联合国通过 1973 号禁飞决议；之后联军出动 200 余架次战机参与对政府军的军事行动；10 月 20 日在联军的支持下，卡扎菲及其接班人被枪杀。中国政府 2 月 22 日宣布撤侨，至 3 月 2 日 35860 名中资企业人员全部撤离。② 利比亚战争导致中资企业银行保函直接损失超过 100 亿美元，合同金额损失超过 100 亿美元，加上撤侨费用，损失金额共计超过 1000 亿元人民币。③

其他的战争、内战和武装冲突事件：2010 年，吉尔吉斯斯坦发生大规模骚乱，中国政府动用 9 架飞机，紧急撤离 1300 多名公民；2011 ~ 2012 年，叙利亚战事升级，中国驻叙利亚政府相关机构组织在叙的中资企业和华人实施了有序撤离；2015 年，也门发生大规模武装冲突，中国政府动用中国驻亚丁湾的护卫舰，成功撤离 571 名中方人员。

（2）事件频率

从近十年的数据来看，战争、内战和武装袭击类事件的发生频率越来越密集，平均间隔为 2 ~ 3 年，以此推算 2019 ~ 2021 年将有可能出现新的此类

---

① 《伊拉克战争使中国损失 40 亿美元》，发布时间：2003 年 4 月 7 日，来源：中华人民共和国驻以色列大使馆经济商务参赞处网站，http://il. mofcom. gov. cn/aarticle/jmxw/200304/20030400080874. html，访问时间：2018 年 12 月 8 日。

② 《中国在利比亚人员撤离纪实：祖国永远是人民的依靠》，发布时间：2011 年 3 月 5 日，来源：中国政府网，http://www. gov. cn/jrzg/2011 – 03/05/content_ 1816647. htm，访问时间：2018 年 12 月 8 日。

③ 《我国在利比亚承包工程 188 亿美元获赔不足 4 亿人民币》，发布时间：2011 年 5 月 24 日，来源：中国对外承包工程商会网站，http://www. chinca. org/CICA/info/36672，访问时间：2018 年 12 月 8 日。

事件。

（3）事件诱因

通过近十年的事件统计分析，导致战争和武装冲突爆发的诱因主要有以下特点：石油能源国与美国及其他西方国家之间的利益冲突（如伊朗、尼日利亚）；基于核技术开发而遭受制裁的国家（如伊朗、朝鲜）；宗教冲突国家（如伊朗、以色列）；政治立场与美国及其他西方国家之间存在鲜明冲突（如委内瑞拉、伊朗）；具有军事或经济战略地位的国家和地区（如叙利亚、巴基斯坦、伊朗）。

（4）事件影响

战争、内战和武装冲突类的政治风险事件一旦爆发，将对中资企业在海外的经营造成巨大影响，导致的后果包括：合同终止；政府征收；保函没收；政府止付；履约损失等。

（5）应对措施

中资企业面对此类政治风险的应对措施可以归结为以下几点：时时追踪国际政治形势，趋吉避凶；密切关注国家投资政策导向和国家预警信息；提前研判、提前预防、提前准备、提前行动；投保政治保险和履约保证保险；建立应急管理机制和国际救援服务网络等。

2. 恐怖组织实施的武装袭击和绑架

（1）典型案例

2004年，某央企在阿富汗公路项目营地夜间遭武装分子袭击，导致11人死亡、4人受伤；2007年，某央企在埃塞俄比亚石油炼化项目遭武装分子袭击，导致9人死亡、7人被绑架；2012年，某央企29名员工在苏丹南科尔多凡州遭苏丹人民解放运动（北方局）绑架，另有1人死亡，几天后人质获救，至此，至2012年共有9名中国人质被杀害。2014年5月，某中资企业10名员工在喀麦隆遭绑架，同年10月获释；2015年，马里丽笙酒店事件，某央企三名高管遭遇恐怖分子武装袭击，在扫射中不幸身亡。

（2）分布特点

各恐怖组织在势力分布和手段特点上各有不同，以IS举例说明：

"伊斯兰国"在2003年以前为"基地"组织伊拉克分支,后在伊拉克和叙利亚建国,定名为"伊拉克和大叙利亚伊斯兰国";2006年在伊拉克成立"伊拉克伊斯兰国";2014年6月29日,该组织领袖巴格达迪自称"哈里发",将政权更名为"伊斯兰国"(英文缩写为"IS"),并且宣称对整个阿拉伯世界拥有统治权威地位。在此之后,IS的全球影响力不断扩大,博科圣地、索马里青年党、阿布沙耶夫、伊斯兰祈祷团等组织陆续加入并宣誓效忠IS。2017年底,在美国和俄罗斯两大军事力量的打击下,"伊斯兰国"在伊拉克和叙利亚战场节节败退,势力范围缩减至年初的十分之一。而其恐怖主义实施手段也从原有的地区性军事作战发展成全球性的"独狼式"行动,即由IS组织个人或数人自发组织,采用爆炸、枪击、人质绑架等手段,在世界各地制造血腥事件,往往造成数十甚至数百人伤亡,成为整个国际社会最大的安全隐患。

起源于尼日利亚的"博科圣地",其表现形式主要是出于反政府目的的种族屠杀和绑架行动;而北非的"马格里布"和东非的"索马里青年党",主要形式则是绑架和劫持人质或船只并索要巨额赎金。

(3)事件影响

任何形式的恐怖主义活动都对中资企业的海外生产经营造成重大影响,这也是国家乃至国际社会高度关注的海外安全事件。境外的中资企业一旦发生人员绑架、武装袭击等事件,不但会造成企业重大人员伤亡和资金损失,更为重要的是在国家层面和国际层面,给相关企业和国家造成重大的声誉影响。

(4)应对措施

中资企业和个人在海外应对恐怖主义风险的主要措施包括:避免前往有恐怖组织活动的国家和地区;了解当地恐怖组织的基本情况和作业手段;敏感时期避免前往敏感地点;制定并严格执行外出管理制度;做好人防、物防、技防工作;做好个人应对技能培训;加强人员保险保障。

3. 地方恶性治安事件

如果说政治风险和恐怖风险发生的概率较低,并且存在地区性特点,不足以引起所有人的关注，那么各国的恶性治安类事件则是普遍存在的，并且每年都会造成百名以上中国公民死亡（据外交部统计，2017年中国公民在海外社会治安类事件中的死亡人数为126人）①，这同样需要引起我们的关注。

（1）典型案例

2016年2月，南非东开普省阿里瓦尔北地区，两名中国公民遭报复性杀害，死后尸体和店铺又被纵火焚烧。

2016年7月，南非最大城市约翰内斯堡与东南部省份夸祖鲁－纳塔尔省相继发生两名山东籍和一名福建籍中国公民分别遭劫遇害事件，而当年在南非被枪杀的中国公民达10人之多。

2017年8月，苏丹某央企一名员工在距离公司营地1公里的返回途中失联，警方动用数百警力搜寻无果，后被推断死亡。

2018年2月，巴基斯坦卡拉奇一名中国籍员工遭枪杀身亡。

（2）案件类型

对数年来境外治安类事件进行整理归类，大致分为以下类型：盗窃、拦路抢夺、入室抢劫、快速劫持、敲诈勒索、电信诈骗、强奸、爆炸、枪击（以抢劫为初衷导致的枪击事件是主要原因）、仇杀（以利益冲突导致报复性行为）、暴力冲突（有意或无意卷入群体性事件）等，而后三者是中国企业在海外遭遇的最主要的暴力治安事件类型。

（3）防范措施

作为应对，可以采取的主要防范措施包括：避免前往治安混乱的国家和地区；了解当地犯罪手段，从而有针对性预防；做好个人安全意识和应对技能培训；做好生活营地和住所的人防、物防、技防工作；加强人员保险保障。

---

① 《三、中国公民海外安全四大杀手——治安篇》，发布时间：2018年1月26日，来源：中国领事服务网，http://cs.mfa.gov.cn/gyls/lsgz/fwxx/t1529226.shtml，访问时间：2018年12月8日。

（三）中资企业如何应对海外安全风险

境外中资企业面对各类社会安全风险，从目前来看，往往会采取以下的防御防护和风险转嫁措施。

1. 与当地政府签订安全保护协议

中资企业在高风险国家开展项目时，通常会和当地政府签订安保协议，将安保工作分成三级，包括：最外层，约 25 公里范围内由政府安排军队、宪兵、武装警察等安保力量提供军事化武装保护，以对抗并延缓武力袭击；中间层，营地外 5 公里范围内，由警察或准军事力量形成保护，抵挡一般性武装袭击；最内层，营地内、外，由警察和安保公司提供安全保护，抵抗偷盗、抢劫、武装抢夺、劫持等治安犯罪。而不论哪种形式，费用在大多数情况下都要由企业承担。

2. 加强现场人防、物防、技防保障

（1）物防主要是指实体防护设施，如路障、壕沟、铁丝网、护城河、围墙等。物防的设计标准取决于当地治安情况、项目施工环境和项目业主方的要求。比如安全系数较好的区域作业场所可以用蛇形铁丝网做周界护栏；周边有持枪分子存在的区域作业场所就要考虑砖墙和铁丝网，避免其直接窥视场内情况以及直接冲击营地；而对于周边有武装分子或恐怖分子存在的区域作业场所，就要考虑混凝土防爆墙、5 米以上宽壕沟、营地 500 米处安置防冲击升降路、营地 5 公里处设置安全检查站等设施。

（2）技防主要是指电子科技产品，如监控系统、振动光纤、声光驱离、室内报警装置等。如果所在地区的治安情况相对较好，则在办公场所和宿舍设置室内报警系统、声光电驱离系统、防盗窃监控系统等；如果作业区域为广阔平原或港口、可视化程度高的地区，需要安装 10~25 公里高清摄像头，成本约在 10 万元人民币/个；如果作业区域分散、范围较广、安全等级要求高的情况下，周界防护可能会用到震动光缆等高技术产品，其成本在每公里 20 万~40 万元人民币。高风险国家和地区的大型营地作业项目都要考虑物防和技防的建设标准，成本大约占到工程造价的 0.5%~1.5%，矿业和能源类公司的成本相对更高。

（3）人防主要指保安力量的配备，来源包括国际知名安保公司、当地安保公司、中国安保公司和雇佣兵。上述安保来源的不同导致其具有不同的特点，例如：①G4S等国际知名的安保公司，管理较为规范、个人单兵作战能力强、资源调配和处置能力较强，但是价格偏高，只有一些在高危国家和地区作业的央企使用；②当地安保公司是绝大多数中资企业的首选，优势是价格低且可以持枪，基本上可以应对日常的非军事行动威胁，但缺点是其自身往往成为不安定因素，经常发生当地安保公司人员勾结外面势力实施抢劫等犯罪行为，所以建议中资企业在聘用当地安保公司时，一是要选择信誉好的，二是不要一次性签订长期协议而是采取阶段性续签形式，三是每季度定期更换安保人员；③中国安保公司因为语言沟通便利，更加容易控制，且多为退伍兵，个人身手较好，可以作为随身护卫或者营地内安保力量，近年来越来越受到中资企业的青睐，其最大的作用是解决中方总包与分包之间的矛盾和陪同领导出行，价位处于中档偏高；④雇佣兵主要是指当地的安保公司或非正规安保公司提供的准军事化的武装保护机构，其提供的服务人员大多具备实际作战经验，技术过硬，对于从事矿产开发和能源开发类的企业、经济实力强的民营公司和需要提供要人保护的情况下应用最多，其价格与中资安保公司相差不大，但由于其自身是把双刃剑，同样具有安全隐患，所以中资企业在雇用时仍然很谨慎。

人防的成本整体上高于同一项目上的技防和物防成本，为工程造价的0.8%～1.8%。

3. 培训与健康保护

根据国家有关规定，企业一把手是安全事件的第一责任人，因此绝大多数中资企业（尤其是央/国企单位）事先都会对海外项目进行安全风险评估，并据此建立相应的安全管理制度和应急管理预案。

为了避免和减少安全事件的发生以及提高员工的危机事件应对能力，企业每年都会给员工进行必要的安全培训，每个人的培训成本大约为2000元/年。

根据业主要求必须在项目上建立诊所和卫生站的情况下，项目公司还必须考虑在项目所在地建立诊所或医疗卫生站，每一个诊所的建设和运营成本约为200万美元；每一间医疗室或卫生站的建设和运营成本约为100万美元。

4. 通过保险转嫁风险损失

如果前述属于防范措施，一旦出险造成损失该如何？境外中资企业往往会考虑通过保险来转嫁相应的费用和成本损失。例如，通过购买工程险、货运险、财产险和责任险来规避因生产事故、自然灾害、人为损害、盗窃抢夺、敲诈勒索等导致的财产损失；通过购买出口信用保险，将战争风险、政府违约风险、业主履约风险等可能造成收益损失的风险转嫁到保险公司；通过购买公司人员的意外伤害保险（需要扩展战争责任）和绑架勒索险等，将可能由于战争、武装袭击、绑架劫持、治安犯罪等导致的人员伤亡赔偿、医疗费、转运费、赎金费用等伤害补偿类风险转嫁到保险公司。

二 中国安保公司海外发展现状

（一）海外安全保障体系的建立

基于海外利益迫切希望得到保障的要求，国家先后在管理规范、政府职能和商业安保三个层面实现了突破。

1. 管理规范

国家自2005年开始针对海外安全防护工作先后出台了诸多规范性和指导性文件，主要包括2005年9月28日：发布的《关于加强境外中资企业机构与人员安全保护工作的意见》；2010年8月13日：发布的《境外中资企业机构和人员安全管理规定》；2010年8月26日：发布的《对外投资合作境外安全风险预警和信息通报制度》；2011年11月22日：发布的《中国企业海外安全风险防范指南》（外交部）；2012年4月13日：发布的《境外中资企业机构和人员安全管理指南》（商务部）；2013年7月1日：发布的

《对外投资合作境外安全事件应急响应和处置规定》；2014 年：发布的《关于进一步加强境外中资企业安全生产监督管理工作的通知》；2017 年 6 月 26 日中央深改组第 36 次会议上审议通过的《关于改进境外企业和对外投资安全工作的若干意见》；2018 年 3 月 2 日：发布的《境外中资企业机构和人员安全管理指南》（修订发布）；2018 年 8 月：发布的《中国领事保护和协助指南》（修订发布）；等等。

2. 政府职能

结合国家海外安全立法工作的不断完善，各政府部门也在不断加强海外利益保护职能，如以外交部领保中心为主导的外交沟通和领事保护工作；以国家安全部门主导的情报交流、国际反恐和海外利益保护工作；此外，国资委和商务部也建立了海外安全管理平台；等等。

3. 国内商业安保公司出征海外

随着中资企业在海外的拓展，也带动了中国的商业安保公司在海外的业务发展，十年前最早一批"走出去"的都是国内大型安保公司，其作业模式主要有两种，海上护卫和现场安保。

（1）海上护卫

华信中安（北京）保安服务有限公司（简称"华信中安"）成立于2004 年，注册资本金 1 亿元，是最早开展境外海上护航的公司。其海外业务主要在亚丁湾海域提供海上护航安保服务，安保人员多为退伍军人，具有一定作战能力；特殊的工作环境和岗位职责决定其可以持枪，并且当遭遇其他武装威胁时可以进行还击。华信中安主要解决的是海上遭遇的海盗风险。公司每年派出人数约 200 人，业务规模相对稳定，年海外营业额超千万元人民币，利润较好。

（2）现场安保

这类公司主要以国内一些老牌的安保公司为代表，依托央企资源为其在海外的项目提供现场安保服务。

北京伟之杰保安服务有限公司（简称"伟之杰"），成立于 2002 年，注册资本金 1000 万元。伟之杰是最早一批在海外为央企提供安保服务的公司之一，代表项目包括为中石油在伊拉克油气项目提供现场安保服务，年海外营业额达数千万元。但近两年派出人数锐减，每年只有数十人，营业额不足千万元。

北京德威保安服务有限公司（简称"德威"），成立于 2011 年，注册资本金 1100 多万元，具有一定的行业影响力，代表项目包括为中国交通建设集团肯尼亚蒙内铁路项目提供现场安保服务，派出人员数百人，年营业额数千万元，收益颇好。但近两年其海外市场极度萎缩，并呈现逐步退出的趋势。

北京鼎泰安元安全防范技术研究院有限公司（简称"鼎泰安元"）成立于 2011 年，注册资本金 50 万元。值得一提的是，鼎泰安元近几年在海外安保领域发展迅速，代表项目包括为中交建路桥公司在阿富汗公路项目提供现场安保服务，同时为中交建、中电建等多家央企提供海外服务，并且形成了提供风险评估、风险预警、现场培训和现场安保服务等具有产业链性质的服务模式。年营业额突破千万元。

（二）安保公司海外经营阻力重重

中国安保类公司经过几年的海外打拼，人数规模和经营范围虽然有所扩大，但却并未取得符合预期的商业回报，市场经营状况惨淡。绝大多数公司（包括早期开展海外业务的几家保安公司）一年派出人数都不足百人，少则十余人，多则几十人，难以维持生计；少数一两家公司靠资本收购、业务并表、多轮融资的资本运作方式收益较好，但并未带动更多安保人员走向海外。我国安保产业在海外市场运作成效有限的原因主要包括以下几方面。

1. 保障职责受当地法律限制

目前中国安保公司在海外提供的服务限于为中资企业提供现场安保，很难参与当地其他项目；同时受当地法律限制，没有持枪资格和执法资格，面对持枪匪徒的威胁还要依靠当地安保公司的力量进行保护，中国安保公司的服务内容和职责范围因此变得非常有限，大致包括：只能提供营地内的巡视和看护工作；领导外出时的陪同（如果遇到持枪劫持则难以发挥作用）；对营地内的安全防护设施进行检测、评估，提出改进意见；监督企业聘请的当地安保公司的工作；组织企业员工进行安全培训；协助企业处理现场突发事件（如人员受伤送医、看护）；当外部人员进入营地实施犯罪行为时实施适当防卫（如果过度防卫导致犯罪嫌疑人受伤或死亡则须承担法律责任）；营地内的监控设施及其他技术防范设施的管理和操作等。

由此可见，中资安保公司在海外难以替代当地安保公司行使保卫权和执法权，职能受限是影响海外企业选择中资安保人员的直接原因。

2. 收费价格不具备竞争优势

从收费价格来说，海外企业一般与中资安保公司签订整体安保服务协议，组成一个团队（包括2~3名中方管理和6~8名当地持枪保安），整体收费标准根据地区不同，每月在2万~5万美元，成本相对较高。

有些企业为了降低成本，与当地安保公司直接签订服务协议，由当地安保公司派驻现场可持枪的保安人员，人均月薪在200~500美元；同时以30万~50万元人民币的年薪聘请1~2名具备海外实战管理经验的中国人担任安全总监或专职管理人员进行协调管理，综合成本便大大降低。这是海外中资安保公司业务萎缩的主要原因。

3. 缺少系统化的产业链模式

中国安保公司在海外从事安保服务，需要具备国际化运营管理水平，然而目前大多数在海外的中资安保公司仍然呈现管理理念碎片化、服务模式单一化的状态。

相比之下，一些国际知名安保公司，如英国的G4S、西班牙的Prosegur（保赛固），从情报信息—预警来源—安防设计—协调资源—应急处置实现管理全流程，不论是现场守护、武装押送还是要人护卫等各方面，都能提供系统化、标准化和专业化的服务，并且单兵作战能力很强，实战经验丰富，这是其能够发展成为国际化公司的主要原因。

而中资安保公司在海外的情报收集能力很弱、与当地民政的融合度低（主要是语言和沟通能力差），缺少行业指导标准（国家有关部门和行业组织缺少对标准的制订、培训和推广），从业人员（多是退伍军人）缺少海外风险管理、应对和作战方面的培训及实战经验，这些因素制约了中资安保公司的发展，难以形成系统化和全产业链服务模式。

（三）业务阻力催生模式转型

中资安保公司在他国境内不具备持枪资格，是其无法有效实施防卫保护的直接原因，导致早期"走出去"的安保公司步履维艰、业务萎缩。但自2014年开始，中资安保公司出现了通过资本手段同当地安保公司相融合的运营模式，既解决了在当地合法持枪的问题，也解决了对当地安保公司可靠度无法掌控的问题。

1. 资本带动新经济模式

2014年山东华威保安集团与南非雷德保安公司合作成立首家境外安保公司——南非华威雷德保安公司，为驻南非的中资企业以及中、南两国政府官员提供安保服务。由此拉开了中国安保类公司通过资本收购或合资方式，介入海外当地安保市场的序幕。

随后出现了依托资本快速占领海外安保市场的中资公司，如中军军弘保安服务有限公司（简称"中军军弘"），在马来西亚、吉尔吉斯斯坦、缅甸等国与当地安保公司合作成立了合资公司；龙特卫保安服务有限公司（简称"龙特卫"），在安哥拉、肯尼亚与当地安保公司合作成立了合资公司。

2. 新型资本产业化模式的优势

五年前，大家唱响"中国安保走出去"，结果一批老牌海外安保公司倒下了；实践证明，最有效的方式是"中国安保资本走出去"。通过资本的注入可以实现几个跨越：突破当地法律对执法权和持枪权的制约；有助于培养和储备自身国际化管理人才；发挥国内技术优势，开发软硬件安保系统，增强科技化服务水平；可以建立情报分析—安全预警—培训基地—资源整合—应急处置的完整产业链。

只有加快提升中资安保公司技术管理国际化水平，才能使其在服务成本、技术手段和产业结构等方面快速追赶国际先进安保公司的步伐。

三 中国安保"走出去"的机遇与挑战

纵观200多年的资本主义世界扩张历程，不外乎先是军事占领，而后是经济殖民，随后文化和服务跟进。可以看到，目前欧洲和美国等西方国家的业务足迹走到哪里，他们的后勤服务保障团队就走到哪里（如安保公司、救援公司、保险公司），而中国在此方面却很薄弱。随着"一带一路"建设的推进、国家及企业海外资产的增加，未来几年海外安保领域将是一个千亿级的市场，极有可能成为新的投资热点，中国的安保公司将迎来前所未有的发展机遇。与此同时，需要社会各个层面共同努力，而安保公司则要做好各项准备迎接挑战。

（一）中国安保"走出去"的历史机遇

1. 面临历史性的发展期

随着国家"一带一路"建设的推进，中国安保已经得到世界上越来越多国家的认可和支持。传统的对外输出劳务和对外承接工程的业务模式即将逝去，取而代之的将是通过资本输出带动技术、产品、服务走向世界。经过两年的调整期，预计在2019年下半年中国海外金融类投资、非金融类投资以及海外基础设施建设又将进入一个快速上升时期，也必然会带动对安全保护的刚性需求。

2. 市场潜力巨大

从前文引用的统计数字可以看出，中资企业境外资产总额达到7万亿元之多；而依据1.3%～3.3%的人防、物防和技防测算占比，可推算出海外安保将是一个千亿级的市场。巨大的市场一定会带动资本的注入，从而促进海外安保市场的快速发展，实现与国际快速接轨。

（二）安保产业"走出去"的有利因素

一个行业的发展离不开几个要素：市场需求、市场存量、资金储备、技术储备、人才储备、政策导向，中国安保产业在这几个方面可以说条件基本具备，只欠机会。

1. 自身业务需求产生市场红利

以央企、国企为主导的中资企业在海外的投资和基础设施建设提供了大量的市场机会，在安保行业"走出去"的初期阶段，这些业务资源为安保企业提供了生存和发展基础。海外安保行业在度过自我修炼的窗口期后，必将迎来井喷式发展。

2. 中国的高科技成果转化

海外安保公司未来的发展一定不再是单纯依靠个人单打独斗、身手了得赢得客户青睐，而是更多地依赖电子技术、通信技术、互联网和物联网技术以及常规武器及安防产品的组合应用实现行业科技化水平的整体提升。在技术领域，国家层面正在解决诸多"卡脖子"问题和军民融合问题，如自主生产7纳米北斗芯片，并在民用领域进行应用，该技术的运用将极大提升对海外人员的救援能力、降低境外人员伤亡数量。如果有资本的推动，相信两年内安保行业一定会在技术领域出现历史性的发展。

3. 充足优质的人员储备

每年从中国军队、武装警察等退役的且具备作战训练能力的人数在数十万级，这些具备特种作战能力的精英人才具备良好的组织性、忠诚度和使命感，这是作为安保人员最重要的素质。国家高度重视退转军人的安置工作，希望能够为其提供良好的就业条件以实现社会稳定，因此一定会出台更多的有利于安保行业安置军人的鼓励政策。

（二）行业发展需要社会各界支持

海外安保行业的发展离不开国家层面、行业层面、企业层面和自身层面的努力和支持，具体表现为以下几个方面。

1. 国家层面要有管理政策

国家有关管理部门应当为在编军人提供服役期间的语言培训和技能培训，与社会安保力量相结合，提供一些海外实操机会，培养储备人才。在就业安置奖励、用人单位税收和社保政策等方面为退伍军人和安保公司提供优惠条件。目前公安部、军转办和部队在工作衔接上缺乏融合，需要国家制订相应的政策，促进各部门工作能够协调统一、有利就业。

2. 行业层面要有管理标准

中国的安保行业目前只有国内的安保管理规范和安保协会，缺少适用海外的、可以对标国际安保组织的海外安保服务标准，这导致了从事海外业务的安保公司无章可循，也很难得到国际行业认可。因此，需要明确政府主管部门并由其牵头行业管理部门和学术机构，对标国际安保标准设计中国安保公司境外职业规范标准，并且广泛开展国际安保间交流合作，以提升中国安保公司在国际上的融合度和认可度。

3. 企业层面要支持民族产业

英国的早期殖民扶植了自己的金融服务业，美国和日本的民族情怀成就了本国的汽车工业，法国的公民海外保障制度使得该国的救援体系遍布全球，这些国家的民众和企业都是通过购买自己国家的产品和服务，从而推动了民族产业的发展。

中资安保公司海外发展还处在幼儿阶段，与国际知名安保公司相比，国际化水平差距很大，因此很多大型央企只考虑重金采购外国安保服务商的服务（当然有些是业主要求）。但出于国家信息安全和推动民族产业发展的需要，即使没有政策的严格要求，希望中资央/国企单位多给中资安保公司提供海外服务和锻炼的机会，扶植民族产业走上良性发展的道路。

4. 安保公司要加强自身能力建设

中资安保公司开辟海外市场是一个系统化工程，在市场初期阶段虽然离不开国家、行业和企业的支持，但更重要的是安保公司的领导者应该具备国际化发展视野：了解和学习国外行业发展动态和国际先进的安保管理经验；做好人才储备和培养（尤其注重语言和沟通能力的培养）；加强国际间同业和上下游企业合作，形成尽可能完善的服务产业链条；制定合理的市场营销策略和薪酬机制等。

（三）中资安保公司如何应对海外市场的挑战

在国家对海外安保产业尚未出台明确的行业标准之前，中资安保公司主要依靠自身能力在海外打拼，许多早期创业团队也都经历过失败的教训，在此提出几点建议供掘金海外的安保公司借鉴。

1. 树立法律意识，了解所在国的国情、民情和法律体系

2018 年 10 月，某中资安保公司到肯尼亚开展业务，被当地警方和移民局以"严重威胁肯尼亚国家安全"的罪名将包括总经理在内的 5 名管理人员高调抓捕（其中一人为翻译），并且被国际诸多媒体冠以"恐怖组织"的身份高调宣传。由于没有搜到有力证据，在支付了多笔大额费用后，历经 25 天的羁押，相关人员最终获释。

该事件在海外安保公司圈中引起震动，一方面我们抗议境外机构蓄意抹黑中资企业形象，但另一方面也给我们敲响了警钟，即安保公司的管理者首先要有法律意识，保证自身的安全。

中资安保公司要在充分了解当地政府的政治立场、排华情绪、法律法规、宗教习俗等基本信息以及评估好当地合作伙伴的背景后，再制订行动计划，避免盲目进入不熟悉的领域。

2. 学习国际标准，与国际接轨

尽管中资海外安保公司的主要目标客户仍然是中资企业，但还是要学习国际安保认证标准，如英国的 ISMI 安保标准、美国的 ASIS 安保标准和瑞士 ICoCA 安保标准等，加强公司标准化建设，充实安保服务的内容，以提升自身的管理水平和安保队伍的综合素质。

3. 加强与国际安保组织的合作

中资安保公司在海外应当抱团取暖，单打独斗既浪费时间、金钱，也很难实现快速发展。当今社会已进入整合时代，更好地整合资本、整合资源，才能快速实现产业链的搭建。

4. 从关系营销逐步向市场营销转型

企业依靠关系进行销售的时代渐渐逝去，在从关系营销到市场营销的转

化过程中，除了前面提到的各种内功修炼之外，中资安保公司还必须用市场发展的眼光，针对不同国家的不同国情，制订相应的产品策略、价格策略、渠道策略和企划策略，借以实现公司成系列的市场化运作。

5. 借助资本快速抢滩

当安保公司海外整体发展战略成型并得到资本支持的情况下，中资安保公司利用资本收购或参股当地安保公司不失为一种快速又安全的做法。在较长一段时间内，"中国安保走出去"还是个愿景，但"中国安保资本走出去"会更加现实，可以使安保企业迅速占领海外市场甚至品牌高地，从而形成海外集团化作业。综上所述，传统的、靠刷脸和人脉关系拿业务的阶段将逐渐逝去，未来中资安保公司要靠管理、靠价格、靠素质和靠用户口碑打拼市场。因此，中资安保公司的管理者应当抓住窗口期的有限时光，实现公司意识转型、架构转型和业务转型。

B.7
国际安保规制的建设：
现状、进展与经验借鉴

周章贵*

摘　要： “一带一路”倡议下的国家海外利益维护与安全保障为中国安保行业提供了机遇，同时也带来了挑战。规制和引导安保行业适应新趋势和新需求，需要借鉴国际经验并结合自身特色。安保业的国际规制历经数十年发展，目前已形成以《蒙特勒文件》《私营安保服务供应商国际行为守则》为基础的国际法律框架，私营安保服务供应商国际行为守则协会（ICoCA）的发展反映了国际安保规制正在向政府、企业、社会多元利益相关者共治模式转型，中国安保服务国际化要积极适应从“保安”向“安保”的业态转型，加快完善中国安保业规制建设，多措并举提升中国安保业能力，为“海外中国平安体系”建设提供支撑。

关键词： 海外中国　平安体系　国际规制　蒙特勒文件

随着“一带一路”倡议的逐步推进，中国在沿线国家的双边、多边合作项目及投资进一步加快，防控应对沿线地区复杂的政治、安全和经济风险

* 周章贵，管理学博士（非传统安全专业），浙江大学非传统安全与和平发展研究中心海外安全与安保研究方向负责人，国际安保行为守则协会（ICoCA）观察员，联合国安全与安保部（UNDSS）认证培训师，塔里木大学非传统安全与民族发展研究院特聘教授，中国—上海合作组织国际司法交流合作培训基地非传统安全研修中心负责人。

成为艰巨的任务。"海外中国平安体系"建设已成为国家提出的重要议题，需要从法律支撑、机制建设、风险评估、安全预警、预防宣传、应急处置等方面加快推进。纵观国际实践，海外利益保护主要依赖于安全私有化产品与服务以及市场化供给模式。"一带一路"倡议下的国家海外利益维护与安全服务供给离不开中国安保行业，这为中资安保企业"走出去"发展提供了难得的机遇。相比欧美国家高度发展的市场化安保业务，中资安保企业在量和质方面都存在明显差距。当前私营安保业在全球治理格局中扮演了重要角色，与其相关的国际规则也逐步形成并趋向标准化。联合国、欧盟、北约等国际组织以及美国、英国等众多主权国家均倾向于采购满足国际标准认证的安保服务。中国安保业在新时期新需求下应熟悉国际安保业的规则与标准，加强自身能力建设，以适应国际化新要求。

一　国际私营安保行业的规制转型

（一）国际安保行业规制发展进程

按服务类型国际上通常把安保服务供应商分为私营军事公司和私营安保公司两大类型。私营军事公司提供的服务是进攻性的，主要以军事训练或军事援助等军事服务为主；私营安保公司提供的服务是防御性的，主要以对人员和财产的保护为主。2001 年"9·11"事件后，一些大型国际安保公司不断发展壮大，凭借国际安全服务在全球范围内兴起。这些公司多雇佣前政府或前军方人员，以"职业保安"名义，活跃在全球 50 多个战乱地区，是动荡局势中不可忽视的安保力量，主要包括美国黑水安保公司（Blackwater）、英国杰富仕（G4S）、瑞典塞科利达（Securitas）和西班牙保赛固（Prosegur）等。① 有别于传统公共安全保障力量，私营安保公司仅受

---

① 《私营安保公司能否为海外企业保驾护航?》访问时间：2017 年 8 月 23 日，http：//news. xinhuanet. com/mil/2015 – 11/29/c_ 128479523. htm。

托承担保护合同明确的服务对象的有限契约责任，而不承担保护公共安全的整体义务，而公共安全责任传统上由国家提供垄断的武装力量来保障。安全服务的私有（营）化趋势为该行业的法律规制提出新的挑战，即制订相应的条款对私营安保行业进行规制，以确保武力的适度使用和管理，使私营安保符合尊重国际人道主义和人权的要求。

国际私营安保产业，最初是作为"雇佣兵"问题的一部分进入全球治理进程的。因此，联合国最初高度反对其国际活动。1987年，联合国人权理事会设立了"关于以雇佣军为手段侵犯人权并阻挠行使民族自决权的特别报告员"一职，专门调查雇佣兵侵犯人权和民族自决权的行为。1989年，联合国进一步起草《反对招募、使用、资助和训练雇佣兵的国际公约》（*International Convention Against the Recruitment, Use, Financing and Training of Mercenaries*，简称《反对雇佣兵公约》），但是，美国、中国、俄罗斯、英国、日本、法国、印度等主要大国并没有加入该公约，因而未能消除各国在这一问题上的严重分歧。2004年，联合国改组其系统安全管理职能，成立联合国安全与安保部（UNDSS），将其在全球项目执行的安全与安保管理统一到该部门实施，并将部分高风险地区的安保业务外委给私营安保服务公司。2005年，由瑞士和国际红十字会提出的《武装冲突期间各国关于私营军事和安保服务公司营业的相关国际法律义务和良好惯例的蒙特勒文件》（*Montreux Document On Pertinent International Legal Obligations and Good Practices for States Related to Operations of Private Military and Security Companies During Armed Conflict*，简称《蒙特勒文件》）率先在国际社会凝聚了共识，其主要内容是承认国际私营安保和军事公司的合法性，并明确了东道国、所在国和雇佣国的相应责任。在美国、英国、中国等大国的支持下，2008年该文件签署生效。同年，联合国雇佣兵工作组也接受了《蒙特勒文件》关于"私营安保和军事公司"（PSMC）的提法，认可其与雇佣兵存在实质区别。2010年，部分国家在《蒙特勒文件》的基础上开始推动签署《私营安保服务供应商国际行为守则》（*The International Code of Conduct for Private Security Service Providers*，ICoC），并随后建立了由国家、产业和社会代表共同参与的私营安保服务供应商国际行为守则协会（The International Code of Conduct for Private Security Service Providers' Association，ICoCA）。2011 年，联合国颁布《联合国工商企业与人权指导原则》（*The UN Guiding Principles on Business and Human Rights*，UNGPs），构建了包括私营安保产业在内的所有商业活动都需遵守的"保护、尊重、赔偿"（Protect，Respect，Remedy）原则。2012 年，联合国安全和安保部公布《私营安保公司武装安全服务使用指南》（*The United Nations Guidelines on the Use of Armed Private Security Services from Private Security Companies*），其中不仅表明联合国承认雇佣私营安保公司、获取私营安全服务的合法性，同时明确规定 ICoCA 的成员资格是成为联合国安保供应商的必要条件。此外，欧盟、北约等国际组织以及美国、英国、澳大利亚等国纷纷将 ICoCA 成员资格设置为政府采购的门槛条件。

联合国和国际社会从最初的反对到当前的普遍接受，大致历经了 30 年时间，逐渐形成了国际公约和法律规制体系，包括《反对雇佣兵公约》《蒙特勒文件》《联合国工商企业与人权指导原则》《私营安保公司武装安全服务使用指南》《私营安保服务供应商国际行为守则》，并建立了私营安保服务供应商国际行为守则协会（ICoCA），后者对国际私营安保行业开展标准认证、监督与申诉等职能，以促进相关国际规范和行为守则的执行。

（二）海外安保国际规制的法律基础与主体

由于国家和国际组织是当前国际私营安保市场的最主要消费者，因此将相关治理原则纳入前者的采购政策也被视为推进全球治理进程的最有效手段。当前，国际私营安保市场规制的主要法律文件包括《蒙特勒文件》和《私营安保服务供应商国际行为守则》（简称《国际行为手册》）。

《蒙特勒文件》共 100 条，分两个部分。第一部分共 27 条，是"关于私营军事和安保服务公司的相关国际法律义务"，规定了注册国、东道国和缔约国均须为私营安保公司的行为承担相应的法律责任，须建立相应的授权、监督和问责体系。第二部分共 73 条，是"有关私营军事和安保服务公司的良好惯例"，提出了缔约国、领土所属国、母国在选择标准、授权、监测等领域可资参考的良好惯例。① 当前，《蒙特勒文件》共有 51 个签字国，包括非洲地区国家 2 个，拉美加勒比地区国家 4 个，亚太区域国家 8 个，东欧区域国家 12 个，西欧及美、加、澳、新共 25 国。另外有签字的国际组织 3 家，包括欧盟、北大西洋公约组织、欧洲安全与合作组织。②

《国际行为守则》共 70 条，从公司内部管理的角度要求所有签字成员落实《蒙特勒文件》所提出的一般原则，承担起对雇员、客户、供应商、股东以及当地居民所负有的人道主义责任。一方面提出了"有关员工操守的具体原则"，包括总体操守规则，使用武力规则，使用武力，羁押，逮捕，禁止酷刑和其他残忍、不人道或有辱人格的惩罚或待遇，性剥削和性侵犯、性别暴力，人口贩运，禁止奴役和劳役，禁止最恶劣形式的童工劳动，歧视，识别身份、登记和注册；另一方面提出了"与管理和治理有关的具体承诺"，包括将本守则纳入公司政策，员工甄选和预先调查，分包商甄选和预先调查，公司政策和劳动合同，员工培训，武器管理，武器操作培训，作战物资管理，事件和事故报告，工作健康和安全，骚扰，控诉程序，财务责任等。③ 目前，私营安保服务供应商国际行为守则协会（ICoCA）已拥有 131 家会员单位，分别来自政府部门、私营安保公司、社会团体 3 类，其中主权国家 7 个、私营安保公司 94 家、社会组织 30 个④

ICoCA 在当前治理结构中的作用日益突出。其管理委员会由政府、企业和社会三方代表共同组成，两项主要功能分别为：第一，在国家司法权无法有效行使或者不能履行相应义务的情况下通过协会机制直接对成员公司进行监督、问责和处罚，发挥"替代监督"作用；第二，其成员资格可以作为

---

① 《蒙特勒文件》，http：//www.icrc.org/chi/assets/files/other/montreux_ document_ （c）.pdf，访问时间：2017 年 12 月 25 日。

② 相关数据参见蒙特勒文件论坛官网，https：//www.mdforum.ch/en/participants。

③ 《私营安保服务供应商国际行为守则》，www.icoca.ch，访问时间：2017 年 11 月 20 日。

④ 私营安保服务供应商国际行为守则协会官网，www.icoca.ch，访问时间：2017 年 12 月 25 日。

企业资质审查的关键指标供国家和国际组织参考，发挥"预审查"作用。ICoCA 未来扮演的角色还可能进一步增强，其成员资格很可能成为国际私营安保市场的"通行证"。①

（三）国际安保规制多元利益相关者共治模式

21 世纪初，在阿富汗战争和伊拉克战争期间，私营安保员工史无前例地大量涌现引发各方对私营安保公司在"法律真空"地带肆意妄为的指控，包括私营安保公司引起众多民愤，逃避传统上对国家安保武装力量的约束和监管，经常违背和践踏人权等。私营安保公司对这些批评做出了回应，强调其服务应符合道德伦理，认为缺乏有效的监管和监督对整个行业都是有害的，宣布将采用自我设定的标准和行为准则。② 但与此同时，在一个日益复杂的国际环境中，也要看到私营安保公司存在的合法性与必要性。私营安保公司可以在军事力量并不想参与的地带和情境下很好地完成"麻烦的"人道主义干涉者的角色，只要私营安保公司在相应的国际监管下提供服务，并且重视国际准则和价值标准，包括透明度和对人权的尊重。③

故而，许多专家提出了私营安保行业的不同规制框架，一般采纳以人权为基础的标准，并结合国际上公私合作的监督方式。有建议提出，可以在联合国机构授权下开展规制工作，或基于商业和人权要素建立一个由非传统的多元利益相关者共同参与的规制组织架构。包括私营安保公司在内的所有利益相关者，都认为现有的监管模式并不足以良好地监管私营安保公司。政府部门时常不能有效地发挥监管职责。社会组织抗议私营安保公司侵犯人权，但也无法对其行为进行有效的控制或处罚。事实上大部分私营安保公司在提

---

① 肖河：《国际已有框架监管私营安保　中国该如何融入》，http：//news. 163. com/17/0727/11/CQBLF5QI00018AOR. html。

② "Towards an International Code of Conduct for Private Security Providers：A View from Inside a Multi-stakeholder Process"，https：//www. icoca. ch/sites/default/files/resources/DCAF－SSR－12. pdf.

③ 同上。

供安保服务时并没有发生践踏人权的事件，但也被强行带入各种负面舆论批评，被贴上暴力、危险且恣意妄为的标签。[①] ICoCA 正是在这样的背景下形成的，体现了政府、企业和社会三方代表共同参与的多元共治模式，成为全球安保治理的国际监管组织，得到了联合国、欧盟、北约以及主要主权国家的支持和授权。

另外，需要注意的是，进一步分析《蒙特勒文件》《国际行为守则》等国际法律文件和行业规则，不难发现业已形成的法律文本一般都具有两个层面内容：一是国际法律义务；二是行业最佳惯例。这说明国际规制基本上都遵循"从业务实践中提炼经验上升到制订规则标准"的路径，这值得中国行业主管部门的重视和借鉴。目前，中国海外安保业尚缺乏有效实践，应加快对国际规则的引介和认识，同时加快最佳实践经验的推广，这对中国海外安保行业管理规范建设非常重要。

二　安保服务国际标准及认证

（一）私营安保服务供应商国际行为守则协会（ICoCA）认可的国际标准

ICoCA 正逐步成为行业普遍认同的安保业国际组织。目前，ICoCA 对其会员安保公司开展国际安保服务标准化认证，凡已通过第三方取得 ISO18788、ISO28007、PSC.1 三种标准认证之一的会员公司均可申请 ICoCA 国际认证。为了帮助会员公司参与认证工作，ICoCA 秘书处已制订并发布取得 ISO28007、ISO18788 和 PSC.1 认证证书后的三种标准认证流程指导书。

根据认证流程，ICoCA 董事会负责评估辨别与行为准则一致的标准。被评估公司需要完成第三方国际标准认证，随后提交第三方相关认证文件及

---

① "Towards an International Code of Conduct for Private Security Providers: A View from Inside a Multi-stakeholder Process", https://www.icoca.ch/sites/default/files/resources/DCAF – SSR – 12.pdf.

有关人权、人道主义法的额外信息，并确保公司的制度体系和战略符合《私营安保服务供应商国际行为守则》的要求。ICoCA 董事会负责会员公司的认证申请并开展相关问询和核查，要求安保企业提供所需的额外补充信息，经董事会决议后成为其认证会员。在操作层面，ICoCA 认证流程是对国家和国际标准认证的补充，2016 年 11 月 1 日，ICoCA 批准 PSC.1、ISO28007、ISO18788 三种国际安保服务标准为该协会认可的标准体系。笔者作为中国在该组织的首位观察员和社会组织代表参加的 2017 年大会决议通过了新的认证条款修订，即自 2018 年 4 月 15 日起，凡是 ICoCA 的会员公司必须在最长 2 年内完成经协会董事会决议的认证程序方可成为认证会员。

仅以 ISO18788 标准为例，其采用戴明循环（Plan-Do-Check-Act，计划—执行—检查—行动）为组织提供一套建设、执行、运作、监管、审核、维护和提高安保行动管理能力的框架及业务操作标准，在十大方面（①范围；②规范性引用文件；③术语和定义；④组织的环境；⑤领导；⑥规划；⑦支持；⑧运行；⑨绩效评价；⑩持续改进）对安保服务商业务操作和管理做出规范，以证明经认证的安保服务商具备：①足够强的商业和风险管理能力，可以满足客户和其他利益相关方的专业需求；②其活动对当地社区经过影响评估并符合管理要求；③符合法律问责尤其是尊重人权的规定；④与组织签署的自愿承诺书保持一致。认证安保服务商通过执行安保服务来履行相关法律义务，更好地实践《蒙特勒文件》中关于对武装冲突期间各国私人军事和安保服务公司提供的一系列相关国际法律义务和良好惯例，并且符合《私营安保服务供应商国际行为守则》（ICoC）。

（二）私营安保公司开展国际认证的基本程序

安保服务国际认证是一个系统工程，首先，安保公司自身应满足需要具备的全球业务能力、内部风险控制能力、全流程项目操作能力，包括从公司总部到全球各个项目所在地的管理和业务操作能力。其次，作为第三方认证机构，对于已经具备上述能力的公司，被通过独立的外部审计程序并由其出具认证证明。因此，私营安保公司的内部能力建设是主因，总体来说，第三方认证机构的工作时间和强度占近5%，公司自身能力建设占95%。[①]

认证全流程主要分三步，第一步是差距分析，即根据国际标准对于业务计划的要求，分析公司现有战略、政策、内部规章等与国际标准之间存在的差距，并提出可持续改进的措施；第二步是选择国际认可的认证机构，即查验明确并委托有资质的国际认证机构开展认证审计工作；第三步是执行认证审计，包括对公司总部机构管理的评价和业务项目点的实地绩效评估。完成上述认证程序后，认证机构将对符合国际标准的公司签发该国际标准认证证书，证书有效期3年，每年进行年审，3年到期后重新认证。

（三）私营安保公司成为私营安保服务供应商国际行为守则协会（ICoCA）认证服务商的程序

ICoCA对其会员安保公司开展国际安保服务标准化认证分两个阶段：第一阶段是公司通过第三方认证机构签发的ISO18788、ISO28007、PSC.1任意一种或多种认证；第二阶段，凡已通过第三方取得ISO18788、ISO28007、PSC.1三种标准认证之一的会员公司均可申请ICoCA国际认证。为了帮助会员公司参与认证工作，ICoCA秘书处已制订并发布取得ISO28007、ISO18788和PSC.1认证证书后的三种标准认证流程指导书。根据认证流程，ICoCA理事会负责评估辨别与《国际行为守则》一致的标准。被评估公司需要完成第三方国际标准认证，随后提交第三方相关认证文件及有关人权、人道主义的额外信息，并确保公司的制度体系和战略符合《私营安保服务供应商国际行为守则》的要求。ICoCA理事会负责会员公司的认证申请并开展相关问

---

① 周章贵等：《国际安保服务标准及其认证权威解读》，http：//www.zjkajt.com/lilunyanjiu/793.html。

询和核查，要求安保企业提供所需的额外补充信息，经理事会决议后成为其认证会员。①

三 中国安保服务开展海外服务的国际化挑战与能力建设

（一）积极适应从"保安"向"安保"的业态转型

中国拥有庞大的海外投资和旺盛的安保需求，但在全球治理中还处于边缘地带。与国际安保业相比，中国目前总体上还处于"保安"业态，还没有上升到精、专、国际化发展的"安保"业态。传统"保安"业务以常规性大楼门卫、活动和会展安保、物业管理等社会化服务为主，队伍呈现人力密集型，即使结合技防，也使用一般性监控设备和集成产品，大众化和同质化竞争明显；"安保"业务则以特殊任务、精专化安全服务（部分兼有军事化特征）为趋势，队伍以具有军事和情报能力的专业安全人员为主，并具备能适应国际化的语言沟通能力和信息情报支持系统，能使用高端先进的侦察和监控设备。单从软实力上来看，是否具备专业的信息收集、情报预判和安全风险评估能力是两种业态的重要区别。与国际安保业相比，中国目前的业态表现为，一边是规模较大的保安业，人员和资本较有规模，与国内公安部门关系密切，但缺乏海外活动的能力和意愿；另一边则是注重保护海外利益，但是规模、资本严重不足的安保业。出于多种原因，这两者未能有效结合，导致了中国私营安保海外有效供给严重不足。

（二）加快完善中国安保业规制与标准化建设

伴随着"一带一路"建设的推进，中国的海外安保需求无疑将继续扩大，如果不能充分参与相关的治理进程和标准制订，会对中国的海外安保采

---

① 周章贵等：《国际安保服务标准及其认证权威解读》，http：//www.zjkajt.com/lilunyanjiu/793.html。

购和供应产生消极影响。作为中国海外利益保护的重要力量之一，中国安保企业未来走向国际化将发挥更大作用。自 2005 年起，商务部、外交部和国资委联文要求国企将安保费用计入成本，并敦促后者建立安保预算制度、落实相关投入。① 当前，各方正在推动国资委研究如何为央企设置强制性的海外安保支出比例。除了扩大需求外，政府部门和安保产业也存在对购买跨国安保服务的安全疑虑，呼吁以"政治可靠"为标准限制国际采购，通过"竞争限制"照顾国内产业发展。

海外安全与安保管理能力是一个系统化立体工程。自 2010 年《保安服务管理条例》（国务院第 564 号令）及《公安机关实施保安服务管理条例办法》（公安部第 112 号令）实施以来，中国保安企业社会化和市场化进程加快。同年，商务部等七部门联合发布《境外中资企业机构和人员安全管理规定》，对国内机构和人员的境外安全风险管理做出了规定，随后在 2012 年发布了《境外中资企业机构和人员安全管理指南》。作为我国首个针对"走出去"的境外安全管理工作的指导性文件，其对安全风险管理明确了操作意见，对我国安保国际化发展具有重要借鉴。总体上，海外安全管理（无论主体是投资企业——安保需求企业还是安保企业）应将国际标准普遍采用的戴明循环方法作为安全风险管理方法，通过计划、执行、检查和行动四个环节，构建境外安全与安保管理体系②。2018 年 3 月 26 日，外交部发布关于《中华人民共和国领事保护与协助工作条例（草案)》（征求意见稿)，公开征求意见。征求意见稿共 38 条，主要内容包括中国公民、法人和非法人组织的基本权利义务，不同情形下的领事保护与协助职责，例如，当中国公民被限制人身自由、下落不明、出现严重生活困难、遇航班延误或取消或驻在国出现重大突发事件等。根据国内行政法规立法程序，草案在经征求意

---

① 参见《国务院办公厅转发商务部等部门关于加强境外中资企业机构与人员安全保护工作意见的通知》，http：//www. gov. cn/gongbao/content/2005/content_ 92955. htm。

② 2018 年 3 月，商务部与对外承包商会发布了新版《境外中资企业机构和人员安全管理指南》，对内容作了相应补充，主要增加了安保服务商遴选等内容，国际化和专业性内容有所提升。新版《指南》全文：http：//fec. mofcom. gov. cn/article/jwaq/article02. shtml。

见后将进入立法后期阶段，作为"条例"形式的行政法规，最终将由国务院批准发布，预判年内将完成立法程序并予以正式公布实施①。

据悉，公安部等政府主管部门也在积极呼吁尽快制订相关的中资安保企业走出去监管政策文件。中资安保企业的国际化之路已经开启，然而当务之急是了解国际规则标准以及同行的先进业务水平，在对标学习的过程中健全适应我国安保需求的制度体系，并提高自身能力水平。这不仅是安保企业的自身利益所在，更是新时期维护国家利益的职责所在。

（三）多措并举提升中国安保业能力建设

"一带一路"倡议作为国家战略涉及诸多的国家和地区，所涉及的东道国安全、政治形势多变，信息内容复杂，需要在我国政府和驻外机构的主导下尽快整合多方力量，在当前我国海外安保发展初期应做好以下几个方面的工作。

首先，探索建立海外风险预警机制。对海外利益拓展采取分类管理，设定风险系数，通过风险评估开展海外安全预警。对风险系数较高的国家、地区、行业进行风险预警，减少在这些国家、地区、行业的活动，降低风险。开展风险控制排序并采取"低合理可行"（As Low As Reasonably Practically，ALARP）的风险管理过程，即通过降低可能性（预防措施）或减少其潜在后果（消减措施）来控制风险，通过风险识别、评估，采取适当处置措施，确保将风险控制于"低的可接受"的程度。

其次，探索建立海外安全情报协同体系，形成多维度信息收集、通报与情报融合分析机制，为海外利益保护提供信息数据条件。目前在商务部驻外经参部门主导下，已形成境外安全管理的通报制度，外交部也启动了全球领事保护机制，并公布了领保热线电话。但如何有机地形成政府、企业和社会机构的信息分级共享及融合机制还有待国家相关部门的协调整合，对此，可

---

① 参见《中华人民共和国领事保护与协助工作条例（草案）》（征求意见稿），http：//www.fmprc.gov.cn/web/wjb_ 673085/zfxxgk_ 674865/xxgkml_ 674869/gfxwjl/t1545293.shtml。

在"一带一路"核心节点国家和地区选取具有基础条件和资源的区域先行试点建设。

再次，需要建立多元利益相关者参与的安保力量。目前国家提出"谁派出谁负责"的利益保护原则，使项目投资企业在实质上成为主要的利益保护责任主体。然而企业对自身海外利益的保障能力有限，专业力量和投入都难以为继，建议以企业自身风险管理体系为基础，在外交领事机构的指导协调下，借助各方力量，形成"官民结合、梯次应对"的企业海外利益保护模式。

最后，国际安保业规制的主要内容是武力使用的原则及武器使用管理，这在海外安保中是一个无法避免的核心问题。国内法律政策对我国传统保安企业还缺乏制度层面的支持，但作为海外安保服务必将面临这一现实。目前中资安保公司在海外安保实践中基本是采用购买和雇佣"当地武装、枪支、人员"的方式回避法律困境。《蒙特勒文件》和《私营安保服务供应商国际行为守则》均强调武力使用的基本原则：一是"采取一切尽可能合理的措施避免使用武力"；二是"在正当防卫、保护他人免受迫近的死亡或严重伤害威胁以及防止实施确会带来死亡危险的特别严重罪行的情况下"；三是"必须使用武力时要遵守现行法律，绝不能超过限度，而应与威胁相当，与局势相称"。

总之，从国际安保规制及行业发展的视角看中国安保业未来海外发展，机遇与挑战并存。从国家顶层设计层面需要探索建立海外风险预警和信息情报协同机制，建立多元合作的中国海外利益维护和安保力量，从安保行业规范管理角度需要完善相关国内规制，加快自身能力建设，符合国际法律准则及行业规范，为"海外中国平安体系"建设提供重要支撑。

B.8

"一带一路"倡议的推进及其面临的 主要海外公共安全分析

任远喆*

摘 要： "一带一路"倡议推进五年多来，方方面面都取得了举世瞩目的成就，成为中国参与和引领全球开放合作的重要平台。与此同时，"一带一路"建设推进过程中面临的安全风险也日益凸显，人的安全、机构安全和投资安全等需要得到更好的保障。大国博弈风险加剧、国家政局变动带来冲击、恐怖主义袭击风险上升、全球经济复苏乏力、舆情民意变动加快、非传统安全挑战增加等是当前中国"一带一路"建设推进中海外公共安全面临的主要挑战。未来中国海外公共安全的保障需要加强顶层设计，加强海外安全风险防范的意识和能力，

* 任远喆，法学博士，外交学院外交学与外事管理系领事教研室主任，副教授。

因地制宜地建设安保力量，积极探索"走出去"的新的合作模式，推动"一带一路"行稳致远，促进我国形成对外开放的新格局。

关键词： "一带一路"　海外公共安全　风险防范　安保力量

2013年9月和10月，中国国家主席习近平在出访中亚和东南亚国家期间，先后提出共建"丝绸之路经济带"和"21世纪海上丝绸之路"（以下简称"一带一路"）的重大倡议。经过五年时间的发展，这一倡议已经成为促进全球共同繁荣、打造人类命运共同体的伟大构想和中国方案，是习近平新时代中国特色社会主义思想的有机组成部分，开辟了我国参与和引领全球开放合作的新境界。随着"一带一路"的稳步推进，中国大量的企业、个人等社会力量走出国门。在共建"一带一路"的同时，他们也面临着越来越大的各种安全风险挑战。完善构建高效有力的海外利益保护体系，切实保障我国公民和企业的海外合法权益已经成为十八大以后中国对外工作的重要目标，也是坚决维护国家主权、安全和发展利益的鲜明体现。本报告将对"一带一路"倡议推进过程中产生的主要海外公共安全问题及维护过程中面临的主要挑战进行分析。

一　2013年以来"一带一路"倡议的总体推进状况

2013年秋天，习近平主席在哈萨克斯坦和印度尼西亚分别提出了共建"丝绸之路经济带"和"21世纪海上丝绸之路"的倡议。五年多以来，"一带一路"建设已从理念到行动，发展成为实实在在的国际合作，增进了中国和沿线各国的战略互信，凝聚了国际共识，其成果从无到有、由点及面，取得了令人瞩目的成就。

首先，参与区域不断扩大，参与国家不断增多。根据历史上陆海丝绸之路的走向，并结合国际合作的需要，共建"一带一路"最初确定了五大方向。从陆路看，丝绸之路经济带有三大走向：一是从中国西北、东北经中亚、俄罗斯至欧洲、波罗的海；二是从中国西北经中亚、西亚至波斯湾、地中海；三是从中国西南经中南半岛至印度洋。从海路看，21 世纪海上丝绸之路有两大走向：一是从中国沿海港口过南海，经马六甲海峡到印度洋，延伸至欧洲；二是从中国沿海港口过南海，向南太平洋延伸。[①] 随着"一带一路"的推进，越来越多的国家加入同中国合作的行列。

根据商务部的介绍，到 2018 年共建"一带一路"倡议得到 140 多个国家和地区的积极响应和支持。[②] 截至 2018 年 6 月底，我国已与 93 个国家和国际组织签署了 108 份共建"一带一路"合作文件，签署范围扩大到非洲和拉美。一方面，越来越多的非洲国家非常愿意搭乘"一带一路"合作的发展契机。2018 年 5 月，肯尼亚、埃塞俄比亚领导人来华出席"一带一路"国际合作高峰论坛。中国已同南非、埃及、马达加斯加、苏丹、摩洛哥等 9 国签署"一带一路"合作协议，并正在同 20 多个非洲国家开展商签工作。目前，中非"一带一路"建设合作稳步推进并取得早期收获，亚吉铁路、蒙内铁路等一大批重大项目已经建成或正在建设。"一带一路"已经成为中非共同发展的新引擎。[③] 另一方面，越来越多的拉美国家认可和接受"一带一路"倡议。2018 年 1 月，中拉论坛第二届部长级会议成功举行。习近平主席向会议致贺信，倡议中拉共建"一带一路"新蓝图，打造一条跨太平洋的合作之路，得到拉方积极响应。会后，中拉双方共同发表《关于"一带一路"倡议的特别声明》，标志着"一带一路"倡议正式延伸至拉美地区。拉美基础设施"一体化"是共建"一带一路"的重要基础，在中拉整

① 《共建"一带一路"：理念　实践与中国的贡献》，中国"一带一路"网，2017 年 5 月 11 日，https：//www. yidaiyilu. gov. cn/zchj/qwfb/12658. htm。

② 《商务部部长："一带一路"已经得到 140 多个国家和地区的积极响应》，中国长安网，2018 年 3 月 11 日，http：//www. chinapeace. gov. cn/2018 - 03/11/content_ 11453249. htm。

③ 戴兵："外交部非洲司司长戴兵谈习近平主席访非及中非关系"，《中国新闻周刊》2018 年第 29 期，http：//www. inewsweek. cn/2/2018 - 08 - 02/135. html，最后访问日期：2018 年 11 月 5 日。

体合作框架内确认拉美在"一带一路"建设中的地位，体现了"拉美地区不仅是 21 世纪海上丝绸之路的自然延伸，也是'一带一路'建设不可或缺的重要参与方"。①

其次，"五通"建设成果丰硕。政策沟通、设施联通、贸易畅通、资金融通和民心相通（简称"五通"），是"一带一路"建设的核心内容。过去五年里，"一带一路"建设在这五个领域均取得了重大进展。

第一，政策沟通不断深化。"一带一路"不是推倒重来、另起炉灶，而是加强对接、实现优势互补。在这一层面，中国同许多国家进行了政策的对接。例如，中国同俄罗斯提出的"欧亚经济联盟"、哈萨克斯坦提出的"光明之路"、土耳其提出的"中间走廊"、越南提出的"两廊一圈"、东盟提出的"互联互通主题规划"、蒙古提出的"发展之路"等一些规划进行了深入的对接，特别是英国提出的"英格兰北方经济中心"，也已成为"一带一路"的重点对接项目。通过这些对接，将众多国家的发展战略纳入"一带一路"建设中来，有助于推动相关战略更好、更全面地发展，也扭转了一些国家最初怀疑的态度，大大增强了战略互信。

第二，互联互通成效显著。"一带一路"的本质是互联互通，基础设施建设尤为重要。近年来，中国与"一带一路"沿线国家推进的几个重大项目，如雅万高铁、中泰铁路、中老铁路等积极推进。其中，亚吉铁路较有代表性。该铁路起于亚的斯亚贝巴，止于吉布提，为非洲第二条标准化铁路。它将埃塞俄比亚由陆锁国变为陆连国，成为其对外开放的一个重要通道。此外，在"一带一路"建设中，"高铁外交"已经成为描述中国外交新形态的重要概念。② 例如，中欧班列已成为"一带一路"建设的标志性品牌。2018 年 1~6 月，中欧班列共开行 4475 列，同比增长 59%。到 2018 年 8

---

① 谢文泽：《中国-拉共体共建'一带一路'探析》，《太平洋学报》2018 年第 2 期，第 11 页。

② Tom Zoellner, "Red Train Rising", *Foreign Policy*, December 16, 2014. Tom Zoellner, "China's High-Speed Rail Diplomacy", *Foreign Affairs*, July 16, 2016. Gerald Chan, *Understanding China's New Diplomacy: Silk Roads and Bullet Trains*, Edward Elgar Publishing, Mar 9, 2018.

月，中欧班列累计开行超过 9000 列，开行线路达 60 多条，覆盖我国大部分省份。① 特别是 2018 年以来，开行质量明显改善，回程数量大幅增长。

第三，贸易联通不断加强。2013 年至 2017 年的五年间，中国与沿线国家货物贸易总额 5.2 万亿美元，年均增长 1.1%，对沿线国家直接投资 773 亿美元，年均增长 7.2%，新签承包工程合同额 5187 亿美元，年均增长 19.2%；在沿线国家建设的 80 多个经贸合作区累计投资近 300 亿美元，入区企业 4000 家左右，成为当地轻工、纺织、建材、家电等产业集聚的重要平台，带动东道国就业超过 20 万人。② 这些给沿线国家和人民带来了实实在在的好处。

第四，资金融通不断扩大。中国推动成立了亚洲基础设施投资银行（简称亚投行）、丝路基金、金砖国家新开发银行、中国—中东欧合作基金等双、多边金融合作机构。以亚投行为例，亚投行积极支持"一带一路"倡议，运营两年半来已批准项目投资 53 亿多美元，且投资项目均在"一带一路"沿线国家和地区。这些新的金融机制同以世界银行为代表的传统金融机制相互补充、各有侧重。中国与 17 个国家核准《"一带一路"融资指导原则》，并推动出台了《关于建立"一带一路"争端解决机制和机构的意见》。此外，中国与 24 个沿线国家签订了 1.4 万亿元人民币的双边本币互换协议，在 7 个沿线国家建立了人民币清算安排。③

第五，民心相通不断深化。民心相通是"一带一路"能够顺利推进的一项重要基础性工作。中国推动与相关国家在科技、教育、文化、卫生、旅游等领域的合作，促进政党、智库、友城、社会组织等方面的交流。截至 2018 年 6 月，中国与 50 多个国家建立了 700 多对友城关系。每年向相关国家提供 1 万个政府奖学金名额，有的地方政府还设立了丝路专项奖学金。

---

① 《中欧班列累计开行超过 9000 列》，《人民日报》2018 年 8 月 23 日，http：//ydyl. people. com. cn/n1/2018/0823/c411837 - 30245917. html，最后访问日期：2018 年 11 月 5 日。

② 钟山："深化经贸务实合作，推动共建'一带一路'高质量发展"，《求是》2018 年第 19 期，http：//www. qstheory. cn/dukan/qs/2018 - 09/30/c_ 1123498351. htm，最后访问日期：2018 年 11 月 5 日。

③ 《范恒山：共推"一带一路"建设迈上新台阶》，中国网，2018 年 6 月 29 日，http：// ydyl. china. com. cn/2018 - 06/29/content_ 53952734. htm。

"一带一路"框架下的双向旅游交流规模超过 2500 万人次。① 与此同时，印发关于加强"一带一路"软力量建设的指导意见，发起成立"一带一路"绿色发展国际联盟倡议，同数十个国家签订文化合作协定。"一带一路"官方网站实现 6 种语言版本同步运行。

最后，安全保障工作任重道远。随着"一带一路"建设的全面推进，在中国的海外利益不断拓展的同时，面临的安全风险也在不断上升。"一带一路"建设的安全保障工作重要性不断凸显。习近平同志在 2018 年 8 月参加推进"一带一路"建设工作 5 周年座谈会时强调，"要高度重视境外风险防范，完善安全风险防范体系，全面提高境外安全保障和应对风险能力，解决好安全保障等关键问题。这要求我们在推动'一带一路'向高质量发展转变的同时，必须全面贯彻落实总体国家安全观，统筹发展和安全两件大事，增强忧患意识，坚持底线思维，做到居安思危，既要有防范风险的先手，也要有应对和化解风险挑战的高招，为'一带一路'建设走深走实、行稳致远保驾护航"。② 这为未来"一带一路"建设的安全保障提供了思想基础，也是处理海外公共安全问题的基本立足点和出发点。

二 "一带一路"倡议推进中出现的主要的海外公共安全问题

学术界针对中国海外公共安全的讨论并不多，但中国海外利益及其保护则早已成为国内外学术界研究的焦点。早期对中国海外利益的研究侧重于对概念内涵的界定，产生了一些比较有代表性的观点，如有学者认为中国的海外利益包括人员生命安全、财产安全、资源供应、海外市场拓展四个

① 《中国与"一带一路"沿线国家旅游交流规模超 2500 万人次》，人民网，2017 年 5 月 19 日，http://travel.people.com.cn/n1/2017/0519/c41570-29285971.html。
② 《习近平出席推进"一带一路"建设工作 5 周年座谈会并发表重要讲话》，国务院网站，2018 年 8 月 27 日，http://www.gov.cn/xinwen/2018-08/27/content_5316913.htm。

方面。① 还有学者认为中国海外利益具体包括海外公民侨民的人身及财产安全、国家在境外的政治、经济及军事利益、驻外机构及驻外公司企业的安全、对外交通运输线及运输工具安全，可分类区分为海外政治利益、海外经济利益和海外安全利益等方面。② 而苏长和则认为，"中国海外利益是指中国政府、企业、社会组织和公民通过全球联系产生的、在中国主权管辖范围以外存在的、主要以国际合约形式表现出来的中国国家利益"。③ 门洪华和钟飞腾围绕贸易、投资、金融、原材料和国际制度等方面概括中国海外利益的内容，并评析国内外研究。④ 尽管讨论很多，但迄今学术界对于海外利益的概念并没有形成统一的认识，官方也没有给出标准的解释。其重要原因就是海外利益涵盖的整体构架、主要内涵以及维护手段过于多样、庞杂。不同的概念界定侧重点有所不同，讨论涉及的内容也有很大差异。

与此相比，海外公共安全的内涵则更加集中明晰。海外公共安全主要指的是主权国家主体之外的企业、个人等非国家行为体在海外面临的安全问题。海外公共安全的研究对象层次有所下移，是国际政治中权力流散的鲜明体现。具体来说，可以从三个层次看待海外公共安全的内涵：第一，海外公共安全与海外经济利益有很强的关联性，涉及的经济利益主体主要是企业，其关注的核心是企业机构和投资保护；第二，海外公共安全同人的安全密不可分，突出个人在安全保护中的核心地位，而围绕着人的安全，20世纪80年代至今，学术界已经形成了较为成熟的理论体系；第三，海外公共安全与主权国家内部保护个人、财产、物品不受到灾害或事故危险的威胁这一传统概念又有很大差异，是公共安全在对外交往和国际关系中的外化。可以说，海外公共安全的实践远远走在了理论建构的前面，从问题的产生到应对，已经形成了官方和非官方各个层次"多位一体"的结构。全球化时代传统安

① 陈志武："审视中国的海外利益"，《国际融资》2005年第7期，第4页。
② 毕玉蓉："中国海外利益的维护与实现"，《国防》2007年第3期，第1页。
③ 苏长和："论中国海外利益"，《世界经济与政治》2009年第8期，第1~2页。
④ 门洪华、钟飞腾："中国海外利益研究的历程、现状与前瞻"，《外交评论》2009年第5期，第7~9页。

全与非传统安全问题界限模糊，不仅紧密交织，而且在一定条件下相互转化，海外公共安全问题与国家政治安全、经济安全等密不可分、相互影响。因此，在"外交为民"的宗旨下，构建完善海外利益保护体系，切实保障中国公民和企业的海外合法权益也是应有之义。这就要求我们在研究中国海外公共安全时要建立起整体性和系统性的分析框架。

近年来，"一带一路"的持续推进为研究海外公共安全实践经验、搭建理论平台提供了契机。随着"一带一路"建设的扎实推进，中国海外利益的广度和深度得到进一步拓展，庞大的企业、人员及投资成为安全保障的重要组成部分。[1] "一带一路"建设不能只依靠政府和政策，企业和个人同样扮演着不可或缺的角色。而如何为这些借助"一带一路"平台"走出去"的非政府主体提供安全保障则是海外公共安全研究的重点。具体来看，"一带一路"推进过程中面临的海外公共安全挑战体现在以下三个方面。

第一，人员安全的保护。2017 年中国出境人数超过 1.4 亿人次。到 2018 年中国的海外劳务人员有 100 多万人，留学人员约 180 万人，华侨华人约 6000 万人。他们的安全保障直接关系到"一带一路"的建设效果和推进速度。以海外劳工为例，中国的海外劳工面临的风险大致分为九类：劳务纠纷，工伤事故，当地排华、敌对情绪/对华偏见，所在国政治动乱，自然灾害，群体事件，恐怖主义，法律法规不完善，非法劳工等。"一带一路"沿线国家政治情况、经济制度不同，宗教信仰相异，安全形势复杂，面临的风险级别也有很大差别。[2] 海外公共安全的另一个重要主体是留学生。2017年，中国出国留学人数首次突破 60 万人大关，达 60.84 万人，同比增长 11.74%，持续保持世界最大留学生生源国地位。[3] 随着我国出国留学生人数的不断增加，留学生的安全问题必须引起相应的重视。近年来，多起留学

---

① 《谁来保护"海外中国"的安全？》，中国经济网，2018 年 7 月 26 日，http：//cen.ce.cn/more/201807/26/t20180726_29864914.shtml。

② 章雅荻："'一带一路'倡议与中国海外劳工保护"，《国际展望》2016 年第 3 期，第 5 页。

③ 《2017 年出国留学、回国服务规模双增长》，教育部网站，2018 年 3 月 30 日，http：//www.moe.gov.cn/jyb_xwfb/gzdt_gzdt/s5987/201803/t20180329_331771.html。

生安全事件引起了社会的广泛关注，如 2016 年在日本留学的"江歌被害案"、2017 年在美国留学的"章莹颖失踪案"等，将海外留学生的安全问题推向了舆论的风口浪尖。

第二，海外资产的安全。根据商务部的统计，中国企业"走出去"投资的规模不断扩大，目前海外资产达到 6 万亿美元，仅过去的五年，对外投资就超过了 6600 亿美元。[①] 中国也从过去的资本输入国变成了资本净输出国。2015 年，中国对外直接投资实现历史性突破，对外直接投资流量首次位列全球第二。[②] 其中，对外金融类直接投资流量 242.5 亿美元，同比增长52.3%；对外非金融类直接投资 1214.2 亿美元，同比增长 13.3%。[③] 自2002 年国家建立对外直接投资统计制度以来，中国对外投资流量已实现连续 13 年快速增长，年均增幅高达 35.9%。[④] 2015 年中国对外直接投资流量是 2002 年的 54 倍。[⑤] 截至 2016 年底，对外直接投资存量超过 1.3 万亿美元。[⑥] 根据联合国贸易与发展组织（United Nations Conference on Trade and Development，UNCTAD）2018 年发布的《世界投资报告》，中国仍是发展中国家中最大的吸收外资国和对外投资国。2017 年，中国吸收的外资在全球排名中位居第二，仅次于美国。与此同时，中国对外投资全球排名第三，列在美国和日本之后。不过，2017 年中国对外投资的额度也减少了36%，降至 1250 亿美元。[⑦] 这是近年来的第一次下降，与全球投资形势低迷一致。2017 年，全球外国直接投资（Foreign Direct Investment，FDI）下

---

① 《商务部部长：中国已从资本输入国变成资本净输出国》，人民网，2017 年 10 月 20 日，http://politics.people.com.cn/n1/2017/1020/c1001－29598204.html。

② 《孟庆欣：2015 年中国对外直接投资流量首次位列全球第二》，新华网，2016 年 9 月 22 日，http://www.xinhuanet.com//fortune/2016－09/22/c_129293843.htm。

③ 《2015 年度中国对外直接投资统计公报》，中国统计出版社，2016，第 5 页。

④ "中央企业在推进'一带一路'建设中面临的问题及审计对策"，《审计研究报告》2017 年第 21 期，第 4 页。

⑤ 《2015 年度中国对外直接投资统计公报》，中国统计出版社，2016，第 6 页。

⑥ 《商务部召开例行新闻发布会》，商务部网站，2017 年 10 月 12 日，http://www.mofcom.gov.cn/xwfbh/20171012.shtml。

⑦ UNCTAD，*World Investment Report 2018*，http://unctad.org/en/PublicationsLibrary/wir2018_en.pdf。

降了23%，为1.43万亿美元。[①] 这一现象也与个别国家投资保护主义盛行有关。一些国家出台了相关的法律法规或举措，加强对外国投资的审查。中国投资者的一些对外投资项目受到了一定影响。庞大的海外资产成为中国海外利益的重要组成部分，也必须要求有更健全的机制来保障这些财产的安全。[②]

第三，海外机构的保障。中国在境外的企业有3万多家，几乎遍布世界各地。"一带一路"建设大大加快了中国企业"走出去"的步伐。根据商务部数据，2018年1~9月，我国境内投资者共对全球155个国家和地区的4597家境外企业进行了非金融类直接投资，累计实现投资820.2亿美元，同比增长5.1%。[③]"一带一路"沿线投资和境外经贸合作区建设成为我国企业"走出去"的亮点。2018年1~9月，我国企业在"一带一路"沿线国家新增投资107.8亿美元，同比增长12.3%，[④] 增速比对外投资整体增速高出一倍以上。境外经贸合作区建设成效显著。截至2018年9月，我国企业在46个国家在建初具规模的境外经贸合作区113家，累计投资366.3亿美元，入区企业4663家，总产值1117.1亿美元，上缴东道国税费30.8亿美元。[⑤] 央企是"一带一路"建设的"主力军"。根据国资委数据，截至2017年底，中央企业有境外单位10791家，分布在185个国家和地区，境外资产总额超过7万亿元，全年实现营业收入4.7万亿元，利润总

---

① UNCTAD, *World Investment Report 2018*, http：//unctad. org/en/PublicationsLibrary/wir2018_en. pdf.

② Jean-Marc F. Blanchard, "The Security Implications of China's Overseas Investment Boom", *The Diplomat*, April 14, 2017.

③ 《2018年1~9月我国对外全行业直接投资简明统计》，商务部对外投资和经济合作司网站，2018年10月24日，http：//hzs. mofcom. gov. cn/article/date/201810/20181002799173. shtml。

④ 《2018年1~9月我国对"一带一路"沿线国家投资合作情况》，商务部对外投资和经济合作司网站，2018年10月24日，http：//hzs. mofcom. gov. cn/article/date/201810/20181002799179. shtml。

⑤ 《商务部对外投资和经济合作司负责人谈2018年1~9月我国对外投资合作情况》，商务部网站，2018年10月17日，http：//www. mofcom. gov. cn/article/ae/ag/201810/20181002796344. shtml。

额 1064 亿元。① 中央企业已在"一带一路"沿线承担了 3116 个项目，已开工和计划开工的基础设施项目中，中央企业承担的项目数占比达 50% 左右，合同额占比超过 70%。在基础设施建设、能源资源开发、国际产能合作等领域，中央企业承担了一大批具有示范性和带动性的重大项目及工程，成为推动"一带一路"从理念转化为行动、从愿景转变为现实的重要力量。② 中国企业"走出去"的"大势"未变。③ 与此同时，"一带一路"倡议的实施和人民币国际化等因素，共同推动了中国金融业的出海步伐。根据央行统计数据，截至 2017 年末，23 家中资银行共在 65 个国家和地区设立了 238 家一级机构，遍布亚太、北美和欧洲。④ 可以看到，海外机构的迅速扩张、海外经营的安全风险对中国海外公共安全保障提出了更高的要求。

三　中国海外公共安全维护面临的主要挑战

随着"一带一路"的推进，我们需要清醒认识到当今世界仍处于大发展大变革大调整的时期，国际形势波谲云诡，针对"一带一路"的干扰因素层出不穷，给我国的海外公共安全维护带来了巨大的挑战。具体来看，有以下几个方面。

第一，大国博弈风险加剧。随着中国综合国力的不断上升，国际力量"东升西降"的态势进一步发展，大国之间的较量日益激烈。特别是美国总统特朗普执政以后，大幅度调整了奥巴马时期的内政外交政策，在国际上奉行"以实力求和平"的方针，强化军事力量，推行单边主义，破坏了原有

① 《国资委召开中央企业参与"一带一路"建设媒体通气会》，国资委网站，2018 年 10 月 31 日，http：//www.sasac.gov.cn/n2588025/n2643314/c9764020/content.html。
② 周雷：《央企积极投身"一带一路"建设》，人民网，2018 年 10 月 31 日，http：//ccnews.people.com.cn/n1/2018/1031/c141677-30372837.html。
③ 《中国企业"走出去"大势未变》，国务院网站，2018 年 10 月 19 日，http：//www.gov.cn/xinwen/2018-10/19/content_5332323.htm。
④ 《金融开放加速度：新一轮金融开放力度超出此前外界预期》，澎湃新闻网，2018 年 10 月 20 日，https：//www.thepaper.cn/newsDetail_forward_2548144。

的国际秩序。2017 年底至 2018 年初，美国接连发布《国家安全战略报告》《国防战略报告》《核态势审议报告》等战略文件，将中国视为美国的"战略竞争者"，并在经贸、中国台湾、中国南海等问题上采取了一系列损害中方利益的举措，尤其是不顾中方坚决反对，执意挑起中美贸易争端，并不断采取各种升级举动。针对中国的"一带一路"倡议，美国进行了大量的抹黑、误读和批评。近年来，美国智库发布了大量研究报告，对"一带一路"倡议进行全面评估。① 美国著名智库"新美国安全研究中心"（Center for a New American Security，CNAS）发布专门的报告，将"一带一路"评价为"权力的游戏"，"正在侵蚀现有国际秩序的基础"。②

美国政府针对"一带一路"的对冲政策也在强化。美国国防部部长马蒂斯（James N. Mattis）在 2018 年 6 月的香格里拉对话会议上提出美国要在这一地区推动"私营部门主导的经济发展"，美国将"振兴我们的发展和金融机构，与地区经济合作伙伴更紧密地合作，提供点到点的解决方案，不仅能够制造有形产品，而且还会传授经验和美国的专门技术，确保增长是高价值和高质量的。不做空洞许诺，也不要求放弃经济主权"。③ 2018 年 7 月 30 日，美国国务卿彭佩奥（Mike Pompeo）出席美国商会"印度太平洋"发展论坛时提供了更为详细的投资计划。④ 这传递出非常清晰的信号。私营企业是美国与印太地区伙伴国合作的最大资本，美国政府需要为私营企业的进一步投资创造条件，将透明度、反腐败和负责任的融资放在首位。《华盛顿邮

---

① 比较有代表性的如 "China's Belt and Road Initiative: Five Years Later"，CSIS，January 25，2018. Daniel Kliman and Abigail Grace，"Power Play: Addressing China's Belt and Road Strategy"，Center for a New American Security，October 2018. Andrew Scobell，Bonny Lin etc，"At the Dawn of Belt and Road: China in the Developing World"，Rand Corporation，October 2018。

② Danie Kliman and Abigail Grace，"Power Play: Addressing China's Belt and Road Strategy"，Center for a New American Security，October 2018.

③ Remarks by Secretary Mattis at Plenary Session of the 2018 Shangri-La Dialogue Singapore，June 2，2018，https://dod.defense.gov/News/Transcripts/Transcript - View/Article/1538599/remarks - by - secretary - mattis - at - plenary - session - of - the - 2018 - shangri - la - dialogue/.

④ Michael R. Pompeo，Remarks on "America's Indo-Pacific Economic Vision,"July 30，2018，https://www.state.gov/secretary/remarks/2018/07/284722.htm.

报》评论"特朗普政府为亚洲提供了中国投资的替代方案"。① 除了美国之外，欧洲一些国家、印度等国也对"一带一路"存有疑虑。大国博弈的思维和理念上认知的差异将在"一带一路"推进过程中长期存在，深层次地影响着中国海外公共安全的维护。

第二，国家政局变动带来冲击。"一带一路"沿线国家大多处在社会转型阶段，发展程度、治理模式、民族关系等方面具有高度的复杂性，国内政治、经济、安全等风险比较突出，给中国海外利益带来了直接的冲击。例如，很多国家政党轮替之后缺乏政策延续性，新上台的政党出于政治利益，以前任与其他国家签署的协议为政治筹码，讨价还价，甚至推翻已经签署的协议。政局变动使中国很多项目蒙受重大损失，也增加了中国海外公共安全维护的难度。

第三，恐怖主义袭击风险上升。"9·11"事件以来，恐怖主义在全球已经造成了大量人员的伤亡，财产损失达到上万亿美元，对全球的危害非常深重。伊拉克和黎凡特伊斯兰国（伊黎伊斯兰国）自2014年崛起后，国际社会便一直面临着一个变化不定的全球恐怖主义局势。许多国家都有国民被招募为外国恐怖主义作战人员，恐怖袭击波及的国家日益增多。2018年，联合国秘书长古特雷斯（Antonio Guterres）在《联合国系统实施联合国全球反恐战略的活动》的报告中指出，全球反恐斗争正进入一个新阶段，国际社会不得不应对若干平行而又相互关联的全球恐怖网络。伊黎伊斯兰国于2016年和2017年在伊拉克、叙利亚和菲律宾南部遭受重大军事挫折，增加了回返或转移到他国的外国恐怖主义作战人员所带来的威胁，该团体及其关联者继续在世界各地构成重大且不断变化的威胁。全球基地组织网络在世界若干区域仍具反弹力。恐怖主义和暴力极端主义团体成员之间借助人工智能、无人机、生化核武器和网络等新技术实现物流、招募和策划等方面的信息交流，将带来新的威胁和挑战。② 恐怖主义和恐怖袭击对海外特别是"一

---

① Josh Rogin, "The Trump Administration Offers Asia An Alternative to Chinese Investment," *The Washington Post*, July 30, 2018.

② "Activities of the United Nations System in Implementing the United Nations Global Counter-Terrorism Strategy", Report of the Secretary General, April 20, 2018.

带一路"沿线国家的项目和人员带来现实的危险。

第四，全球经济复苏乏力。这带来了巨大的经济、金融风险。美中两国的贸易关系紧张、利率不断上升、薪资压力、全球经济前景的不确定性，以及对苹果等科技巨擘未来增长的疑虑导致企业"盈利增长触顶"的忧虑持续上升。[①] 经济合作与发展组织（Organization for Economic Cooperation and Development，OECD）不断下调对经济增长的预测。过去几年刮起了贸易保护主义的旋风，全球金融市场动荡。一些国家经济政策不透明，偿债能力不足，合同违约的风险上升，使得海外中国公民和企业遭遇不公平的处罚、歧视性的待遇，投资外汇管限措施存量明显增多，经济利益受损的情况也时有发生。企业"走出去"的经济、金融风险上升。"一带一路"沿线国家有些主权信用等级比较低、深陷主权债务危机，国家经济运行不畅，财政赤字巨大，失业率高居不下，国家长期负债、偿还债务的能力比较低，容易发生金融危机，也不利于中国"一带一路"企业对外投资。很多西方媒体还借机大肆炒作中国通过"一带一路"推进"债务外交"，使其成为国际舆论的热点话题。就此一些学者的研究清晰地表明，"中国是否通过'一带一路'推进'债务外交'，已经不是一道数学题，而是一道政治题"。[②] 如今"一带一路"在大部分沿线国家仍然受到热烈的欢迎，证明了这一倡议的持久吸引力。

第五，舆情民意变动加快。一方面，美国和西方国家操控着国际舆论，运用互联网等媒体渠道对一些中资项目进行抹黑和诋毁。新一轮"中国威胁论"甚嚣尘上，并企图在国际社会掀起警惕、批评、施压中国的高潮。[③]例如，要求我国加大项目透明度，提高环保标准，在融资渠道上进一步多元化，同时利用更多的非政府组织发布的调研数据、当地访谈等向"一带一

[①] "Sino-U. S. Trade Risks Pile on Worry for 'Peak Earnings Growth' Bears", *Financial Times*, Nov. 26, 2018.

[②] 梁海明、冯达旋：《中国通过"一带一路"推行"债务外交"？》，FT 中文网，2018 年 11 月 20 日，http://www.ftchinese.com/story/001080288/ce? archive。

[③] 刘卫东：《新一轮"中国威胁论"意欲何为？》，求是网，2018 年 8 月 11 日，http://www.qstheory.cn/dukan/hqwg/2018 - 08/11/c_ 1123251001. htm。

路"沿线国家政府以及我国相关企业施压。另一方面，一些国家的地方势力和反对派势力相互勾结，将中国海外项目作为政治筹码，向中央政府施压。近几年来，一些非洲国家、周边国家甚至如巴基斯坦一类传统上对华友好的国家，都出现了一些反华的情况。有些是游行示威，有些是通过媒体发泄对中国项目的不满。中国有多个重大项目因所在国负面舆情而受挫，缅甸的密松水电站就是典型的例子。在中国海外安全风险维护中，舆情民意的风险防控难度越来越大。

第六，非传统安全挑战上升。与传统安全相比，非传统安全具有行为主体更加多样，威胁有更强的社会性、跨国性和全球性，治理难度大等特点。"一带一路"沿线的非传统安全风险不容忽视。海上丝绸之路主要经过南海和马六甲海峡，海上非传统安全与"一带一路"建设利益攸关。南海地区的非传统安全包括海盗猖獗、海上恐怖主义袭击、海上武装抢劫与走私等跨国犯罪；台风、地震、海啸等自然灾害；海上搜救、海洋环保、渔业资源枯竭等。这些非传统安全威胁使得南海周边各国都深受其害。近年来的气候变化更是加深了该地区自然灾害的频度、严重性和危害程度。① 中国与东南亚国家在这一方面已经开展了深入的合作。② 尽管如此，众多的非传统安全仍是海外公共安全的重大挑战。

除了上述六方面挑战之外，海外公共安全维护的意愿和能力之间也存在着巨大的鸿沟，资源和手段远远不足，软硬实力建设比较落后，体制机制还不完善。这也是制约"一带一路"推进速度的关键一环。因此，中国需要发展复合型的手段来应对不断增长的海外风险挑战。③ 近年来，中国已经初步形成了官方和民间共同参与的海外利益保护工作机制，构建起应对海外公共安全问题从风险评估、监测预警到应急处置三位一体的科学体系，有力地

---

① Vinod Thomas and Ramón López, "Global Increase in Climate Related Disasters", *Asian Development Bank Economics Working Papers Series*, No. 466, November 2015.
② 任远喆、刘汉青："南海地区非传统安全合作与中国的角色"，《边界与海洋研究》2017 年第 3 期，第 2 页。
③ Timothy R. Heath, "China's Pursuit of Overseas Security", Rand Corporation, October, 2018.

保护了中国企业、公民等非政府主体在海外的公共安全和正当权益。这是十八大以来中国特色大国外交发展的重要成就之一。

四 未来维护中国海外公共安全的主要途径

展望未来，以"一带一路"为重点开展海外公共安全维护是中国对外战略的目标之一，必要性和紧迫性都将继续上升。参照美、英、法等西方发达国家的经验，建立起上下贯通、横向联动、内外兼顾的海外公共安全保护体系迫在眉睫。"一带一路"建设需要多元化的安全保障体系，既需要国家层面的外交保护、领事保护、执法保护，也需要私营安保公司等非国家行为体力量的支持参与。① 结合"一带一路"下一步的推进重点和当前中国海外利益保护的"痛点"，进一步维护海外公共安全需要做到以下几个方面。

第一，在工作体制和运行模式上加强顶层设计。"一带一路"建设涉及各个部门、各个层次，这就要求在海外公共安全维护中要继续加强各部门之间的沟通协调，建立协同机制。相关部门定期研究一些海外公共安全维护的重要问题及重要工作，把高风险的国家和地区纳入公共安全防范的重点考量范围。强化利益融合，在互惠互利的基础上，根据不同国家国情立足当前、考虑长远、综合施策，谋求完善长期、有效的公共安全保护机制。同时，还要切实调动地方政府的积极性，发挥其在海外公共安全体制机制建设中的独特作用。

第二，加大安全风险防范意识和能力。面临种类繁多的公共安全威胁，企业需要加大安保投入，做好安全风险评估，健全完善企业内部安保制度和措施，将安保投入纳入建设经营的成本。加强对员工的安全风险教育，先培训再派出，派出后继续进行培训，让各级员工特别是项目管理者从培训中切实提高安保防范的意识和能力。对于已经实施的项目要加大对驻地安防软硬

---

① 刘波："'一带一路'安全保障体系建构中的私营安保公司研究"，《国际安全研究》2018年第5期，第120页。

件的投入，因地制宜地制订安保预案，定期开展安防培训和安防演练，提高有关人员的安全水平。对"走出去"的个人也要加强引导和教育，强化其安全风险意识，提高其应对突发事件的能力，同时还要建议他们尊重驻在国的国情、民情、宗教信仰和风俗习惯，避免破坏中国人和中国企业海外的整体形象，给相关项目的推进带来不利的影响。

第三，因地制宜地用好安保力量。中国的私人安保公司正在经历国际化的历程，正逐渐成为"一带一路"倡议的坚定保障。"在私人安保公司的帮助下，中国将在全球安全中扮演越来越重要的角色。"[1] 在企业的海外公共安全维护中可以利用国内有资质、能够"走出去"的安保人员，做好企业的公共安全保障工作；另外，还可以积极用好"一带一路"地区现有的保安力量，形成优势互补，协同发力。

第四，积极探索"走出去"的新的合作模式。"走出去"的企业之间可以建立联盟、发挥特色、抱团出海，加强同第三国企业的利益捆绑，积极寻求同国际上其他知名企业开展合作，体现包容性和开放性。企业和智库、高校之间也要建立良性的合作模式，推动将相关智库和研究机构的研究成果转化为实际的生产力。

坚持以共商共建共享为原则，推动"一带一路"建设，是我国今后相当长时期对外开放和对外合作的总规划，也是人类命运共同体理念的重要实践平台。"一带一路"推进过程中的海外公共安全维护是一项庞大复杂的工程，需要凝聚各方智慧、达成共识、形成合力、实化行动，形成政府与企业、中央与地方、中国与外国共同防范风险、分担风险的局面。只有这样，"一带一路"这个"百年大计"才能行稳致远，在新时代推动我国形成对外开放的新格局。

---

[1] Helena Legarda and Meia Nousens，"Guardians of the Belt and Road：The Internationalization of China's Private Security Companies"，Mercator Institute for China Studies，August 16，2018.

B.9
全球恐怖主义的发展现状及其
对海外公共安全带来的挑战

孔德航　王　晋*

摘　要： 全球恐怖主义是中国海外公共安全的重要挑战。当前全球恐怖主义组织大体上可以分为极端组织"伊斯兰国"网络，"基地组织"网络，以及以"索马里青年党"和菲律宾"阿布沙耶夫"武装组织为代表的地区恐怖组织。这些恐怖组织主要活跃在东南亚、南亚、中东和北非等"一带一路"倡议重要沿线地区和国家，对中国的海外公共安全造成了重大威胁。尽管当前中国并不是全球恐怖主义的直接攻击目标，但仍然需要密切关注恐怖组织的最新动态，保障中国的海外公共安全。

关键词： 恐怖组织　基地组织　极端组织"伊斯兰国"　海外公共安全

海外公共安全，一般指的是中国公民和企业在海外的人员、设施和财产安全。"一带一路"倡议提出以来，中国企业"走出去"的节奏不断加快，越来越多的中国人出国游历、工作、经商和学习。2017 年，中国在境外近200 个国家和地区设立企业超过 3 万家，海外劳务人员约 100 万人，留学生

---

* 孔德航，郑州市中原经济区发展研究中心执行主任；王晋，西北大学叙利亚研究中心研究员。

约 137 万人。① 与日益频繁的海外交往相伴的，是日益增多的中国海外公共安全所面临的来自全球恐怖主义的威胁和挑战。近些年来，中国在海外的人员和设施时常受到恐怖主义袭击的威胁。2004 年，阿富汗北部城市昆都士附近的一处中国工人营地遭到恐怖袭击，造成重大人员伤亡；2014 年，菲律宾破获一起预谋针对中国驻菲律宾大使馆的恐怖袭击事件；2017 年 10月，一名在阿尔及利亚工作的中国工人遭遇恐怖袭击身亡；2018 年 8 月，巴基斯坦西南部俾路支省达尔本丁地区发生了一起针对中国企业项目人员的自杀式汽车炸弹袭击，造成包括 3 名中方员工在内的 6 人受伤。频繁发生的海外恐怖袭击威胁，给中国海外人员和设施造成了巨大的安全挑战，对此，我们有必要及时准确地掌握全球恐怖组织的主要脉络和当前的发展情况，做到有备无患。

一　恐怖主义对海外公共安全威胁的研究现状

当前针对恐怖主义与中国海外公共安全挑战的文献仍然较少。一方面，相关文献大多集中分析中国海外企业和人员在面对具体恐怖主义威胁事件时的经验和应对，缺少对于全球恐怖主义网络和组织的客观认知和分析。② 比如徐合献提出，中国企业在海外面临恐怖主义威胁时存在"职工安全防范意识和自我保护意识差"、"安全防范制度不健全、执行不得力"、"缺乏应对紧急情况的经验和成熟方案"、"交通和通信设施落后"、"各单位各自为战、信息沟通不畅"、"施工地区偏僻"和"施工人员长期疲惫"等多方面漏洞。③

另一方面，相关海外安全分析的文献仍然集中在从宏观的角度分析中国海外公共安全所面临的来自政治动荡、经济贫困、社会治安、文化差异等方面的挑战，缺少对具体的恐怖主义威胁及挑战的分析，不仅过于笼统和模

---

① 《谁来保护"海外中国"的安全?》，《经济日报》2018 年 7 月 26 日，第 4 版。
② 比如许铭、张继萍："中国境外企业安全问题及管理"，《国际经济合作》2013 年第 1 期。
③ 徐合献："构筑我国海外施工人员的安全防护墙"，《国际经济合作》2014 年第 1 期。

糊，而且对于恐怖主义威胁的风险一笔带过。[1] 比如莫坤就将海外公共安全所面临的挑战分为"经济水平差异""贫富差距过大""治安环境差""恐怖势力猖獗"等几个方面[2]，而辛辉则将中国石油企业在海外工程和人员面临的安全风险，分为"地区国际形势""所在国政治风险""文化冲突""卫生环境""自然灾害"五个方面，并未系统地论述恐怖主义的风险。[3]

事实上，恐怖主义的成因、发展和脉络，已经被学术界深入讨论和研究。大体上，当前世界范围内恐怖主义组织，以各类伊斯兰恐怖主义组织为主要代表，其主要的政治目的，一方面，通过爆炸、暗杀、袭击等各类恐怖袭击活动，扰乱所在国和所在地区的政治及社会环境，在扩大自身在伊斯兰极端主义话语体系中的影响力的同时，提出自己要求的政治主张和诉求。比如在过去多年时间里，法国、比利时和德国等国先后发生多起由极端组织"伊斯兰国"策划的恐怖袭击，在造成欧洲安全局势紧张的同时，也进一步提升了极端组织"伊斯兰国"在伊斯兰极端主义世界内部的影响力。另一方面，各类恐怖组织往往从事绑架和勒索，进而获得资金和资源，来谋求自身的发展壮大。比如在萨赫勒非洲地区，一些盘踞在当地的恐怖组织，与地方的犯罪团伙相互勾结，从事贩毒、勒索、绑架和偷渡等活动，维系自身的生存与发展。

当前的全球恐怖主义组织，根据袭击对象不同，可以分为以打击"近敌优先"和以打击"远敌优先"两种类型。"近敌"一般指的是伊斯兰世界内部被伊斯兰极端主义者视为"叛教者"（takfir）的政府、机构、团体和民众，而"远敌"则一般指的是美国和西方世界，包括西方世界在伊斯兰世界的人员、机构和财产。当前，中国并不是国际恐怖组织所针对的主要目标，但是伴随着中国"一带一路"倡议的提出，以及中国企业和个人越来

---

[1] 比如郎帅、辛璐璐，"'一带一路'建设与中国海外利益维护：难点、要点和重点"，《理论月刊》2018 年第 6 期。

[2] 莫坤："浅谈国际工程企业海外公共安全管理的特点和发展趋势"，《海外投资与出口信息》2017 年第 1 期。

[3] 辛辉："境外项目公共安全管理"，《石油化工建设》2013 年第 1 期。

越多"走出去",中国所面临的海外公共安全挑战也日益增多,难以避免将会成为国际恐怖主义袭击的目标。一方面,在恐怖主义组织看来,中国在一些国家的投资和项目和伴随着"一带一路"倡议而来的人员交流,意味着中国与当事国政府之间的关系日益密切,中国民众与当地主流社会的接触也将日益广泛,这对于一些恐怖组织来说成为一种"外来威胁",中国公民和企业也将成为恐怖组织的袭击目标;另一方面,越来越多的中国人来到"一带一路"倡议沿线国家,越来越多的中国项目落地"一带一路"沿线国家,也会使得中国公民、企业和项目暴露在各类恐怖组织的袭击之下。

为了厘清中国海外公共安全所面临的挑战,我们首先需要厘清恐怖组织网络的分布情况。当前全球恐怖主义大体可以划分为"基地组织"、极端组织"伊斯兰国"和各个地区的恐怖组织三个阵营。以"基地组织"和极端组织"伊斯兰国"为代表的国际恐怖组织,在中东、欧洲、中亚和南亚,建立了一套恐怖主义网络;而在东南亚和萨赫勒非洲地区,当地极端组织所构成的恐怖组织网络,则成为地区非传统安全的最大威胁。

二 恐怖组织的全球网络化发展

近些年来,恐怖主义组织不断发展变化,一方面由于受到国际社会的强力打击而在一些地区逐渐销声匿迹,比如在伊拉克和叙利亚,极端组织"伊斯兰国"控制区不断萎缩,对于当地的恐怖主义威胁程度有所降低;另一方面则利用所在国和所在地区的政治动荡局势,伺机发展扩张,比如在巴基斯坦、阿富汗、索马里、利比亚等国,"基地组织"和极端组织"伊斯兰国"以及当地的各类恐怖组织不断扩张,进一步威胁当地的安全局势。大体上,当前全球的恐怖主义组织可以分为三个较大的网络。

其一是极端组织"伊斯兰国"的恐怖主义网络。极端组织"伊斯兰国"是近些年兴起的重要国际恐怖组织,除了在伊拉克和叙利亚仍然发挥影响力之外,在利比亚、埃及、也门、黎巴嫩、阿富汗-巴基斯坦、印度尼西亚和马来西亚等地都建立了据点和组织网络。极端组织"伊斯兰国"兴起于伊拉克，前身是 2003 年之后，由"基地组织"领导人扎卡维建立的"基地组织伊拉克分支"。① 2017 年以来，极端组织"伊斯兰国"遭受了战场重创，先后在伊拉克和叙利亚陷入覆灭。2017 年 11 月，伊朗和伊拉克分别宣布，伊拉克境内的极端组织"伊斯兰国"武装分子已经全部被消灭；2018 年 10 月，俄罗斯军方宣布，叙利亚境内的极端组织"伊斯兰国"控制区已经被收复，极端分子已经被消灭。但是极端组织"伊斯兰国"在战场上的败落，并不代表其在伊拉克及叙利亚境内完全消失。一方面，极端组织"伊斯兰国"在伊拉克和叙利亚边境地区仍然存在，甚至还控制着当地一些村镇；② 另一方面，在叙利亚东部和伊拉克西部，尤其是伊拉克逊尼派聚集的安巴尔省内，极端组织"伊斯兰国"仍然可能利用未来伊拉克国内教派冲突裂痕和社会发展不公平所造成的动荡，东山再起。③

　　除了伊拉克和叙利亚之外，极端组织"伊斯兰国"在中东、南亚和北非一些国家和地区纷纷建立网络，并且在美国和欧洲策划、蛊惑及实施了多次袭击活动。当前极端组织"伊斯兰国"已在埃及西奈半岛和利比亚建立了相对完善的分支机构。2014 年 10 月，极端组织"伊斯兰国"宣布成立"西奈分支"（Wilayat Sinai），长期成为埃及西奈半岛乃至整个埃及境内的恐怖主义安全威胁。"西奈分支"组织架构可以追溯到"圣城虔诚者"（Ansar Bait al-Maqdis），该组织成立于 2011 年埃及动荡之后的西奈半岛。起初，"圣城虔诚者"的活动状况更多的是破坏西奈半岛地区的输油管道和交通设施，在 2013 年埃及军方罢黜穆尔西之后，开始大规模地袭击埃及境内尤其是西奈半岛地区的军队和政治目标。2014 年初开始，不少"圣城虔诚者"分子开始前往叙利亚寻求"伊斯兰国"的资金支持，2014 年 10 月

① 关于极端组织"伊斯兰国"在叙利亚和伊拉克的演变，参见王晋："'伊斯兰国'与恐怖主义变形"，《外交评论》2015 年第 2 期。

② Joshua A. Geltzer, "The Perils of a Post-ISIS Middle East", *The Atlantic*, December 27, 2017, https：//www. theatlantic. com/international/archive/2017/12/middle - east - isis - syria - kurds - iran - iraq - turkey - trump/549227/.

③ 王晋：《摩苏尔终于被收复，那么问题来了》，观察者，2017 年 7 月 11 日，https：// www. guancha. cn/WangJin/2017_ 07_ 11_ 417484_ s. shtml。

"圣城虔诚者"宣布加入极端组织"伊斯兰国",成为其版图中的"西奈行省"。成立以来,"西奈分支"先后多次发动针对西奈地区埃及军队的袭击行动,甚至发动了针对西奈半岛北部中心城市阿里什和谢赫祖韦达等地的军事进攻;此外,"西奈分支"还在埃及境内策划了一系列针对埃及军政高层、外国游客、埃及科普特人和苏菲派穆斯林群体的袭击活动,造成了巨大的人员伤亡。尽管埃及政府和军队多次开展大规模的清剿行动,针对"西奈分支"的武装人员发动大规模的军事打击,但是收效甚微。① "西奈分支"仍然是埃及国内政治和社会安全的重大威胁。

2011 年阿拉伯世界动荡之后,利比亚国内局势也迅速陷入混乱,各类武装组织纷纷滋生,国内政治重建和军事整编难以开启。得到联合国支持的利比亚民族团结政府以及支持这一政府的武装力量控制西部部分地区;国民代表大会在东部城市图卜鲁格另建政权,与哈夫塔尔领导的"国民军"结盟,控制东部和中部地区、南部主要城市及部分西部城市。利比亚境内的极端组织"伊斯兰国"武装分子,主要盘踞在中部的苏尔特和东部城市德尔纳周边。② 利比亚境内的极端组织"伊斯兰国"前身,是 2014 年初在德尔纳建立的"青年伊斯兰协商委员会"(Islamic Youth Shura Council)。2014 年10 月,该组织宣布效忠极端组织"伊斯兰国",并且更名为极端组织"伊斯兰国"的"拜尔加分支"(Wilayat Barqa)③。德尔纳是利比亚重要的极端分子策源地,也是最早反抗卡扎菲政权的地区武装之一,2012 年美国驻班加西领事馆遇袭事件也同德尔纳的极端分子有关。④ 极端组织"伊斯兰国"武装分子在利比亚境内扩张迅猛,曾经一度占领了利比亚重镇苏尔特,威胁利

---

① "'伊斯兰国'西奈分支——缘起、组织与特点",《阿拉伯世界研究》2017 年第 2 期,第52～64 页。
② 关于极端组织"伊斯兰国"在利比亚的情况,参见王晋:"'伊斯兰国'组织在利比亚的扩张与制约",《阿拉伯世界研究》2016 年第 3 期,第 90～102 页。
③ 拜尔加,即伊斯兰传统地理中的昔兰尼加地区。
④ 关于德尔纳和伊斯兰极端主义的渊源,参见 Alice Fordham, "Derna, the Sleepy Town of Islamist Extremism", *The National*, September 22, 2012, http://www. thenational. ae/news/world/middle－east/derna－the－sleepy－town－of－islamist－extremism。

比亚北部石油港口出口路径。在利比亚东部的班加西、阿达比亚（Ajdabiya）和德尔纳、西部的萨布拉塔（Sabratha）和的黎波里也有活动，不过极端组织"伊斯兰国"在这些地区并没有占据主导地位，而且随着利比亚各个武装派别，尤其是哈夫塔尔领导的武装力量，在过去数年中不断向极端组织"伊斯兰国"武装分子发动进攻，后者在利比亚的控制区已经大幅萎缩。

也门境内的极端组织"伊斯兰国"势力建立于 2014 年 11 月，当时也门国内的一些伊斯兰极端分子宣布效忠极端组织"伊斯兰国"领导人巴格达迪，随后极端组织"伊斯兰国"宣布建立"也门分支"（Wilayat al Yemen）。当前"也门分支"的力量相对弱小，只有大约 500 名武装人员，其中沙特籍武装人员为 200～300 人。"也门分支"的骨干多为"基地组织半岛分支"的"投诚"人员，比如"也门分支"的第一任领导人哈太姆（Maamoun Hatem）就曾经是"基地组织半岛分支"的元老和重要领导人，在 2015 年 4 月份宣布脱离"半岛分支"加入"伊斯兰国也门分支"。从活动地域上看，"也门分支"活动在也门南部哈德拉毛省以西的山区，并且设立有自己的活动营地和组织架构，控制着几个较为偏远的村庄。"也门分支"的袭击对象以当地的苏菲派穆斯林和什叶派穆斯林为主，同时也向也门南部的政府军发动袭击。

极端组织"伊斯兰国"在东南亚的网络，主要集中在印度尼西亚和马来西亚，在两国总共有约 2000 名"伊斯兰国"支持者，其中在印度尼西亚有约 1000 名支持者，其中有约 300 人在或者曾经在叙利亚和伊拉克参加"伊斯兰国"作战；在马来西亚则有近 1000 名支持者，其中约 400 人在或者曾经在叙利亚和伊拉克参加极端组织。[①] 印度尼西亚的极端组织可以追溯到 20 世纪 70 年代，当时的印度尼西亚国内伊斯兰教回潮，"伊斯兰大会"（Jemaah Islamiyah）逐渐发展壮大。马来西亚和印度尼西亚的极端组织在历

---

① Ahmed S Hashim, "The Impact of the Islamic State in Asia", *Policy Report*, February 2015, pp. 2 – 3.

史上都或多或少与"伊斯兰大会"关系紧密，后者旗下在各个地区所形成的分支机构如"真主至上游击队"（Jammah Ansharut Tauhid）、"马来西亚圣战团"（Kumpulan Mujahidin Malaysia）、"基地团体"（Tanzim al-Qaeda）和与之关系密切的阿布沙耶夫武装等，形成了一个覆盖印度尼西亚、马来西亚和菲律宾的极端组织网络。随着20世纪90年代以来世界范围内伊斯兰极端组织尤其是"基地组织"扩张迅猛，"伊斯兰大会"也同"基地组织"等极端组织建立了联系，不少印度尼西亚极端组织分子通过走私网络前往巴基斯坦和阿富汗参加极端组织。2011年叙利亚内战爆发之后，"伊斯兰国"同印度尼西亚的极端组织取得联系，不少印度尼西亚极端分子奔赴叙利亚和伊拉克战场参加"圣战"。2014年印度尼西亚极端分子桑多索（Sandoso）开始秘密组织"伊斯兰国印度尼西亚分支"，一方面号召印度尼西亚境内的极端分子前往叙利亚和伊拉克，另一方面开始策划对印度尼西亚国内民政目标的袭击。当前"伊斯兰国"在印度尼西亚苏拉威岛的波索市（Poso）、爪哇岛的雅加达和勿加泗（Bekasi）有自己的地下网络。① 马来西亚的"伊斯兰国"影响力相对较大，而且奔赴伊拉克和叙利亚参加"伊斯兰国"的马来西亚人要远远多于印度尼西亚人。普遍认为，马来西亚较多的极端分子，同其国内浓郁的伊斯兰政治氛围有关，包括执政党马来亚民族统一机构〔巫统〕和主要的反对党"泛马来亚回教党"都大力宣扬政治伊斯兰，因此民众对伊斯兰极端主义有着一定的欣赏情绪。② 在马来西亚，极端组织"伊斯兰国"的主要领导人为马哈穆德·艾哈迈德（Mahmud Ahmed），当前其在马来西亚的主要活动目的限于招募人员前往伊拉克和叙利亚作战，以及策划袭击当地目标。

极端组织"伊斯兰国"另一个在全球的重要据点，是阿富汗和巴基斯坦的"呼罗珊分支"（Wilayat Khorosan）。2014年极端组织"伊斯兰国"领

---

① Edward Delman，"ISIS in the World's Largest Muslim Country, Why are so Few Indonesians Joining the Islamic State"，*The Atlantic*，January 3，2015，http：//www.theatlantic.com/international/archive/2016/01/isis – indonesia – foreign – fighters/422403.

② Jon Emont，"The Islamic State Comes to Indonesia"，*Foreign Policy*，September 17，2014，http：//foreignpolicy.com/2014/09/17/the – islamic – state – comes – to – indonesia.

导人巴格达迪宣布建立"呼罗珊分支"。① "呼罗珊分支"的骨干大多是阿富汗塔利班和"基地组织"的成员，比如在 2015 年初宣布加入"呼罗珊分支"的重要极端分子哈菲兹·萨义德·汗（Hafiz Saeed Khan）就是巴基斯坦塔利班的骨干成员。从当前看，"呼罗珊分支"主要活跃在阿富汗地区，尤其是东部靠近巴基斯坦的楠格哈尔省，该省的南部地区"伊斯兰国"建立了较大的网络和基地，此外在楠格哈尔省以东的库纳尔省和努尔斯坦省也出现了"伊斯兰国"控制区，不过控制地区较小。

极端组织"伊斯兰国"的全球网络，有着相对明显的特点。首先，极端组织"伊斯兰国"在一些地区，如也门、利比亚、阿富汗、埃及西奈半岛等地，能够建立起较为稳固的控制区，并且对于所在国家和周边地区的安全形势造成挑战；其次，极端组织"伊斯兰国"在印度尼西亚、马来西亚、巴基斯坦等地区，拥有相对隐秘的地下网络，并且与这些地区的极端分子和恐怖分子相互配合，吸收来自这些地区的资金和人员，充实自己的实力；最后，极端组织"伊斯兰国"往往选择袭击当地的"异教徒"（包括什叶派和其他非伊斯兰宗教）、"外国人"（包括机场、使领馆、酒店、景区等地的游客）、"军政目标"（巡逻队、警察局、政府和政治人士）来扩大影响，制造混乱，尤其是不同教派、宗教、族群和团体之间的混乱。

其二是"基地组织"的恐怖主义网络。"基地组织"成立于 20 世纪 80 年代末期，早期目标是协助伊斯兰世界的"圣战士"（Mujahedeen）前往阿富汗抗击苏联入侵，但是随着 80 年代末 90 年代初苏联撤离阿富汗以及冷战结束，"基地组织"在本·拉登的领导下，逐渐将西方和"非伊斯兰世界"作为袭击对象，先后策划了多起震惊世界的恐怖袭击事件。近些年来，"基地组织"在全球范围内建立了多个分支机构，并且策划了多起恐怖袭击活动。"基地组织"的总部仍然活跃在阿富汗和巴基斯坦边境地区，"基地组织"领导人扎瓦赫里在此地区遥控指挥、协调和影响全世界范围内的"基

① Thomas Joscelyn, "Ex-Gitmo 'Poet' Now Recruiting for the Islamic State in Afghanistan and Pakistan", *The Long War Journal*, November 22, 2014, http://www. longwarjournal. org/archives/2014/11/ex – gitmo_ poet_ now_ re. php.

地组织"恐怖分子及分支机构。除此之外，"基地组织"在也门、北非和南亚都有着自己较强大的分支机构和网络。

当前最为强大的"基地组织"分支机构，当属在也门境内的"基地组织阿拉伯半岛分支"（Al-Qaeda in the Arabian Peninsula，以下简称"半岛分支"）。"半岛分支"成立于 2009 年，其主要成员来自沙特阿拉伯和也门，其目标是通过不断发动大规模的袭击活动，推翻沙特阿拉伯、也门、卡塔尔、阿联酋、科威特、阿曼和巴林的政府，驱逐阿拉伯半岛的西方势力和其他"非伊斯兰"势力，最终在该地区建立一个统一的"伊斯兰国家"。而面对沙特政府和其他海湾阿拉伯国家的强力打压，"半岛分支"在沙特阿拉伯等国内部的网络难以生存。而南部也门因国内政府孱弱，2011 年之后持续陷入政治动荡和内战，给了"半岛分支"在该地区扩张的可乘之机。据估计，"半岛分支"共有武装分子数百人，主要活跃于也门中部的哈德拉毛省。美国情报机构曾经将"半岛分支"称为"'基地组织'最危险的分支机构"。① 近些年来，"半岛分支"多次发动针对也门境内什叶派胡塞武装的袭击活动，并且"与沙特阿拉伯主导的联军达成了秘密协定，在后者的帮助下在也门招募了数千名武装人员……美国也意识到'半岛分支'在打击胡塞武装方面的重要性，因此停止了对'半岛分支'的空中打击"。②

"基地组织"在叙利亚的分支机构——"胜利阵线"（Al-Nusra），是"基地组织"在海外尤其是大叙利亚地区③的重要分支机构。"胜利阵线"的前身可以追溯到"基地组织伊拉克分支"。2011 年叙利亚内战爆发后，极端组织"伊斯兰国"派遣部分极端分子潜入叙利亚扩展控制区，随后由于"胜利阵线"宣布直接效忠"基地组织"领导人扎瓦赫里，而不是效忠极端

---

① Laura Smith Spark，"What is Al-Qaeda in the Arab Peninsula"，*CNN*，January 14，2015，https：//edition. cnn. com/2015/01/14/middleeast/yemen – al – qaeda – arabian – peninsula/.

② "Saudi-UAE Coalition 'Cut Deals' with Al-Qaeda in Yemen"，*Al-Jazeera*，August 6，2018，https：//www. aljazeera. com/news/2018/08/report – saudi – uae – coalition – cut – deals – al – qaeda – yemen – 180806074659521. html.

③ 大叙利亚，即"沙姆"（Sham）地区，大体上涵盖今天的叙利亚、土耳其南部、约旦、黎巴嫩、以色列和巴勒斯坦等地，也涵盖沙特阿拉伯的汉志地区。

组织"伊斯兰国",导致其与极端组织"伊斯兰国"分道扬镳。"胜利阵线"在随后数年中,活跃于叙利亚西北部地区,尤其是哈马省、阿勒颇省和伊德利卜省,与其他活跃在叙利亚境内的伊斯兰极端组织和反政府武装一道,控制了大片区域。2016 年随着叙利亚政府军不断发动反攻,"胜利阵线"控制区域不断缩小;与此同时,国际社会将"胜利阵线"定义为"恐怖组织",不断打击"胜利阵线"在叙利亚境内的武装据点。2017 年初,"胜利阵线"更名为"解放沙姆阵线",并宣布与"基地组织"断绝关系,但是国际社会仍然将其视为"基地组织"在叙利亚的分支机构。[①] 当前"解放沙姆阵线"仍然有 10000 ~ 20000 名武装人员,[②] 主要活跃在叙利亚西北部的伊德利卜省。"解放沙姆阵线"的主要目标在于通过暴力手段,在"大叙利亚地区"建立推行伊斯兰极端教义的"伊斯兰国家"。

"基地组织马格里卜分支"(Al-Qaeda in the Islamic Maghreb,以下简称"马格里卜分支")是"基地组织"另外的一个重要分支机构,其目标是推翻北非的各个国家政府,建立一个奉行极端教义的"伊斯兰国家"。"马格里卜分支"前身是 20 世纪 90 年代初期在阿尔及利亚建立的反政府武装组织"萨拉菲礼拜战斗团"(Salafist Group for Preaching and Combat),随后在 2007 年宣布加入"基地组织",成立"马格里卜分支"。随着阿尔及利亚政府的打压,"马格里卜分支"逐渐分化为"南部分支"和"北部分支",其中"北部分支"坚持袭击阿尔及利亚、突尼斯和摩洛哥等北非国家的政府和军事目标,随着北非各国政府不断打压而逐渐销声匿迹;"南部分支"则逐渐向非洲萨赫勒地区渗透,袭扰萨赫勒非洲毛里塔尼亚、尼日尔、马里等国,主要目标在于与当地的一些极端分子和地方犯罪团体联手,通过绑架当地的外国人质,索要赎金。2017 年,"马格里卜分支"与其他一些活跃在萨

---

① Thomas Joscelyn, "Al-Qaeda and Allies Announce 'New Entity' in Syria", *Long War Journal*, January 28, 2017, https://web. archive. org/web/20170128200911/https://www. longwarjournal. org/archives/2017/01/al - qaeda - and - allies - announce - new - entity - in - syria. php.

② Bilal Abudul Kareem, "Why De Mistura's Needs to Step Down", *OGN News*, October 7, 2016, https://web. archive. org/web/20170506202228/http://ogn. news/wdm.

赫勒非洲的伊斯兰极端组织和恐怖组织共同组成了"伊斯兰与穆斯林援助团"（Group to Support Islam and Muslims），继续在北非南部和萨赫勒非洲从事绑架、恐怖袭击、偷渡及走私等活动。

"基地组织南亚分支"（Al-Qaeda in the Indian Subcontinent，以下简称"南亚分支"）成立于 2014 年 9 月，其骨干成员来自巴基斯坦塔利班。① "南亚分支"的目标在于推翻巴基斯坦、印度、缅甸和孟加拉国的政府，最终在南亚地区建立一个统一的、奉行伊斯兰极端教义的"伊斯兰国家"。② "南亚分支"当前主要活跃在巴基斯坦境内，主要目标在于策划和实施针对巴基斯坦境内外国人的袭击活动，以及针对印控克什米尔地区的袭击行动。

其三是"索马里青年党"与"阿布沙耶夫武装"。除了极端组织"伊斯兰国"和"基地组织"在全球的恐怖组织网络之外，非洲和东南亚的一些地区恐怖组织也是威胁中国海外公共安全的重要来源。"索马里青年党"前身是活跃在东非尤其是索马里的"伊斯兰法院联盟"（Islamic Court Union），2006 年"伊斯兰法院联盟"军队在埃塞俄比亚军队的攻击下，被迫放弃在索马里境内的大部分控制区，其中一些年轻的极端分子不满"伊斯兰法院联盟"相对温和的政治主张，成立了更加激进的军事团体——"索马里青年党"（al-Shabaab）。索马里青年党长期活跃在东非地区，2012 年成为"基地组织"分支机构，2014 年宣布效忠极端组织"伊斯兰国"。尽管与"基地组织"和极端组织"伊斯兰国"关系密切，但是观察家们普遍认为，"索马里青年党"仍然保持了自己的组织独立性。③ 走上激进道路的"索马里青年党"一方面招募全世界范围的伊斯兰极端分子和恐怖分子，与"基地组

---

① Bill Roggio, "Qaeda in the Indian Subcontinent Incorporates Regional Jihadist Groups", *Long War Journal*, September 5, 2014, https：//www. longwarjournal. org/archives/2014/09/analysis _ al_ qaeda_ in. php.

② "Al-Qaeda Restates Power as Branch Launches in Indian Subcontinent", *Sydney Morning Harold*, September 4, 2014, https：//www. smh. com. au/world/alqaeda－restates－power－as－branch－launches－in－indian－subcontinent－20140904－10c52l. html.

③ Jason Warner, Caleb Weiss, "A Legitimate Challenger? Assessing the Rivalry between Al-Shabaab and the Islamic State in Somalia", *Combating Terrorism Center Sentinel*, November 2017, Vol. 10. Issue 10, pp. 27－32.

织"和极端组织"伊斯兰国"建立了密切的关系；另一方面则主张在"大索马里"地区建立一个统一的、奉行伊斯兰极端教义的"大索马里伊斯兰酋长国"。①

活跃在菲律宾的"阿布沙耶夫武装"是东南亚地区重要的分离组织和恐怖组织，1991 年由菲律宾教士阿卜杜拉加克·阿布卡巴尔·简拉加尼（Abdurajik Abubakar Janjalani）创立，多次在菲律宾境内实施恐怖袭击活动。"阿布沙耶夫武装"与东南亚其他的伊斯兰分离组织如"摩洛伊斯兰解放阵线"（Moro Islamic Liberation Front）和"穆特组织"（Maute Group）等伊斯兰极端组织关系密切，同时受到来自"基地组织"和极端组织"伊斯兰国"的资助。2017 年 5 月，"阿布沙耶夫武装"和"穆特组织"一起短暂占领了菲律宾第二大岛、棉兰老岛南拉瑙省的马拉维市，震惊世界。"阿布沙耶夫武装"当前成员大约仅有 150 人，② 近些年来主要通过绑架外国人质和菲律宾、印度尼西亚等国的政府军士兵，来换取赎金。

三　中国海外公共安全面临的恐怖主义挑战

中国海外投资规模在 2018 年上半年已经高达 572 亿美元，而其中对欧洲企业的投资和并购占投资总额的一半以上，主要的投资目的地国家是葡萄牙、西班牙和德国。与此同时，中国对外承包工程项目也在加速推动中，在 2018 年上半年，中国对外工程合同总额高达 1067 亿美元，其中在"一带一路"沿线国家大约 478 亿美元。③ 近年来，中国对外直接投资年均增长幅

---

① Abdi O. Shuriye, "Al-Shabaab's Leadership Hierarchy and Its Ideology", *Academic Research International*, Vol. 2, No. 1, January 2012, pp. 280 – 285.

② "GovernMent Troops Still chasing 150 Abu Sayyaf Terrorists", *Manila Bulletin*, August 28, 2018, https：//news. mb. com. ph/2018/08/28/government – troops – still – chasing – 150 – abu – sayyaf – terrorists – lorenzana/.

③ 《2018 年上半年中国海外投资概览：欧洲并购占六成领跑全球，中企在美并购数下跌四成》，https：//www. ey. com/Publication/vwLUAssets/ey – china – regulations – express – 20 – jul – 2018/ \$ FILE/ey – china – regulations – express – 20 – jul – 2018. pdf。

度高达 36%，截至 2015 年底，中国对外直接投资存量高达 10979 亿美元，占全球国际直接投资输出存量的 4.4%。① 其中欧洲地区是中国投资者青睐的投资目的地，投资领域主要涵盖农业、科技、媒体、电信、工业等。美国则继续成为中国投资者最为理想的目的地，2016 年，中国对美国企业的并购总额高达 683 亿美元，主要集中在科技、媒体、电信金融等领域。②

伴随着中国海外投资规模的不断增长，中国出境人数和次数不断增加。2018 年上半年，中国出境旅游人数就达到了 7131 万人次，除了传统的周边国家如日本、韩国、泰国、新加坡、马来西亚以及欧洲、美国等旅游目的地之外，东欧的塞尔维亚、中东的以色列、土耳其和摩洛哥等国，也成为过去数年中游客增长较快的目的地国家。③ 此外，随着"一带一路"倡议的不断推进，越来越多的中国工人前往海外开展工程建设活动。2016 年，中国已经成为第二大劳务输出国，当年中国外派劳工对国内的汇款总额高达 610 亿美元，仅次于以 627 亿美元排名第一的印度。④

与此同时，针对中国公民的恐怖主义袭击也逐渐出现和增多。一方面，一些专门针对中国公民和海外设施的恐怖袭击时有发生，比如 2015 年 11 月极端组织"伊斯兰国"在伊拉克绑架并杀害了中国公民樊京辉，并且向中国发出恐怖主义袭击威胁；另一方面，在一些恐怖组织策划的袭击事件中，中国公民也容易受到波及，比如在 2018 年 5 月巴黎的恐怖袭击事件中，就有中国公民受伤，而在 2015 年马里首都巴马科发生的恐怖袭击事件中，也有 3 名中国公民遇难。在此背景下，如何维护中国公民在海外的公共安全，避免来自以恐怖主义为代表的非传统安全的威胁，成为我们需要认真思考和应对的重要议题。

---

① 《中国海外投资正持续向产业链上游移动》，http：//www. sohu. com/a/150863704_ 498851。
② 《2018 中国企业海外投资、并购趋势分析》，https：//www. sohu. com/a/240412316_ 465554。
③ 《2018 中国出境游大数据：告诉你哪里最受国人喜欢?》，https：//www. sohu. com/a/258346234_ 394542。
④ 《中国人海外打工排全球第二》，https：//www. sohu. com/a/204866512_ 99922828。

当前"一带一路"沿线国家大多处于发展中或不发达状态，安全局势复杂严峻，以恐怖主义为代表的海外安全威胁，给中国的公共安全造成了极大的挑战。为了更好地应对恐怖主义带来的安全挑战，需要根据不同地区活跃的恐怖组织的不同特点，更好地分析和罗列中国海外公共安全所面临的挑战。结合我国在海外的利益特点、当地的安全形势以及恐怖主义威胁，本报告初步拟定了如下表格来展示当前中国所面临的海外公共安全挑战。其中"海外安全恐怖主义威胁程度"分为"较低——一般——较高"三个级别，主要威胁来源则主要按照"基地组织—伊斯兰国—当地恐怖组织"三个来源来划分（见表1、表2）。

表1 区域与恐怖主义威胁评估

地区	中国海外安全恐怖主义威胁程度	主要威胁来源
欧洲	低	独狼恐怖袭击
西亚－北非	高	极端组织"伊斯兰国"和"基地组织"及其分支
南亚	一般	极端组织"伊斯兰国"和"基地组织"及其分支；当地恐怖组织
东南亚	一般	当地恐怖组织
萨赫勒非洲	一般	当地恐怖组织

表2 全球恐怖组织袭击目标

恐怖组织	袭击目标	是否直接针对中国
"基地组织"	各个伊斯兰国家的外国目标	否
极端组织"伊斯兰国"	伊斯兰国家的政府、苏菲派穆斯林、什叶派和基督徒	否
阿布沙耶夫武装	菲律宾政府，东南亚各国军队	否
索马里青年党	索马里政府机构、军事目标和周边国家	否

总体来说，当前的恐怖组织并未将中国作为主要袭击目标。一方面，由于秉持"不干涉他国内政"的方针，中国远离了所在国各类国内政治纷争，客观上树立了中国企业和中国公民的良好形象，也使得中国公民和海外企业

设施较少成为各类恐怖组织的直接袭击对象；另一方面，由于各类恐怖组织自身的发展和意识形态特点，仍然将西方世界尤其是美国作为"万恶之首"，因此中国公民和海外设施并不是其袭击的首要对象。但是不能因此忽视恐怖主义对中国海外公共安全的威胁。一方面，中国的发展壮大，尤其是"一带一路"倡议的不断深入，必然伴随着中国与海外国家之间关系的不断加深，客观上也必然会促使中国形象在各类极端组织和恐怖组织语境下的"污名化"；另一方面，各类恐怖袭击活动，很可能波及中国在海外的人员和设施安全。因此我们有必要关注各类恐怖组织发展变化的最新动向，向海外的人员和企业机构提出及时的预警。

结　论

海外公共安全的核心是保护海外公民的安全，早在 2014 年 1 月中央政法工作会议上，习近平主席就深刻地指出："平安是老百姓解决温饱后的第一需求，是极重要的民生，也是最基本的发展环境。"[①] 中国的海外公共安全可以包括：个人层面，主要包括中国公民在海外的基本合法权益，如人身和财产安全等；国家层面，主要包括我国对能源、资源的合理需求，海洋、陆路和空中运输的安全；国际层面，保卫国家形象不受损害和侵犯，保证国家形象的安全。[②] 中国海外公共安全，不仅要考虑传统安全领域随着时代的发展，面临着诸多风险和不确定性，还要认识到在非传统安全领域，如恐怖主义、种族冲突、环境保护、金融安全、跨国犯罪和非法移民等问题，都是中国海外公共安全的重要威胁。近年来，国际恐怖主义，尤其是以"基地组织"和极端组织"伊斯兰国"为代表的恐怖组织国际网络，在欧洲、中东、南亚等地，对中国的海外公共安全形成了较大的挑战。全球恐怖主义近

[①] 《"平语"近人——习近平这样诠释"平安"》，新华网，2015 年 9 月 25 日，http：//www.xinhuanet.com//politics/2015 - 09/25/c_ 128264962. htm。

[②] 廖春勇、高文胜："当前我国海外利益面临的主要风险及对策研究"，《广西社会科学》2018 年第 6 期，第 150 页。

年呈现出"涵盖地区广泛化"和"袭击方式多样化"的特点，也使中国需要及时地关注和审视各个不同地区所面临的恐怖主义威胁，及时掌握所在地区及周边区域恐怖组织活动动态，准确做好安全预警，由此才能更好地为中国海外公共安全保驾护航。

B.10
利比亚撤侨事件与海外
公共安全危机管理

郭立军*

摘　要：　随着"一带一路"建设的不断深入，中国公民的海外游学与中国企业的海外投资活动，也日渐深入全球的各个角落，从而对中国的海外公共安全危机管理提出了更高的要求。中国海外侨民的生命财产安全，以及中国海外投资的安全，已经成为中国国家利益的重要组成部分。近年来，随着中国领事保护能力和海外行动能力的提升，以利比亚撤侨为代表的撤侨行动，已多次在极端的海外公共安全危机中发挥了维护中国核心海外利益的作用。本报告通过访谈进行比较性案例研究，解析了利比亚撤侨的特殊性，并分别提出了此次行动从安全预警、集结准备到转运回国阶段值得总结的经验和教训。笔者强调海外公共安全风险防范的重要性，建议针对中国海外利益集中的高危地区加强风险评估，做好人员信息统计，建立并完善重要目标定位数据库和可供紧急状态下一键报警的通信软、硬件设施。本报告建议，通过建立海外公共安全专家库、海外安全事件案例库和应对紧急情况预案库提升预警能力，充分发挥智库作用，进而提升海外撤侨决策的科学性。与此同时，以中资海外大型项目基地为支点，借助民营海外安保公司的力量，将海外连锁酒店、物流基地、运输线路上

---

*　中国社会科学院地区安全研究中心副主任，鼎昊国际安全研究院副院长。

的维修站和补给站等可用于紧急状态下为海外侨民提供临时庇护和转运的潜在资源梳理成网络，打造自有的海外救援体系。在此过程中，一方面应发挥政府的指导作用、加强政策扶持；另一方面应积极加强国际合作，与国际救援标准接轨。

关键词： 危机管理 海外公共安全 利比亚撤侨

一 撤侨行动：特殊外交、终极手段与国力大考

在海外公共安全问题的研究中，撤侨行动，特别是在紧急情况下的大规模撤侨行动，具有重要的研究价值。撤侨属于一种特殊的外交行动，目的是在自然灾害、社会动荡、战乱等恶劣的安全形势下，为了保护本国公民在海外的生命和财产安全，将这些海外公民撤回本国政府的行政管辖区域的、有组织的撤离行动。

海外突发事件主要是指发生在本国以外的国家和地区，但与本国人民的生命财产和国家的主权安全与利益直接相关，处置不当则会影响本国公民的生命财产安全、与事发国的外交关系乃至本国国家稳定与和谐发展的紧急事件。[①] 海外撤侨行动是应对此类事件的特殊外交手段，其主要特征包括以下几个方面。

第一，撤侨行动是包括国家、海外投资企业及企业联盟、海外侨民社团组织等海外公共安全行为的多元化主体，对东道国社会安全形势发生迅速恶化做出的共同应急反应。

第二，撤侨行动通常分为有备撤侨和紧急撤侨两大类，前者的代表性案例是叙利亚为期一年多的有计划撤侨。紧急撤侨的特点则是：行动涉及人数

---

① 卢文刚："'一带一路'视域下我国海外应急管理研究"，《实事求是》2017年第5期，第1页。

较多，属于群体性的海外公共安全事件；需要调动政府、企业、民间团体及个人等综合性资源①，在一个相对较短的时间内高度协同；紧急撤侨行动是在预警不力或者缺失的情况下做出的补救行动，往往与别国的紧急撤侨行动在时间上重合，因此对交通工具、避难设施等共用的撤侨资源存在竞争关系②。

第三，作为一种特殊的外交行动，海外撤侨的最终决定由政府做出。撤侨是为了帮助本国侨民规避由突发安全状况恶化引发的重大安全风险所采取的终极措施。此类行动的成败，往往与一个国家政治、经济、军事、文化的海外影响力密切相关，是对综合国力的重大考验。

第四，近年来，海外撤侨的行为主体也发生了一定的演变。早期的撤侨行动完全依靠国家资源，往往通过政府间谈判达成撤侨的共识，并在此基础上按计划实施。代表性案例是，伊拉克入侵科威特之后，印度政府通过与萨达姆政权的协商，在征得许可的前提下，从被占领的科威特领土撤出多达17.5万名印度公民的行动。此后，随着大国海外利益的不断拓展，海外公共安全需求日益多样化，在越来越多的海外撤侨案例中，政府更多的是通过寻求与驻在国大型企业和侨民社团的积极互动③，通过自有救援体系，或借助国际救援力量完成撤侨行动。

2006年以来，中国政府的撤侨行动频频进入公众视野并引发广泛关注，凸显了随着全球利益的不断拓展，中国正越来越关注对海外企业和侨民利益的保护，不断展现了一个大国的能力和责任担当。

在近年紧急撤侨行动中，中国都选择了在最短时间内完成撤侨行动。除了为应对2010年6月吉尔吉斯斯坦骚乱和2015年4月尼泊尔强震的千人以上中等规模撤侨以外，其他的案例，均是在数天内完成数百人撤离的小规模撤侨行动（见表1）。

---

① 金桂岭：《中国利益的海外应急管理建设亟待加强》，中资企业境外安全风险应对研讨会，2013，第3页。

② 同上，第1页。

③ 金桂岭：《境外安全资源常态化配置》，境外应急处置经验分享会，2017，第2页。

表1　2006年以来中国的主要紧急撤侨行动

时间	危机描述	主要撤侨手段	撤回人数（人）
2006 年 4 月	所罗门骚乱	民航包机 4 架	310
2006 年 4 月	东帝汶骚乱	民航包机 2 架	243
2006 年 7 月	黎以冲突加剧	不详	167
2006 年 11 月	汤加骚乱	民航包机	193
2008 年 1 月	乍得战乱	多种	300 +
2010 年 1 月	海地强震	民航包机	48
2010 年 6 月	吉尔吉斯斯坦骚乱	民航包机 9 架	1299
2011 年 1 月	埃及局势紧张	民航包机	500 +
2011 年 2 月	利比亚撤侨	陆海空联动	35860
2015 年 2 月	也门撤侨	海军	560
2015 年 4 月	尼泊尔强震	民航包机	5685
2016 年	新西兰强震	直升机、民航包机	125
2016 年 11 月	以色列海法大火	民航包机	不详

资料来源：笔者根据公开资料整理。

在众多撤侨行动中，2011 年 2 月底至 3 月初的利比亚撤侨，是新中国成立以来首次实施的万人以上的大规模紧急撤侨行动，是中国第一次成功实施的陆海空立体联动撤侨，是第一次同时派遣军舰军机执行的撤侨行动，也是第一次动员众多友好国家实施的协同撤侨行动，具有较高的研究价值。

首先，这是一次在相对较短的时间内完成的大规模撤侨行动。虽然叙利亚撤侨的规模远大于利比亚撤侨，但是叙利亚撤侨前后经历了一年多的时间，而利比亚撤侨从集结准备到将 35000 余人转运回国，只用了十余天的时间。同时，利比亚撤侨是在当地总体安全形势迅速恶化的情况下完成的，对撤侨从决策、指挥、部署到实施等一系列行动有着极高的科学性、统筹性和时效性的要求。

其次，利比亚撤侨是一次在当地整体安全形势极度恶化，机场、港口等公共交通基础设施已经不具备基本运营条件的情况下展开的撤离行动。

最后，利比亚撤侨是一次多国协同完成的跨国行动。一方面，中国发扬国际主义和人道主义精神，协助孟加拉国、巴基斯坦等多国撤离人员 2100

多名；另一方面，中国通过外交手段协调利比亚多个邻国临时开放边境，利用第三国相对安全的公共交通基础设施，将本国侨民转运回国。与我国此前经历的十余次小规模撤侨行动不同，利比亚撤侨是唯一一次需要经历本地集结准备和出境转运回国两个阶段的大规模撤侨行动。

二 关于利比亚撤侨的个案研究

2011 年 2 月起，利比亚东部各省陆续受到发生在埃及的"颜色革命"的冲击，国内安全形势开始恶化。2 月 16 日，数百名利比亚民众在班加西举行抗议活动，与当地警方和政府支持者发生冲突。此后，利比亚多个反对派团体举行抗议活动，要求总统卡扎菲和平移交权力。2 月 19 日，更大规模的骚乱使得班加西的局势急速恶化，利比亚军队开始武装镇压集会，美英法等国发表声明，谴责利比亚政府。2 月 21 日，利比亚局势恶化，皇家壳牌和意大利 ENI 能源集团等石油公司决定陆续撤出在利比亚的员工。2 月 23 日，示威者夺取了贝达机场，利比亚东部脱离卡扎菲控制。2 月 26 日，联合国安理会通过第 1970 号决议，决定把 2011 年 2 月 15 日以来的利比亚国局势问题移交国际刑事法院检察官。同日，反对派控制扎维耶，包围首都，利比亚战争一触即发。

（一）利比亚撤侨的基本过程与面临的困难

尽管各方对利比亚撤侨的开始时间说法不一，但是一般认为，自 2011 年 2 月 22 日起，受安全形势恶化的影响，中资公司在利比亚的许多大型在建项目陆续停工，在利比亚首都的黎波里的许多侨民开始自发地采取避险措施，向中国驻利比亚外交机构和大型中资公司的项目基地聚集。2 月 22 日，中国国家主席胡锦涛要求有关部门"全力保障中国驻利人员生命财产安全"，国务院迅速成立由时任副总理张德江担任总指挥的应急指挥部。[①] 至 2

---

① 张历历："中国全力从利比亚大撤侨分析"，《当代世界》2011 年第 4 期。

月 24 日，由外交部、公安部、国资委和商务部等多部委组成的联合工作组（以下简称"联合工作组"）赴利比亚指挥协调撤侨工作，利比亚撤侨行动正式开始。

利比亚撤侨分为两个阶段，2 月 22 日至 24 日为撤侨集结阶段，2 月 24 日至 3 月 5 日为撤侨出境转运阶段。根据新华社电讯，以最后一艘离开利比亚港口的船只计算，35860 名有意愿回国的侨民全部撤出的准确时间是 3 月 2 日 23：10，最后一名侨民返回国内的时间是 3 月 5 日。[①]

1. 撤侨集结阶段遇到的问题和应对

在利比亚的中国公民人数多、分布广。危机爆发时，有 75 家中国公司在利比亚投资，涉及投资金额约 188 亿美元。[②] 约 3 万名中国公民在利比亚从事铁路、通信和油田工程的劳务工作，大多属于合同侨民——他们从事某项工作，完成后就离开。[③] 这些侨民分布在利比亚的东部、西部、南部和首都地区，还有一些中餐馆经营业者和留学人员的分布更为零散，集结工作困难很大。

撤侨集结阶段面临的主要挑战包括通信不畅、统计数据不全、运输工具奇缺以及缺乏科学的系统性风险评估。为此，"联合工作组"确定了撤侨集结阶段的四项原则：第一，由中国对外承包工程商会负责协调驻利比亚企业的撤离工作；第二，由大型国有企业协助中小企业先行撤离；第三，中方人员的主要集结地点为西部的的黎波里，东部的班加西和南部的塞卜哈；第四，在撤侨行动的初期，工作重点是在确保安全的前提下，以最快的速度完成人员集结，为下一步的集中撤离行动做准备。[④]

在撤侨集结阶段遇到的第一个障碍是通信不畅。在利比亚通信设施遭到破坏、本地通信严重受阻的情况，"联合工作组"使用腾讯 QQ 等即时通信软件与中国驻利比亚使领馆和大型中资公司的项目经理部保持联系，指挥撤

---

① 新华社 3 月 5 日电讯。

② 吴志成："从利比亚撤侨看中国海外国家利益的保护"，《欧洲研究》2011 年第 3 期。

③ 张历历："中国全力从利比亚大撤侨分析"，《当代世界》2011 年 4 月，第 1 页。

④ 通过对部分撤侨行动亲历者以及"联合工作组"成员的访谈所得。

侨。第二个主要困难是，利比亚可以利用的公共交通资源极为有限，雪上加霜的是，在班加西冲突刚刚爆发、卡扎菲尚未完全失去对东部省份的控制时，以法国为代表的欧盟国家便迅速组织撤离侨民，使原本有限的公共交通资源又被大量占用。在这种情况下，"联合工作组"一方面动员中国在利比亚大型中资企业利用自有运输工具，在统一调配下，协助中小企业及个人安全地转移集结，另一方面采取商业包租的形式，尽可能多地在本地租用汽车、轮渡等交通工具。

此外，由于缺乏对利比亚各地区公共安全的研究及风险评估材料的积累，甚至对中国在利比亚侨民的总人数也未能完全掌握，在撤离行动初期的集结阶段，撤侨工作遭遇了很大的困难。

2. 撤侨出境转运阶段遇到的困难和应对

短时间内完成3万多人的跨国撤侨行动，对中国外交的协调能力是一个巨大的考验，也暴露出中国海外撤侨方面的一些短板。第一，由于缺乏参考先例，没有应急预案，避险设施建设不足，无法形成有效的救援网络，导致大量的救援资源没有得到充分利用；第二，尽管中国在北非地区有巨大的人员物资投入和经济利益，但是长期以来，有限的领事保护资源远远不能适应该地区复杂的安全形势①，未能形成体系化的自有救援力量，各个中资企业项目基地的安保各自为营，在紧急状况下统筹调配困难，协同效率低下；第三，紧急救援的国际化合作经验不足，对国际化救援标准缺乏了解。

在这种情况下，中国主要的做法是：第一，由外交部与土耳其、马耳他、埃及和苏丹等国进行紧急协调，准许中国公民持护照免签临时入境，集中至第三国的机场码头，等待转运回国；第二，动用海、空等运输手段，紧急救援。在海运方面，中国驻外使领馆租用6艘外籍客船，交通运输部调配7艘中国远洋海运船只，以及海军530徐州号护卫舰，累计撤侨人数超过18000人。在空运方面，中国空军派出四架伊尔－76型运输机，飞越五国，单程9500公里，分24架次接回超过5000名中国公民。中国政府派出91架

---

① 黎海波："中国领事保护可持续发展探析"，《现代国际关系》2016年第6期。

次民航包机，租用了 35 架次外国包机，从利比亚邻国机场接回大量滞留的中国公民。[①]

三 利比亚撤侨行动的启示与反思

利比亚撤侨，不仅给影视作品留下了让人热血沸腾的素材，更有许多因被迫的仓促行动留下的应急撤离后遗症，迄今仍然值得总结和反思。

（一）提高信息储备与通信设备的可靠性，加强应对突发性海外公共安全危机的管理能力

首先，应加强对中国海外资产与人员信息数据的管理。制订周密可行的撤侨救援方案，依赖于准确的基础数据储备。建议建立中国海外公民资料信息库，通过涉侨部门和海关出入境管理部门汇集零散信息，了解海外华侨的基本情况，便于在紧急情况下联系到他们。同时，建立中国海外华侨生存安全动态预警数据库，积累典型案例和应对方案，使中国海外公民面对突发事件能够从容应对。[②] 未来，应制订鼓励性政策，简化登记程序，降低登记成本，鼓励外向型的中小型企业以及赴高危地区从事商务和劳务输出的个人及时在政府平台登记并更新信息。在政府信息平台有准确登记信息的企业和个人，可在紧急情况下，优先享受领事保护资源。信息的采集工作可以与公益性的海外公共安全教育相结合。应充分借助社会力量建立境外人员信息数据库，然后由政府采购相关数据和研究成果。[③]

其次，应确保在紧急情况下通信软、硬件设备的顺畅。在利比亚撤侨最为紧张的集结准备阶段，行动的指挥与实施高度依赖于通畅的通信联络。这一阶段通联的主要任务包括：一是向零散分布的个体经商者和留学生发布撤

[①] 张历历："中国全力从利比亚大撤侨分析"，《当代世界》2011 年 4 月。

[②] 王丽霞、肖群鹰："海外涉侨突发事件的政府救援响应研究"，《政治学研究》2013 年第 4 期，第 10 页。

[③] 金桂岭：《出国前你要知道的事》，出国劳务人员培训大会，2018。

离集结信息；二是获得各条撤离路线的集结准备情况信息，以便更为及时准确地确定下一步行动方案。在遭遇大面积通信阻塞的困难情况下，"联合工作组"发现腾讯 QQ 依然可以依靠模拟数据信号正常工作。"联合工作组"的成员在访谈中表示，这一发现实属幸运，如果连 QQ 都不能保障的话，很难想象面对恶劣的安全环境，能够在短时间内安全集结和撤离数量庞大的侨民。

随着我国海外利益的不断拓展，维护海外公共安全行动的边界将会越来越深入高危地区和基础设施欠发达地区。在此进程中，通信保障必须先行。用于在海外实施救援行动的指挥通信系统，应具备以下特性：首先，该系统必须简单实用、高度可靠；其次，该系统必须自主研发，以免在关键时刻受制于人；再次，该系统应同时包括软件和硬件，能完全独立运行或至少有能力在最低限度上依赖于公共设施运行；最后，也是最为关键的，中国应利用高科技手段，逐步加强可视化应急救援指挥系统以及一键报警的通信网络建设，同时加强对关键目标定位坐标信息的搜集和积累。[①]

（二）未雨绸缪，应提升及时准确的海外公共安全危机预警能力

撤侨是保护本国海外人员安全的最后一道防线，不应把撤侨作为应对海外公共安全危机的"万能药"。在利比亚撤侨行动中，仅从保证人员安全来说，这是一次非常成功的行动。在短短的十天内，中国从一个安全形势极度紧张的地区撤出 35000 多名侨民，并且协助 12 个国家撤出 2100 名侨民。但是，利比亚撤侨留下的严重后遗症不容忽视，有必要提醒中国的企业，在"走出去"的过程中应加强风险防范意识。[②]。

撤侨如救火，"消"不如"防"。及时准确的预警将事半功倍。同样是在利比亚，由于有了及时而准确的领事危机预警，在 2014 年 7 月 30 日中国外交部和驻利比亚大使馆发出"尽快撤离"的安全警告之前，在利比亚的

① 金桂岭：《自有救援网络建设的必要性》，应急撤离演练技术指导会议，2016，第 2 页。
② 李荣林："利比亚大撤侨事件对我国企业走出去的启示"，《时事聚焦利比亚风云》2011 年 8 月。

2100 名中国公民中，有大约 1000 人在两个月左右的时间里，从容地撤离该国。①

第一，作为终极手段，撤侨并不是越早实施越好。撤侨行动是特殊的外交措施，是在紧急情况下以公民的生命安全为首要考虑、有时需要被迫放弃一些经济利益的终极应对手段。撤侨的决定必须经过通盘的慎重考虑。同时，撤侨作为一种国家行为，带有相当强的政治敏感性。特别是对于一些全国范围内的整体撤侨，往往会彻底破坏在该国的利益拓展基础，只能在万不得已的情况下做出。就利比亚撤侨这个案例而言，根据事态发展的重大信号并参考其他大国的撤侨行动，将撤侨行动提前几天，势必将大幅度降低此次撤侨行动的难度；但是，在更早的时间做出撤侨决定就显得过于草率了。

第二，加强对投资所在国家或地区的政治、安全形势的跟踪与预判，确保危机管理决策更加科学有效。总结利比亚撤侨行动，如果能更加注意以下四方面的预警信号，就可以使我们的撤侨决策更加及时和准确。首先，国际评估机构对利比亚的总体安全形势评估做出了重大调整。化险咨询（Control-Risks）在 2010 年底，就已将利比亚从中度风险国家调整为高风险国家。此评估结果基于两方面的原因：一是利比亚的家族强权政治在北非民主化进程中引发了国内政局的动荡；二是利比亚经济社会发展迟缓，导致国内民众不满情绪激增。其次，国际事务的变化特征警示利比亚的安全形势即将发生重大变化。在联合国安理会和联合国人权理事会等多边对话中，美、英、法等西方国家针对利比亚的动作频频，显示出军事干预的先兆。再次，国际市场发出强烈的预警信号。当时，国际原油和黄金的期货价格异常波动，显示出发达国家主导的国际资本市场已经对利比亚战争做出早期的应对。最后，英国、意大利、西班牙和法国在利比亚的大型石油项目在 2 月初陆续停产，以法国为代表的欧盟国家率先撤侨。西方主要大国的撤侨行动可以成为我国撤侨决策的重要参考。

---

① 黎海波："中国领事保护可持续发展探析"，《现代国际关系》2016 年第 6 期，第 6 页。

第三，如何在未来做出更科学的撤侨决策？

撤侨行动作为特殊外交的终极手段，其决策过程对时效性、科学性和透明度的要求更高。撤侨行动并不是简单的"有危必撤"，更不是应对海外公共安全危机的唯一方案。回顾新中国成立以来我国海外华侨遭遇的大规模反华排华行动，与我国全面的撤侨行动也并不存在一一对应关系。

"981 钻井平台事件"后，数百越南民众于 2014 年 5 月 13 日冲进胡志明市北方平阳省的外商聚集区，攻击华人并造成我上百名人员伤亡和巨大财产损失。① 对于这一紧急的海外公共安全事件，中国根据实际情况从越南撤出部分侨民，提升赴越南旅游的风险级别至"暂勿前往"。同时，越方逮捕了大批犯罪嫌疑人，对中方受冲击企业采取减税等补偿措施。这一事件的负面影响得以迅速消除。从上述案例中，可以看出，一方面，科学的撤侨决策，源于对事态的准确判断。在"5·13事件"中，我国没有做出大规模撤侨的决定，是因为综合研判的结果认为越南整体局势稳定，当局也愿意维护稳定的外资投资环境，并且我国判断该事件可以在短期内得到平息。事件发生时，越南只是在局部地区发生了总体可控的安全形势不利变化，这与利比亚撤侨发生的背景有本质上的区别。另一方面，科学的撤侨决策，还应兼顾海外公民生命财产安全与国家海外利益拓展的战略整体考量，并在二者间取得科学的平衡。撤侨决策的科学性体现在，决策者选择最恰当的时机，根据对安全形势变化的准确了解，以及对安全形势未来发展趋势的准确判断，做出局部小规模撤侨、大规模撤侨直至全面撤侨的决策，而不是简单的"有危必撤"。

正因相关决策的高度政治敏感性，撤侨行动从预警阶段开始，必须有非官方智库机构的深度参与，同时借助与化险咨询（Control-Risks）等国际救援组织和情报机构的合作，通过增加决策过程的透明度和科学性，消除外界猜疑，避免政治抹黑以及来自某些西方国家的蓄意非难。② 完善应急预警机

---

① 姜寓："'海洋石油981'事件回顾"，《红河学院学报》2015 年 12 月第 6 期。
② 吴志成："从利比亚撤侨看中国海外国家利益的保护"，《欧洲研究》2011 年第 3 期。

制，对海外突发事件进行科学分级，根据风险评估和监测结果，启动不同的预警标准，[①] 对于提升撤侨决策的科学性有着积极的意义。为此，建议对我国在海外投资和人员游学集中的高风险地区进行系统的风险评估，建立风险数据库，并且在安全形势发生重大变化的情况下，做出有数据支撑的、可分级量化的预警，作为政府做出撤侨决定的相关政策依据。

（三）为了应对海外紧急救援和公共安全保障，需要加强救援网络的建设，并与国际标准、国际主流救援网络形成对接。[②]

成熟的海外应急救援体系是一个大国拓展海外利益和提升国际影响力的必要保障。同时，可靠有效的海外救援能力也是一个大国形成全球发展战略和能力的标志。从利比亚紧急撤侨行动看，在某一特定时间和特定地区，各国同时面临重大紧急事态时，对有限的公共救援资源存在竞争关系，[③] 因此自有的海外应急救援网络和能力就显得非常必要。在中国自有海外救援体系建设的初期，应格外注重加强国际合作，以及与国际化标准的接轨。目前，尚没有形成一套国际通用的海外应急管理和危机处置行为准则，中国只有尽早建成自有海外救援网络体系，才能在建立国际海外应急管理和危机处置通用行为准则的进程中享有发言权并为发展中国家争取利益。[④]

（四）国际救援网络建设应首要关注高危地区关键支点的建设，逐步完成由点到线、由线到网络的布局

海外高危地区的公共安全支点也可被视为安全屋或者避风港，在利比亚撤侨这样的大规模应急海外公共安全事件中，这些安全支点可以被用于撤离

---

① 卢文刚："'一带一路'视域下我国海外应急管理研究"，《实事求是》2017年第5期，第5页。
② 金桂岭：《自有救援网络建设的必要性》，应急撤离演练技术指导会议，2016，第2页。
③ 同上，第1页。
④ 同上，第4页。

初期的人员聚集点。① 从利比亚撤侨的经验看，初期的零散人员能否迅速地集结在安全屋或避风港之类的安全区域，决定了撤侨行动的成败。

西方发达国家很重视海外公共安全关键点的建设，在统一的国家规划中，往往投入巨资、经营多年。海外军事基地是最高级别的海外安全支点，但是受政治、外交、经济、安全等条件所限，仅凭有限的海外军事基地难以满足所有海外公共安全应急管理的要求。

因此，中国应加快海外公共安全支点的构建。从目前来看，虽然中国的海外军事基地建设起步较晚、布局受限，但是在建立应急海外公共安全支点的进程中，仍然有独特的优势。首先，在国家层面，"一带一路"倡议正在实现全球布局，特别是在"一带一路"沿线国家，得到了当地政府的认可和支持，为布建全球公共安全应急网络系统打下了基础。其次，在企业层面，我国许多大型央企和国企是全球投资布局的先行者，随着政府对企业海外投资安全行为管理规范化的不断推进，这些企业的海外大型项目经理部在人防、物防和技防上投入了大量的资源，② 安全防范水平不断提升，在突发的海外公共安全紧急状况下可以为零散人员提供临时的安全庇护。再次，在民间层面，华人华侨在驻在国已经打下良好的根基。其中，一些对公共安全市场有良好意识的投资者，已经开始在中国大型援建项目周边投资连锁酒店、加油站和补给站等设施，这些设施都具备在紧急情况下成为安全屋的基本条件。最后，与日俱增的海外公共安全需求与有限的公共安全资源形成了巨大的落差，客观上造就了一个估值上万亿元的海外安保市场，大大小小的海外安保服务提供商不断涌现。经过市场的优胜劣汰，有实力的海外安保服务商可以利用资本的力量，通过收购资产或购买服务等形式将零散的海外安全资源梳理成线，织造成网。

此外，在推动海外公共安全应急网络建设的进程中，还应注意以下三方面的问题。第一，做好官方与民间的任务分工，特别是要充分调动民间资本

---

① 金桂岭：《自有救援网络建设的必要性》，应急撤离演练技术指导会议，2016，第2页。
② 金桂岭：《境外安全资源常态化配置》，境外应急处置经验分享会，2017，第2页。

的积极性，发挥市场的力量。私人安保公司，也就是国际上通称的私人武装提供者，可以成为保障国家拓展海外利益的战略性力量。但是，海外公共安全市场面临严酷的竞争，大量有意从事海外安保服务的民间资本面临着"走出去，但是落不下、立不住"的困境。鉴于此，政府应该支持这些公司建立行业联盟、提升国际竞争力，同时，给予它们在政策上的扶持，鼓励在高危地区的大型投资项目与这些私人安保公司建立利益共享、风险共担的共生关系。第二，加强信息数据库建设①，做好全球安全网络规划，提升其兼容性和可操作性，以便更好地服务于中国海外公共安全危机管理的实际需要。海外公共安全数据库应以中国海外利益拓展的高危地区为核心，通过梳理可用资源，将海外安保集团以及具有武装运输能力的大型运输集团登记在案，充实中国在海外公共安全紧急状况下可供调用的"预备役"力量。第三，以海外公共安全危机管理一线实操经验为标准，建立海外公共安全专家库，通过实操专家与相关学者的学术交流与互动，建立并不断完善海外公共安全应急管理的案例库和应急方案库，供决策参考和不时之需。

（五）加强制度和机制建设，加强海外基层党组织建设，加强党的领导

在对中电建利比亚项目工程部某位负责人的访谈中了解到，在已经获得两架包机的撤离配额后，该项目工程部的全体党员召开临时党员大会决定，让群众先行撤离。在党员的带动和感召下，该项目工程部的中方工作人员集体决定，把包机席位让给了一百多位被五星红旗召唤来的巴基斯坦民众。

长期以来，扎实的海外基层党建工作带来了中国侨民素质的整体提高。在此次撤侨过程中，中国在利侨民表现出了较好的素质，听从组织、吃苦耐劳，由中国外交人员统一编组，每组50人，自始至终都很有序。有数千侨

---

① 金桂岭：《境外安全资源常态化配置》，境外应急处置经验分享会，2017，第2页。

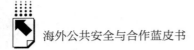

民，甚至徒步跋涉十几个小时穿越沙漠、无一人掉队。① 在访谈中了解到，这些临时编成的 50 人撤离小组，绝大多数都有党员带头，党员的先锋模范作用极大地提升了撤离效率并在一定程度上减少了损失。

据英国路透社报道，与中国政府短时间内成功撤出 3 万多名在利比亚侨民形成鲜明对比的是，印度滞留在利比亚的 1.8 万名公民中，仅有 1/4 得到妥善安置。直至 2 月 27 日，仍有大批等待逃离利比亚的孟加拉国人聚集在埃及和利比亚的边境通道上无人过问，这些孟加拉国人大多来自韩国现代汽车设在利比亚的工厂。

中国在利比亚撤侨行动中取得的巨大成功，在相当程度上源于海外基层党组织建设成果，源于制度上的优势。这种优势，正在因近年来中国政府和中国领导人越来越关注海外公共安全和海外公民权益保护而不断扩大。2017 年，国家主席习近平在"一带一路"海外事业发展的会议上，反复强调安全保障工作的重要性，指出"当前我国国家安全内涵和外延比历史上任何时候都要丰富，时空领域比历史上任何时候都要宽广，内外因素比历史上任何时候都要复杂"。

借助对利比亚撤侨行动的研究和总结，中国在海外公共安全危机管理的理论上和实践中都取得了一定进步：海外大型工程和投资项目的安全风险管控有了新的标准，海外公共安全应急处置的网络有了一定的雏形，在共同应对全球公共安全风险的国际化合作中有了一定的进展，中国公民对个人海外旅游和求学安全也有了更高的期待。

---

① 张历历："中国全力从利比亚大撤侨分析"，《当代世界》2011 年第 4 期。

附 录

Appendix

B.11
2018年海外公共安全与合作大事记

魏 冉*

2018年1月

1月4日 中国外交部领事保护中心开通官方微博"领事之声",权威发布重要海外安全提示,涉及中国公民海外重大突发事件处置情况,介绍重要中外签证制度以及涉及中国公民的各类领事证件服务等相关信息。

1月10日 为扎实做好高访准备工作和务实推动澜湄经贸合作、中柬(埔寨)投资合作,商务部合作司司长周柳军在金边召开中资企业座谈会,进一步落实高访经贸成果准备情况,详细调研对柬投资合作基本情况和存在问题,并就规范企业海外经营行为提出具体要求。

1月12~13日 中国驻越南使馆崔东明参赞率领事部工作人员赴越南

---

* 魏冉,法学博士生,外交学院研究生部,主要研究领域为当代中国外交、领事保护。

广宁省下龙市开展中国游客安全巡视，与越方就维护中国游客安全并创造安全、有序的旅游环境等达成共识。

1月19日 中国驻南非开普敦总领馆召开旅行安全工作座谈会，就做好春节期间中国公民旅游安保工作、建立长效预防与应急处置机制进行研讨。座谈会上，各旅行社负责人介绍了中国游客来南非旅游的业务开展情况，全面梳理了中国游客在南非面临的安全、风险，并通过具体案例就游客旅行安全、风险预防、突发事件处置经验等进行了交流探讨。

1月21日 中国驻阿富汗大使刘劲松拜会阿矿业石油部代理部长奈汗，促请阿矿业石油部商讨有关部门切实保障在阿从事能矿产业的中资企业的安全，严防恐怖袭击，切实增强中方员工的安全感。同日，刘大使会见中冶 - 江铜埃纳克铜矿项目副总经理张继奎。刘大使指出，安全是企业的生命线，希望在阿中资企业充分认识当前阿安全形势的复杂性，增强风险与安防意识，严格执行企业内部安全规程，加强针对性安防演练，完善各类安防设施，与阿当地政府和执法力量、中国驻阿使馆保持沟通。

1月23日 中国驻尼泊尔使馆召开在尼中资机构安全专题会议，经商处彭伟参赞主持会议，就在尼中资企业安全工作提出要求，领事部主任李忞介绍尼领保工作形势及中资企业常见领保问题等。彭参赞指出，新春将至，在尼中资企业要树立底线思维，完善应急预案，牢固树立安全意识，严格落实外派劳务安全生产规定，保障工人合法权益，统筹节日前后各项工作，开展风险评估，全面仔细排查安全隐患，强化软硬件建设，加强员工安全管理与培训，确保做好安全生产工作。

1月24日 由日本成田机场飞往上海的廉价航班捷星航空35次航班因上海降雪被迫取消，175名中国乘客滞留机场。航空公司要求乘客离开登机区域，但未用中文说明机场规定该区域将于23时关闭，导致中国乘客不配合航空公司安排。获悉后，中国驻日本使馆连夜紧急介入处理。经使馆交涉，航空公司承诺妥善安置滞留乘客，发放就餐补偿并安排下一个航班将乘客运送回国。最终，所有滞留旅客于26日凌晨顺利抵沪。

1月26日 中国驻英国使馆在伦敦威斯敏斯特大学举行2018年首场领事保护宣传活动，费明星公参出席并致辞，使馆领事官员、教育官员和律师分别就留学服务工作、领保知识和法律常识进行专题介绍。费公参在讲话中简要介绍了使馆2017年领事工作情况，表示使馆高度重视在英中国公民的安全与合法权益，采取各种措施为大家提供领事保护与服务，希望大家继续支持使馆工作，积极担任使馆的"领保志愿者"。

2018年2月

2月13日和2月20日 中国驻斯里兰卡使馆领事部主任王克启走访数家中资企业在科伦坡项目，举办两场领事保护讲座。王领事结合领保工作中具有普遍性及突出性的问题，要求各中资企业及其分包商遵守斯就业法规，为项目工人办理正规工作签证；遵守斯海关出入境携带物品的规定，避免携带违禁品入境；加强企业安全管理，建设团结向上的劳工队伍；与当地员工和社会友好平等相处；处理好劳资关系，保障工人权益。

2018年3月

3月1日 中国驻古巴使馆政务参赞姚飞主持召开在古中国公民文明旅游和安全工作座谈会，当地主要华人旅行社负责人参加。姚参赞在听取旅行社负责人介绍中国公民来古旅游情况后指出，党中央、国务院高度重视中国公民海外文明旅游和安全问题，要求各相关单位和机构群策群力、共同做好这方面工作。同时希望相关旅行社进一步做好对来古中国游客的安全宣传，强化安全意识，协助使馆开展预防性领保工作。使馆将同各旅行社保持联系，及时向遇到困难的中国公民提供领事保护和服务工作，维护中国公民合法权益。

3月8~10日 中国驻孟加拉国使馆参赞陈伟率工作人员赴孟西北部巴拉普库利亚煤矿（孟巴煤矿）开展安全检查。陈参赞同联合体有关负责同志进行座谈，结合孟当前安全形势及煤矿生产特点，要求企业高度重视安全工作，认真落实各项规章制度，不断完善应急预案，确保项目及人员安全。使馆将同企业一道，为保障项目、人员安全作出积极努力，助推中孟关系发展。联合体负责人汇报了安全生产情况，表示将始终把安全工作置于企业生产经营的首位，严格落实安防要求，确保各项工作安全有序开展，更好地服务于"一带一路"建设。

3月14日 中国驻澳大利亚珀斯总领馆雷克中总领事前往西澳州中西部，对鞍钢集团卡拉拉铁矿项目进行安全巡视和考察。在鞍钢集团卡拉拉项目张兆元总经理的陪同下，雷总领事一行先后考察了项目办公运营区、采矿场、选矿厂、矿区营地等场所，听取了项目进展情况的汇报，并详细了解了项目的安全防控及日常运营管理。雷总领事对项目中外方管理人员及员工表示亲切慰问，对该项目成功实现产量800万吨表示祝贺，鼓励他们再接再厉、争创新业绩，同时对安全生产提出明确要求，强调要始终保持安全意识，严守安全生产制度规范，做到安全第一、警钟长鸣。

3月21日 一艘载有中国船员的挖沙船在马来西亚麻坡附近海域发生倾覆，船上共有16名中国船员。中国驻马来西亚使馆接报后高度重视，立即紧急启动应急预案，协调马方全力开展搜救。

3月23日 商务部对外投资与经济合作司会同中国对外承包工程商会在京发布新版《境外中资企业机构和人员安全管理指南》。商务部合作司韩勇商务参赞在发言中强调，要认真学习贯彻总体国家安全观，不断提升境外企业和项目安全保护水平；强化企业安全主体责任意识，建立健全企业内部安全保护制度；加强多方合作，内外联动，共同做好境外企业和对外投资的安全保护工作。

3月26日 外交部结合新形势下领事保护与协助工作的需要，起草了《中华人民共和国领事保护与协助工作条例（草案）》（征求意见稿），公开征求社会意见。《征求意见稿》共38条，分总则、领事保护与协助案件处置、预防性措施与机制、法律责任和附则五章。

2018年4月

4月10日 外交部领事司司长郭少春与法国外交部海外侨民事务和领事管理司司长瓦尔内里在法国举行中法第五轮领事磋商。双方积极评价两国领事关系与合作，重点就保护公民安全与权益、常驻对方国家外交人员签证、互发多年多次签证、中欧便利人员往来协议谈判等议题深入交换意见。

4月11日 在公安部、中国保安协会共同指导下，中国政法大学、红十字国际委员会、瑞士驻华大使馆联合主办的第一届安保与法律国际论坛在京开幕。

4月17日 海南中金鹰和平发展基金会在海南省三亚市凤凰岛召开"2018亚太公共安全论坛：建立亚太公共安全新秩序与推进'一带一路'区域安保合作"，来自中国、英国、俄罗斯、巴基斯坦、乌兹别克斯坦、斯里兰卡等国家的专家学者、安保企业代表参加了本次会议。会议期间，海南中金鹰和平发展基金会与三亚学院举行了"海南公共安全研究院"揭牌仪式。李柏青担任院长，陆丹担任共同院长。

4月21日 中国驻新西兰使馆领事部一行三人在新西兰梅西大学开展"领保进校园"活动，面向在校中国留学生进行预防性领事保护宣传。使馆人员向留学生介绍了领事保护基本常识，分析了留学生活中存在的安全风险，着重就交通驾驶、电信诈骗、户外运动等留学生群体中的高发安全风险点进行剖析，并结合近几年在新中国公民，特别是留学生群体中发生的重大领保案件，与大家分享经验与教训，提醒同学们一定要注意安全。

4月22日 在朝鲜黄海北道发生一起重大交通事故，一辆载有34名中国游客的旅游大巴从当地一处大桥坠落，造成中国游客32人死亡、2人重伤。事故发生后，党中央、国务院高度重视。中共中央总书记、国家主席、中央军委主席习近平立即作出重要指示，要求外交部及我驻朝使馆立即采取一切必要措施，协调朝鲜有关方面全力做好事故处理工作，要全力抢救受伤人员，做好遇难者善后工作。中共中央政治局常委、国务院总理李克强作出批示，要求抓紧核实具体情况，做好救治和善后工作。外交部及我驻朝使馆第一时间启动应急机制，同朝方保持密切沟通，协调朝方全力开展救援。

4月24日　中韩外交部门第十次渔业问题会谈在厦门举行。中国外交部领事司副司长陈雄风与韩国外交部东北亚局审议官林始兴分别率团参会，中国农业农村部、中国海警局及有关地方政府和韩国海洋水产部等有关部门代表参加。双方就维护人员安全和合法权益、避免暴力执法、推动相关领域合作以及积极稳妥处理两国渔业纠纷案件等有关问题深入、坦诚地交换了意见，一致同意将继续本着友好协商、互利共赢的精神，加强沟通，共同推动两国务实合作健康发展。

同日，中国驻澳大利亚墨尔本总领馆邀请领区内主要承接中国游客业务的旅行社举行中国公民旅游安全问题座谈会。孙彦副总领事主持会议，介绍了中国游客赴领区两州旅游的总体情况，并结合领区内近期发生的涉中国公民旅游安全事件，梳理了有关安全风险，要求各旅行社高度重视中国游客安全问题，采取具体措施，防患未然，坚决避免发生群体性、恶性安全事故。

4月26日　中国驻加拿大多伦多总领馆举行"平安旅游"座谈会。中国文化和旅游部驻多伦多办事处、加中旅游协会以及20余家承接中国团体游客的大多伦多地区旅行社代表受邀参会。中国驻多伦多总领事何炜强调，中国领导人和中国政府高度重视维护海外中国公民安全和合法权益，始终高度关注涉及中国游客的海外安全事件。希望各旅行社充分认识安全问题的重要性，合规合法诚信经营，确保服务质量，积极妥善应对突发事件，让中国游客满怀期待而来、平安满意而归。

2018年5月

5月4日　国际反恐怖主义和极端主义高级别会议在杜尚别举行，来自46个国家和国际组织（包括上合组织）的400多名代表出席了会议。会议通过了《杜尚别宣言》。

同日，中国驻安哥拉使馆在罗安达中国商贸城召开小微企业及个体商户治安工作座谈会。30 余名罗安达地区业界代表参加。驻安哥拉大使崔爱民强调，大使馆始终坚持"以人为本、外交为民"，把保护中国机构和侨民的合法权益作为重要职责，同时将进一步加大与安执法部门的沟通和交涉，不断深化中安警务合作，维护广大侨胞的安全与合法权益。

同日，中国驻印度拉合尔总领馆举行 2018 年度领区中资机构安全工作会议，驻拉合尔总领事龙定斌出席并讲话，驻旁遮普省 28 家中资机构负责人与会。龙总领事强调，海外中国公民的人身安全始终牵动着党中央和国务院领导的心，是总领馆最重要的议事日程，总领馆将以"十九大"精神为指导，以高度的政治责任感，努力践行"外交为民"的理念，倡导"大安全、大领保"格局，继续完善三方安全联防联动机制，敦促旁省政府及其强力部门加大投入、切实采取有效措施，确保领区中方人员安全，织牢领区中国公民安全防护网。

5 月 5 日　中国驻瑞士使馆在伯尔尼保罗·克利中心举行留学生领事保护宣介交流会，瑞士中国学人科技协会、瑞士中国学生学者联谊会共 50 余人参加。领事部主任李玲简要介绍了当前全球留学生领事保护工作面临的形势以及瑞士安全治安状况，并结合典型领事保护案例和瑞士国情特点，从人身安全、证件和财物安全、交通安全和户外安全四个方面介绍了相关领事保护知识和安全防范措施。

5 月 8 日　中国驻意大利米兰总领馆举办领保进中资企业讲座。汪惠娟副总领事表示，此次活动是总领馆贯彻"外交为民"和打造海外民生工程的新举措，也是总领馆提升服务水平和能力的新实践。米兰警察局、伦巴第大区海关、意大利对外贸易委员会、伦巴第大区工业家联合会相关负责人及我馆领事官员，分别就中资企业关心的居留、货物清关、进口增值税免除、维护企业权益以及为合作伙伴申办赴华签证等问题做了详细介绍，并进行了交流互动。

5 月 9 日　外交部领事司司长郭少春与塞尔维亚外交部部长助理约瓦诺维奇在北京举行中塞第二轮领事磋商。双方全面评估并积极评价了 2017 年

1月生效的《关于互免持普通护照人员签证的协定》的执行情况，并就便利人员往来、维护公民安全与合法权益等深入交换意见。

5月11日 中国驻泰国宋卡总领事周海成赴中国银行（泰国）合艾分行和广垦橡胶（沙墩）有限公司进行安全检查，慰问一线工作人员并同单位负责人进行座谈。周总领事深入橡胶生产车间实地检查安全管理有关情况，详细听取了企业经营、安全生产、安全防范等方面的情况介绍，结合当前泰南安全形势，要求企业高度重视安全工作，加强人员安全培训，完善应急处理机制，确保企业员工和资产安全，勉励企业继续扎实推进工厂建设，厉行资源开发、安全生产与环境保护同步推进，注重处理好与当地政府和社区的关系，积极履行企业社会责任，树立中资企业在海外的良好形象。

同日，中国驻马来西亚古晋总领馆组织召开中资企业座谈会，驻古晋总领事程广中出席，中国水电、上海电气、葛洲坝马来西亚有限公司等20家在沙捞越的中资企业代表与会。会议强调，各在沙中资企业要切实提高安全意识，防范外部风险，不断完善管理制度，落实安全生产责任；严格遵守国内和所在国的法律法规及当地风俗习惯，注意依法合规经营，避免介入当地政治；进一步加强党建工作，全面贯彻从严治党方针，切实提高四个意识，充分发挥企业党组织的政治核心作用。

同日，中国驻澳大利亚悉尼总领馆赴卧龙岗大学举办预防性领保宣介活动，150余名中国留学生及学者参加活动。总领馆领事部和教育组官员结合近期领保案例，有针对性地介绍了留学生常见人身和财产安全风险，并着重就近期频发的电信诈骗案件讲解了防范和应对知识。

5月15~16日 中国驻伊拉克埃尔比勒总领事倪汝池走访了伊拉克库尔德地区埃尔比勒市的大庆钻探库尔德项目部、东方地球物理勘探公司伊拉克北部项目经理部、中国机械设备工程股份有限公司驻伊拉克库区办事处及华为公司埃尔比勒办公室等中资企业，并进行了座谈。倪总领事提醒各企业要遵守当地法律法规，做到合规经营；要求大家继续提高安全意识，高度重视安全防范及安全生产等项工作，确保我人员和财产安全；希望各企业加强与总领馆联系，总领馆将尽力为企业提供必要的帮助。

5月16日 中国驻斯洛伐克使馆举办中国公民和机构海外安全及合规经营工作座谈会，驻斯洛伐克大使林琳结合近期国际形势，要求在斯中资机构真正提高合规合法经营意识，加强并完善企业合规经营管理机制，遵守中国和斯洛伐克法律法规，履行好企业社会责任，为企业长期、稳定经营创造良好的条件和基础。

5月18日 中国驻肯尼亚大使孙保红赴蒙内铁路蒙巴萨货运站和客运站调研，考察蒙内铁路货运运转和调度、蒙巴萨港区支线工程进度及客运运营等情况，并看望慰问中肯两国员工。孙大使充分肯定铁路运营、建设团队的工作成绩。她表示，希望中方运营和建设团队继续密切与肯方合作，加强安全防范底线思维，扎实推进铁路运营和港区支线工程建设各项工作，使蒙内铁路这张中肯、中非合作的名片永葆亮丽。

5月20日 中国驻南非开普敦总领馆赴开普敦大学举办"领事保护进校园"预防性领事保护宣介活动。本次宣介活动面向"校园内的中国公民群体"，西开普学生学者联合会和开普敦华人警民中心一同参与宣介活动。总领馆领侨处王义晗主任介绍了领事保护工作的基本常识，分析了中国留学生在南非生活学习面临的各种安全风险，结合近期发生的针对中国留学生的重大领保案件着重就人身安全、交通安全、金融安全、居家安全、防诈骗安全等高发风险点进行剖析。西开普省学生学者联合会武长虹会长、开普敦华人警民中心陈朱金主任还就"校园群体"心理安全知识和在南侨胞生活工作的注意事项分别进行了介绍。

5月21日 外交部领事司司长郭少春与哈萨克斯坦外交部领事司司长马季耶夫在北京举行中哈第十七轮领事磋商。双方积极评价了两国领事关系与合作，重点就便利人员往来与维护公民权益等问题深入交换意见。

5月22日 中国驻蒙古使馆、驻扎门乌德总领馆及蒙古国中华总商会共同举办"依法合规开展经营活动，树立中资企业良好形象"专题座谈会，驻蒙古大使邢海明、驻扎门乌德总领事柴文睿分别发表讲话。使馆有关处室负责人、商会及在蒙主要企业代表等近两百人出席。邢大使指出，当前中蒙双方正抓紧推进"一带一路"倡议与"发展之路"战略对接，双边经贸合作潜力很大，前景广阔。希望各家在蒙中资企业进一步练好内功，不断提升自身抵御风险能力，全面营造在蒙有序竞争、合法经营、团结向好的良好氛围，携手推动中蒙双边经贸合作迈上新台阶。

5月24日 外交部领事司司长郭少春与美国国务院助理国务卿里施在成都举行中美第十二轮领事磋商。双方重点就推进中美领事关系与合作、便利人员往来、公民安全与合法权益等议题深入交换意见。

5月26日 中国驻德国慕尼黑总领馆赴维尔茨堡市举办"领保进校园"活动，当地近20名留学生和领保联络员参加。蔡浩副总领事指出，近年来中德关系保持积极发展势头，领区内注册的中国学生多达4000余人。中国政府高度重视包括留学生在内的海外中国公民的安全与合法权益。领事部主任李晶和主管教育的黄崇岭领事分别结合案例就留学生失联、意外事故、突发疾病、学业困境、心理健康及经济纠纷等问题进行分析并提出应对举措，提醒中国留学生遵守当地法律法规，注重心理健康，安排好自己的学习和生活。

2018年5月29日 中坤鼎昊（北京）国际商务服务有限公司与深圳市政府签约，成为深圳市"走出去"战略合作联盟签约单位，为深圳市"走出去"企业提供海外风险预警与风险管理服务。

2018年6月

6月5日 外交部领事司司长郭少春与菲律宾外交部部长助理兼领事司司长西玛弗兰卡在北京举行中菲第七轮领事磋商。双方重点就推动中菲领事关系发展、开展中菲旅游合作、便利人员往来、公民安全与合法权益保护等议题深入交换意见。

6月10日 上海合作组织成员国元首理事会第十八次会议在青岛国际会议中心举行。国家主席习近平主持会议并发表重要讲话。印度共和国总理莫迪、哈萨克斯坦共和国总统纳扎尔巴耶夫、中华人民共和国主席习近平、吉尔吉斯斯坦共和国总统热恩别科夫、巴基斯坦伊斯兰共和国总统侯赛因、俄罗斯联邦总统普京、塔吉克斯坦共和国总统拉赫蒙和乌兹别克斯坦共和国总统米尔济约耶夫出席会议。上合组织秘书长阿利莫夫、地区反恐怖机构执委会主任瑟索耶夫参加会议。峰会批准了《上海合作组织成员国打击恐怖主义、分裂主义和极端主义 2019 年至 2021 年合作纲要》《上海合作组织地区反恐怖机构理事会关于地区反恐怖机构 2017 年工作的报告》等重要文件。

6 月 13 日 外交部领事司司长郭少春与蒙古对外关系部领事局局长阿伦包勒德在北京举行中蒙第十九轮领事磋商。双方积极评价了中蒙领事关系，重点就便利人员往来、维护公民和机构安全与合法权益等深入坦诚地交换意见。

同日，中国驻以色列使馆领事参赞董哲一行赴特拉维夫大学举办"领事保护进校园"活动。特大国际部亚洲区经理艾丹娜、希伯来大学孔子学院中方院长王世洲及来自以各高校的 130 余名中国留学生参加。董参赞强调，使馆一向高度重视包括中国留学生在内的旅以中国公民的安全及合法权益保障，领事保护是使馆的重要工作内容之一。希望各位同学尊重当地宗教风俗禁忌，遵守校规、服从管理，与使馆教育处保持密切联系，关注使馆网站和"以馆为家"微信平台，遇紧急情况及时报警并与使馆联系。

6 月 18 日 中英"一带一路"风险保障国际合作论坛在英国伦敦举行。中国驻英国大使馆临时代办祝勤、中再集团董事长袁临江、伦敦金融城政策与资源委员会主席 Catherine McGuinness 以及劳合社首席执行官 Inga Beale 参加本次论坛并发表主旨演讲。本次论坛上，来自中国铁建、中船集团以及东航集团的高管代表，分享了在"一带一路"倡议下中国企业在国际化发展中面临的机遇与挑战以及其对保险保障的需求。此外，在英在欧的 40 多家中资企业高级代表也通过案例分析和圆桌讨论等形式积极参与了该话题的研讨。

6 月 19 日 中国驻土耳其伊斯坦布尔总领事崔巍先后走访中国银行土耳其子行、EMBA 发电有限公司、中远海运集运（土耳其）有限公司，开展安全巡视并慰问上述企业员工。

6 月 22 日 中国驻肯尼亚使馆举行在肯中国企业和公民安全风险防范

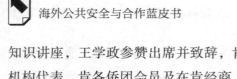

知识讲座，王学政参赞出席并致辞，肯警察局、移民局、投资局官员，中资机构代表，肯各侨团会员及在肯经商、就业的中国公民 300 余人参加。王参赞指出，中国政府和中国驻肯尼亚使馆一直高度重视在肯中国公民的生命和财产安全，坚决维护在肯中国公民和企业的合法权益。希望中国公民和企业通过此次讲座能够加深对肯尼亚相关法律、政策的了解，在今后的工作、生活中更加重视遵守当地法律、尊重社会习俗，合法经营，积极融入当地社会并学会运用法律手段维护自身合法权益。

6 月 26 日 韩国世宗市一商住两用建筑工地突发火灾，致使 16 名中国公民伤亡，其中 1 名遇难。火灾发生后，中国驻韩国使馆高度重视，立即启动应急机制，第一时间派工作组赶赴事故现场，向韩方搜救部门了解详情，并前往医院看望慰问受伤人员，敦促韩方全力做好相关善后及安抚工作。

6 月 29 日 中国驻加拿大多伦多总领馆举行中国留学生防范电信诈骗专题会议，驻多伦多代总领事庄耀东出席会议并讲话。庄代总领事表示，近期针对中国留学生的电信诈骗和"虚拟绑架"案件高发，总领馆对此高度重视，已经采取多种措施积极防范和应对此类案件。考虑到电信诈骗是典型的跨国犯罪，追踪犯罪嫌疑人、为受害人追回相关损失难度大、耗时长，因而做好预防工作、提高留学生群体防骗意识是当务之急。

2018年7月

7 月 3 日 外交部领事司司长郭少春与缅甸外交部领事条法司司长苗丹佩在北京举行中缅第九轮领事磋商。双方积极评价了中缅领事关系，重点就维护公民和机构安全与合法权益、便利人员往来等深入交换意见。

同日，中国驻乌兹别克斯坦使馆举行同中资机构和公民联络协调机制年内第二次会议，乌最高法院法官受邀做专题讲座，旅乌中资企业和华侨代表约 50 人与会。驻乌兹别克斯坦大使姜岩与会并表示，使馆高度重视联络协调机制建设，希望通过这一平台与大家及时交流信息，帮助大家了解掌握乌政策法规，确保在乌平安生活、守法经营。希望大家为进一步充实和完善机制工作积极建言献策。

7月5日　两艘游船在泰国普吉岛倾覆，47名中国游客罹难。事故发生后，中共中央总书记、国家主席、中央军委主席习近平作出重要指示，外交部和我驻泰国使领馆要加大工作力度，要求泰国政府及有关部门全力搜救失踪人员，积极救治受伤人员，文化和旅游部要配合做好相关工作。中共中央政治局常委、国务院总理李克强作出批示，要求全力搜救我失踪游客、救治伤员，妥为做好善后工作，要重视做好外出旅游人员安全防范工作，通过境外中国公民保护机制，切实维护好我公民合法权益，确保出行安全。外交部和我驻泰国使领馆立即启动应急机制，积极协调泰方全力开展搜救工作、救治受伤人员。

同日，中国驻尼日尔大使张立军视察中国政府援尼赛义尼·孔切将军大桥项目工地。张大使在项目负责同志陪同下参观项目工地、了解施工进展情况。

7月10日　由中坤鼎昊（北京）国际商务服务有限公司自主研发的全球动态可视化应急管理系统软件著作权在国家版权局登记（登记号2018SR533651），并随后于9月12日通过ISO9001质量管理体系认证。

7月12日　中国驻加拿大多伦多总领馆召开2018年度领事保护工作会议。驻多伦多代总领事庄耀东在会上介绍了2017年中国领事保护工作总体形势及驻多伦多总领馆领保工作概况。

7月16日　中国驻尼日利亚拉各斯总领馆召开安全工作会议，中资机构和华侨华人代表80余人参会。驻拉各斯总领事巢小良在讲话中表示，2018年上半年尼日利亚安全形势依然严峻，领保案件数量居高不下，海盗绑架案件、强力部门抓扣案件、经济纠纷案件数量上升。下半年，安全形势仍然不容乐观，"博科圣地"、农牧民冲突、"三角洲武装"等风险因素仍严重威胁我企业和公民安全，即将开始的尼联邦和地方选举又增加了新的复杂因素。巢总领事要求领区中资企业和中国公民高度重视安全工作，提高安全防范意识，加强风险防控，采取切实有效的措施，做好安全保卫工作。

7月17日 外交部领事司副司长陈雄风与泰国外交部领事司副司长硕拉育在曼谷举行中泰第六轮领事磋商。双方重点就赴泰中国游客安全及合法权益维护等问题深入交换意见。

7月21日 中国驻澳大利亚布里斯班总领馆领事走进昆士兰大学，为200多名中国新生举办"领保进校园"留学安全宣讲活动。总领馆教育组李红东领事介绍了总领馆教育组的工作职责和在昆留学注意事项，提醒新生及时完成留学生报到登记系统网上注册，注意安全，遵章守纪，努力学习，圆满完成学业。负责领事保护与协助工作的王冕副领事介绍了领事保护相关知识，为同学们讲解了安全防范和应对措施，并通过详细生动的案例，提醒同学们警惕近期频发的网络、电信诈骗案件。

7月22日 广西国盾安保服务有限责任公司发起的广西海外安保服务联盟在南宁市成立，这是中国国内首个针对海外安保服务的保安公司联盟，致力于为中国境外中资企业和人员提供安全的发展、生活环境。7月14日，国家商务部向广西国盾保安公司颁发《企业境外投资证书》，并批准其设立国盾保安服务（柬埔寨）有限公司，广西国盾保安公司成为商务部首个批准在国外设立保安服务公司的广西安保企业。据介绍，国盾保安服务（柬埔寨）有限公司成立后，广西国盾保安公司将向商务厅提交关于在泰国、马来西亚、新加坡、哈萨克斯坦等20多个国家设立境外保安公司的申请。

7月24日 马来西亚中资企业协会召开2018年会员大会，驻马来西亚大使白天出席并发表重要讲话。白大使要求在马中资企业严格遵守当地法律法规，积极开展属地化经营，扩大当地就业，认真履行社会责任，主动参与当地社会公益事业。严格遵照马来西亚本地相关法律法规，合法使用劳工，营造健康有序、互利共赢、共同发展的良性营商环境。

7月25日 中国驻澳大利亚悉尼总领馆派员赴麦考瑞大学开展"领保进校园"活动，宣介领保安全知识。总领馆领事部邱元兴主任介绍了在澳留学常见安全风险、防范措施和应急处置，特别提醒中国留学生提防假冒中国驻外使领馆名义实施的电信诈骗。

7月26日 中国驻马来西亚槟城总领馆接到消息，一艘中国船只在马来西亚槟城州海域倾覆。经核实，中国籍海鲜运输船"深南3086"号（香港注册为"XINYIYI"号）于26日清晨在槟城州峇东海域因撞击海底沉船而倾覆，船上5名中国籍船员（香港1人，广东4人）被槟城州海事局救援上岸，无人受伤。当晚，总领馆领保人员与该船船长通话，再次确认船员身体状况，并代表总领事馆对其表示慰问。

7月27日 中国驻俄罗斯符拉迪沃斯托克总领馆举行确保中国游客安全问题座谈会。驻符拉迪沃斯托克总领事闫文滨强调，中国游客来符市旅游出现安全隐患的根源在于不规范的"低价团"，针对这一问题，国内相关部门和地方正努力解决。同时，在符市的中方旅游从业者作为具体的游客接待方，要牢固树立"人命关天"的理念，始终将确保游客安全摆在首位，在可能的范围内把自己的本分做到最好，尤其是要守住几条安全底线：不经营"黑宾馆"，不安排游客入住"黑宾馆"，不组织游客乘坐"黑船"，不给游客吃变质"海鲜大餐"，不给游客乘坐"问题大巴"。

7月29日 印度尼西亚龙目岛东部发生6.4级地震，后余震200多次。地震发生时，近千名游客正在攀登位于龙目岛东部的林贾尼火山，地震引发山体滑坡，多条下山道路被阻，导致上述游客被困山中，印度尼西亚有关部门组成临时搜救小组随即展开救助。根据中国驻印度尼西亚登巴萨总领馆与前方印度尼西亚搜救小组联系确认，截至31日上午10时31分，被困1090名登山游客已撤离至安全地带，届此，所有登记上山的中国游客均已获救。

7月31日 应中国驻克罗地亚使馆邀请，正在克参加警务联巡的中方警员及克首都警务人员，与克华人基金会在长城商贸中心举行警务领保座谈会。中方警巡队长、萨格勒布警察局第一分局领导、萨格勒布移民局官员、驻克罗地亚使馆工作人员及旅克华侨华人代表与会。萨格勒布警察局第一分局副局长马里奥及中方警巡队长梁书恺重点介绍了为华侨华人和中国游客专门设计的中文报警表，回答了涉及中国民众的警情处理、案件侦办等相关问题；萨格勒布移民局和使馆工作人员解答了关于签证审批、公证材料办理等问题。

2018年8月

8月4日 "中国留学生海外安全与心理健康论坛"在北京举行。此次论坛发布了《2018中国赴美留学生安全报告》。来自海外安全管控的专家学者、企业代表和中美法律方面的律师专家，对"留学生海外生活如何进行安全管控、遇险如何自救、如何用法律保护自己"等问题进行对话、分享观点。中坤鼎昊总经理金桂岭表示"可从三个环节进行海外风险管控。首先是风险识别，多了解目的国的地区安全信息，其次是评估危险，最后是预防任何不好的事情发生"。为了更好地为留学生保驾护航，万铎科技推出留学生海外一键报警服务——"安全地球"的三大"利器"：安全地球App、微信报警及随身智能硬件"安小宝"。此次论坛由万铎科技服务有限公司主办、中坤鼎昊国际商务服务有限公司协办。

8月7日 中国驻乌拉圭大使王刚赴新大洲RONDATEL公司、中远海运乌拉圭公司、中兴通讯乌拉圭分公司和华为技术乌拉圭子公司巡视督察安全生产工作。王大使要求各单位以习近平总书记关于安全生产的重要思想为指导，牢固树立安全发展理念，切实提高安全生产意识，认真贯彻境外中资企业安全生产相关要求，落实企业境外安全生产主体责任，加强自查自纠和问题整改工作，切实保障境外生产安全。

8月8日 中国驻墨西哥蒂华纳总领事于波赴海信墨西哥公司、TCL、冠捷等中资企业巡视督察安全生产工作。于总领事向相关中资企业负责人传达了中央有关精神，要求各企业以习近平总书记关于安全生产的重要思想为指导，牢固树立安全发展理念，落实企业境外安全生产主体责任，切实提高安全生产意识，认真贯彻境外中资企业安全生产相关要求，严格遵守安全生产法律法规，切实保障境外生产安全。

8月11日 中国驻冈比亚大使张吉明赴援冈国际会议中心项目现场巡查。张大使听取了项目实施和管理单位现场负责人的汇报，实地巡查了项目重点部位，强调该项目是两国务实合作的旗舰项目，要高度重视安全生产和管理，健全细化各项安全管理措施并确保落实到位，保证项目安全顺利推进。

8月13日 中国驻玻利维亚大使梁宇主持召开"进一步做好在玻中资企业安全生产工作"专题会议。近20家在玻中资企业的约30名代表出席。梁大使向与会企业代表传达了国内关于境外中资企业安全生产的文件精神并表示，务实合作是中玻战略伙伴关系的"压舱石"，要求在玻中资企业在思想上高度重视，严守法律法规，进一步完善内部安全制度，建立应急处置机制，加大安全保障投入，提高员工法纪意识，切实做到定期自查自纠，防患于未然。

8月14日 外交部推出"12308"手机客户端。该客户端是外交部发布领事资讯和提供领事服务的新媒体平台，由外交部领事司主办并运行维护。12308手机客户端含有通知公告、安全提醒、领侨播报、出行指南、应急电话等栏目，权威发布重要海外安全提醒、涉及中国公民的海外重大突发事件处置情况，介绍重要的中外签证制度安排、涉及中国公民的各类领事证件重要政策信息，同时具备一键呼叫外交部全球领事保护与服务应急呼叫中心12308热线功能。

同日，中国驻约旦使馆临时代办张海涛赴广东火电阿塔拉特油页岩电站建设项目开展领事和安全巡视。张代办介绍了约旦最新政治、经济、安全形势，特别是日前在部分地区发生的针对军警的恐怖袭击事件，充分肯定了企业此前采取的日常安保措施，同时要求企业进一步密切关注当地安全局势，提高安全风险意识，增加安全防范的投入、能力和手段，加强对项目营地和员工的安全保护，并切实担负起安全生产主体责任。

8月15～16日 中国驻越南岘港总领馆在广义省榕桔经济开发区召开领区中资企业预防性领保及企业合规经营安全生产工作会议，并就企业安全生产情况进行实地调研。领区25家中资机构代表共37人出席相关活动。驻岘港总领事郗慧传达了国内有关要求，并就境外中国公民和机构安全保护、企业合规经营与安全生产防范作出工作部署，要求我企业认真落实国内各项要求，坚持依法合规经营，抓好安全生产，做好应急处置预案，加大安保投入，定期排查风险隐患，确保各项安全生产措施落实到位，为我"一带一路"建设和中越经贸关系发展作出积极贡献。

8月19日 中国驻赤道几内亚使馆召开赤几中资企业合规经营、安全生产工作会议，并就预防性领保工作进行交流。近30多名中资机构代表出席。驻赤道几内亚大使陈国友传达了国内指示精神，重点就如何进一步做好企业依法合规诚信经营和提高安全生产、强化危机意识、完善应急处突机制等工作提出要求、做出部署。希望广大中资机构加大工作力度，及时定期排查风险隐患，为推动中非、中赤几互利合作转型升级做出新贡献。

8月21日 《中国领事保护和协助指南》（以下简称《指南》）2018年电子版正式上线。《指南》共六部分，内容包括出国前、出国后特别提醒；领事官员可以为您做什么、不可以为您做什么；中国公民海外旅行、留学、经商常见问题；12308热线及领事保护与协助电子平台简介。同时，新版《指南》将"了解目的地信息"调至首要位置，并增添了"关注海外安全信息"栏目。

同日，中国驻吉尔吉斯斯坦使馆召开中资企业座谈会，驻吉尔吉斯斯坦大使肖清华出席并讲话，30多家中资企业负责人参加。肖大使在讲话中要求企业尊重当地民俗民情，合法诚信依规经营，处理好与当地社会各界关系，多做社会公益活动，展示新时代中国企业家的良好形象，为中吉双边经贸合作做出更大贡献。切实重视安全风险防范工作，排查隐患，增强安保措施并落实到位。

8月24日 中国驻瑞士大使耿文兵会见瑞士伯尔尼州新任州政委员兼警察和军事部长穆勒，表示驻瑞士使馆愿继续加强同伯尔尼州政府、州警方及其他部门的合作，推动双方在安全领域的友好合作关系更上一层楼。穆勒感谢耿大使在其就任不久即来访并表示，瑞中两国紧密友好的双边关系为伯尔尼州开展同中方合作奠定了良好的政治基础，愿进一步加强对外国驻伯尔尼外交机构的安全保障，并为吸引更多中国游客赴伯尔尼州旅游创造安全舒适的环境。

8月28~29日 上海合作组织成员国军队总参谋长（联合参谋部参谋

长）会议在俄罗斯联邦莫斯科市举行。会议期间，与会各方就国际和地区安全以及在上合空间内打击国际恐怖主义等领域的热点问题交换了意见。与会各国军队代表还出席观看了在车里雅宾斯克州切巴尔库尔市靶场举行的"和平使命－2018"联合反恐军演。会后，各方就继续参与反恐演习一事达成一致，这将进一步深化各国在打击国际恐怖主义方面的相互理解。

8月29日 外交部领事司司长郭少春与韩国外交部在外同胞领事企划官禹仁植在北京举行中韩第二十轮领事磋商。双方重点就推进中韩领事关系与合作、便利人员往来、维护公民安全与合法权益等议题深入坦诚交换意见。

8月30日 中国驻马来西亚槟城总领事鲁世巍走访中交天津航道局马来西亚槟城吹填工程（STP2）项目部和中国铁建马来西亚有限公司槟城项目部，开展安全巡视并慰问企业员工。鲁总领事表示，推动"一带一路"建设，市场是主体，企业是先锋，海外的中资企业要积极开展属地化经营，履行好社会责任，积极开展互利合作，切实惠及当地民众。鲁总领事要求，各企业要不断提高风险防范意识，及时排查安全隐患，切实保障人员安全。

8月31日 中国驻苏里南使馆召开在苏中资企业座谈会。驻苏里南大使刘全表示，近年来随着中国国力增强以及加勒比地区国家发展，中加经贸合作取得丰硕成果，中资企业为中苏经贸合作日益深化做出积极努力，为中苏关系深入发展作出重要贡献。

同日，中坤鼎昊（北京）国际商务服务有限公司成为外交部举办的"一带一路"大使论坛战略联盟峰会暨中非财富论坛签约机构。

2018年9月

9月4日 外交部领事司司长郭少春与澳大利亚外交贸易部领事与危机处置司司长托德在北京举行中澳第十六轮领事磋商。双方重点就推进中澳领事关系与合作、便利人员往来、保护公民安全与合法权益等议题深入坦诚交换意见。

同日，中国驻韩国釜山总领馆和驻韩使馆教育处共同举办领区中国留学生干部领保工作座谈会。陈泳芳领事结合近年来领区留学生涉案情况，通过对具体案例的剖析解说，详细介绍了个别留学生涉及电信诈骗、交通安全意外、为赌球组织现场报球等有关情况。陈领事表示，学生干部要带头学法，做到懂法守法宣法，作好表率榜样；增强政治敏感性，加强与领馆、学校、留学生的联系，协助领馆及时掌握涉及留学生安全的情况，配合做好领保进校园、安全知识宣介及涉及留学生案件处置等工作，维护好广大留学生的合法权益。

9月6日　日本北海道发生6.7级地震。新千岁国际机场受损严重并关闭，所有航班停飞。地震发生后，中国驻日本札幌总领馆立即启动应急响应机制，馆领导第一时间召开紧急会议并部署各项工作。总领馆紧急发动华侨华人、留学生等组成志愿者队伍，设立地震应急临时救助中心，并购置应急食品、保暖用品等，为地震中受困的中国游客提供帮助。9月8日，驻札幌总领馆工作组与留学生志愿者队伍赶赴新千岁机场，协助因地震滞留在北海道的2500余名中国游客搭乘航班回国。

同日，中国驻美国旧金山总领馆召开中资企业工作座谈会。驻旧金山总领事王东华指出，新时代对中企商协会提出更高的要求，希望中企协和服务联盟发挥好桥梁纽带作用，引领会员企业，加强与当地政商界联系，积极宣介互利合作，树立中国企业良好形象。

9月6~8日　中国驻秘鲁大使贾桂德赴秘鲁皮乌拉大区，在中石油国际拉美（秘鲁）公司总经理陈金涛、白河铜业公司总经理吴斌等陪同下，实地考察中石油塔拉拉区块项目和白河铜矿项目。贾大使代表使馆亲切慰问奋战在采油一线的中方管理和技术人员，希望中石油继续搞好现有油气区块提质增效、新区块勘探开发等工作，坚持不懈抓好安全生产，为"一带一路"延伸至秘鲁作出新贡献。

9月11日　中国驻孟加拉国使馆与孟工业部联合举办"'一带一路'中孟工业企业交流合作协调机制圆桌会议"，驻孟加拉国大使张佐、孟工业部部长阿穆代表哈克辅秘及孟华联会、中国商会、孟中小企业基金会等中孟企业代表出席。圆桌会期间，双方与会企业代表就孟营商环境、招商引资政策、中方投资重点领域及亟须解决的问题等开展了交流。

9月11～13日　连云港论坛海外安保分论坛在连云港市工业展览中心隆重召开。本次论坛由公安部主办，江苏省公安厅协办，连云港市公安局承办。分论坛期间，来自"一带一路"沿线42个国家和4个国际组织的代表围绕"安防共享、合作共赢"的主题深入探讨，探索"一带一路"新形势下，为提高中国海外安保水平传递思想、探索方法、总结经验、共谋合作。

9月14日　伊斯坦布尔正在建设中的第三国际机场发生骚乱，土耳其工人焚烧汽车，堵塞工人宿舍区与工作区间道路，23名中国工人被困宿舍区。中国驻土耳其伊斯坦布尔总领事崔巍向伊省主管机场工作的副省长打电话，表达对被困中国工人的安全关切，要求对方采取措施，确保其人身财产安全。崔总领事还在工地现场会见了新机场承建方IGA公司的首席执行官，要求在剩余的施工期内，务必保证中方人员的安全和正常生活供应。

同日，中国驻土库曼斯坦大使孙炜东赴中国石油工程建设土库曼斯坦分公司安全巡视。孙大使走访了中油建土库曼斯坦分公司工作区域，充分肯定该公司为推动中土天然气合作、充实双边关系内涵、促进"一带一路"建设作出的积极贡献。

9月15日　中国驻缅甸使馆在仰光举办"2018年度领事保护专题宣讲会"，使馆于边疆参赞介绍了当前领保工作面临的新形势，强调领事保护的内容是中国公民、法人在海外的合法权益，绝不为违法犯罪行为"埋单"；领事保护为大家，也依靠大家。驻缅使领馆将不断探索，将预防性领保工作进一步做实做细。广大同胞也要增强风险防范意识，遵守当地法律法规，提高海外适应能力。

9月17日　中国驻美国洛杉矶总领馆在南加利福尼亚大学（USC）举行《旅居美西南——风险防范与应对手册》新闻发布会。发布会后，总领馆还举办了"领保进校园"宣讲活动。

9月18日　外交部领事司司长郭少春与沙特阿拉伯外交部领事次大臣

塔米姆在北京举行中沙第五轮领事磋商。双方重点就推进中沙领事合作、便利人员往来、维护公民安全与合法权益等议题深入交换了意见。

9月20日 第十六次上海合作组织成员国总检察长会议在塔吉克斯坦杜尚别市召开，塔吉克斯坦总检察长拉赫蒙·尤素福主持会议。本次会议就加强打击极端主义和恐怖主义力度，消除促使国际恐怖主义和极端主义蔓延的因素，禁止利用互联网实施极端主义和恐怖主义活动，调查研究极端主义和恐怖主义犯罪以及深化此领域的合作和信息交流等问题进行了研讨。

9月21日 中国驻印度尼西亚棉兰总领馆在巴淡市举办廖内群岛中资企业座谈会，20余家中资企业负责人或代表出席。孙昂总领事出席会议并与与会代表深入交流。会上，与会代表结合所属行业在印度尼西亚投资、经营特点，分别介绍了本公司或项目经营发展情况，从宏观上交流了各自对当地营商环境、投资政策的理解与把握，从微观上分享了各自内部管理和对外合作方面的成功经验及失败教训。

9月25日 中国驻西班牙巴塞罗那总领馆派员赴巴塞罗那大学为中国留学生举行领保宣讲。陆慈君副总领事出席并讲话，领事处主任王洁主讲。陆副总领事表示，领区中国留学生是总领馆的重要领事保护对象。近年来涉留学生领保案件呈多发态势，为增强留学生安全意识，维护留学生身心健康，总领馆专门组织此次宣讲，作为留学生"安全第一课"，希望大家加深对总领馆领保工作的认识，学会必要时科学、高效地寻求总领馆领保服务，提高防范能力，妥善应对风险，确保留学安全。

9月26日 外交部领事司在北京首都国际机场三号航站楼举办"外交部12308手机客户端推广暨中国公民海外平安文明行"宣传活动启动仪式。此次宣传活动从9月25日至10月7日，在首都机场二号和三号航站楼举行。其间，外交部领事司在首都机场三号航站楼国际出发大厅设立展位，向现场旅行团及游客发放《中国领事保护和协助指南》、领保宣传卡片等，并在大厅及所有国际航班登机口投放12308热线公益宣传广告及安全文明出行领保宣传片。

2018年10月

10月4日，中非共和国西南部城市索索－那孔波，一艘载有4名在当地务工的中国公民和1名中非青年的船只在卡岱河发生倾覆，4名中国公民幸存。随后，幸存的中国公民前往当地宪兵队做笔录配合调查，遭遇一伙当地暴徒袭击，导致3名中国公民死亡，另有1人重伤。当地宪兵队同时遭到围攻和洗劫。中国驻中非大使馆获悉此事后迅速应对，陈栋大使5日即与中非总统图瓦德拉通电话，并于当天紧急约见中非总理萨兰吉、内政和公安部部长旺泽，向中非方提出严正交涉并敦促相关部门迅速采取措施，及时开展调查，尽快将凶手绳之以法，并保护在中非中国公民的人身安全和其他合法权益。随即中非政府加派警宪力量赶赴当地保护中国公民人身财产安全，并派包机将遇害者遗体和伤者转移至首都班吉。

10月8日　中国驻尼日尔大使张立军赴中国政府援尼孔切将军大桥项目工地进行安全巡视。张大使在项目负责同志陪同下参观项目工地、了解项目施工进展，并强调，尼日尔施工条件艰苦，施工企业要进一步提高安全防范意识，并在保障安全生产的前提下，按时保质完成项目建设工作。

10月9日　中国驻吉尔吉斯斯坦大使肖清华与吉总理阿贝尔加济耶夫共同主持召开吉政府相关部门与中资企业对话会。肖大使表示，双方共建"一带一路"面临新的良好机遇，合作潜力巨大，希望双方共同努力，为企业投资经营活动提供全方位支持，以利合作顺利健康发展，为两国战略伙伴关系进一步深入发展做出积极贡献。

10月11日　阿联酋、巴基斯坦、埃及、印度尼西亚和比利时5国家有关企业代表一行17人前往中军军弘集团就建设海外安保联盟体系进行考察和对接。考察期间，与会代表研讨交流了当今国际安全形势，对中国安保行业在海外发展提出了宝贵意见和建议。

10月11～12日　上海合作组织成员国政府首脑（总理）理事会第十七次会议在塔吉克斯坦共和国杜尚别举行。各代表团团长指出，世界经济形势虽有所好转，但仍不稳定，经济全球化进程遭遇单边主义和保护主义抬头、发展速度减缓、金融市场波动等问题挑战。此外，国际恐怖主义、地区冲突、传染性疾病、气候变化和自然灾害引发的风险对世界经济前景造成负面影响。各代表团团长通过了《上合组织秘书处关于〈上合组织多边经贸合作纲要〉落实情况的报告》。

10 月 12 ~ 13 日 中国驻越南胡志明市总领事吴骏赴越南西宁省连续走访城成功工业区、福东工业区和铃中 3 个工业区，并对多家中资企业进行实地调研和安全生产巡视。吴总领事先后走访多家中资企业，实地考察企业的生产车间、仓库及有关安全设备设施，并就安全生产措施向负责人了解情况。

10 月 18 日 中国驻泰国孔敬总领馆代总领事李秀华拜会了新任泰东北旅游警察局局长萨潘。双方就开设汉语培训班、加强泰东北 20 个府的旅游设施安全、增加中文标识等合作事宜进行了交流，并达成了共识。

10 月 21 日 中国驻刚果（金）大使王同庆与在刚中资企业就"落实中非合作论坛北京峰会成果"进行座谈。20 多家在刚中资企业代表参加座谈会。王大使表示，各中资企业要深入学习习主席讲话和"八大行动"有关内容，继续秉持真实亲诚理念和正确义利观在刚生产经营，不断开拓创新，努力提升市场化、本土化、国际化水平，用实际行动推动中刚合作向更高水平发展。

10 月 23 日 中国驻巴基斯坦使馆举行中巴经济走廊中资企业协调机制第十次会议暨在巴中资企业安全工作第八次会议。姚敬大使向在巴中资企业介绍了巴新政府内政外交政策及新形势下中巴关系发展方向，表示各在巴中资企业要以习近平总书记在推进"一带一路"建设工作 5 周年座谈会上的重要讲话为指导，认真落实王毅国务委员兼外交部部长 2018 年访巴达成的重要共识，运营好已建成项目，确保在建项目顺利推进，同时加大对巴产业合作力度，积极履行社会责任，推动走廊迈向充实、拓展新阶段。

10 月 24 日 超级台风"玉兔"袭击美国塞班岛，造成千余名中国游客滞留。外交部等国内相关部门和中国驻美国洛杉矶总领馆十分关注因风灾滞留在塞班当地的中国公民，并就此开展相关工作。在中央政府有关部门、驻外使领馆、外交部驻港特派员公署和特区政府的密切协作下，多个航空公司紧急调派多架次飞机，于10月30日接回包括香港同胞在内的1600多名中国旅客。

10月31日 上合组织地区反恐怖机构在塔什干召开题为"打击恐怖主义——合作无国界"的会议。上合组织秘书长阿利莫夫特别强调："上合组织将逐步扩大与联合国及其专门机构的反恐合作，包括与联合国反恐怖主义办公室和其他机构以及国际组织开展合作。"

同日，中国驻尼日尔大使张立军赴中资企业承建的蒂拉贝里大区法里耶大桥项目工地进行安全巡视。张大使在企业和项目负责人陪同下参观项目工地并了解项目施工进展，并强调，尼日尔安全形势总体稳定，但不能放松警惕，施工企业要进一步提高安全意识，同时要在保障安全生产的前提下，按时保质完成项目建设工作。

（附录资料来源：外交部网站、商务部网站、上海合作组织网站、中国"一带一路"网、中国领事服务网、新华网、海外安全服务网、中国政法大学网站）

Abstract

Blue Book of Overseas Public Security and Its Cooperation focuses on overseas public security issues facing China and its response. The book is divided into five parts: General Report, Overall Report, Special Report, Report on Hot Issues and Appendix. Overall Report introduces the research progress on overseas public security at home and abroad, including concept definition, research category, research difficulties and research priorities, as well as main challenges and development trends on overseas public security faced by Chinese citizens and Chinese Enterprises. Special Report is based on the cooperation and governance of overseas public security. It summarizes the progress and deficiencies of China in the governance of overseas public security in recent years and elaborated from three levels: government, enterprise and international system. Report on Hot Issues includes three major topics, namely, the overseas public security issues involved in the construction of the Belt and Road Initiative, the challenges that terrorism poses to overseas public security, and the experiences and lessons of China's response to the overseas public security crisis reflected by Libya evacuation operation.

The book invited experts and scholars from Chinese Academy of Social Sciences (CASS), China Foreign Affairs University (CFAU), Zhejiang University, and other enterprises employees engaged in overseas security work to make joint efforts to combine theory with practice and provide reference for academic research, policy making and enterprise practice, which is a joint research project of CGE Peace Development Foundation and The Center for Regional Security Studies of CASS.

Contents

I   General Report

Abstract: Overseas public security is an important part of China's national security. In this sense, overseas public security affairs require more academic research and diplomatic attention as an independent major issue. Conceptually, there are connections and differences among overseas public security, public security, and overseas interests. From the perspective of research subjects, both individuals and enterprises are included. Overcoming the fragmentation status caused by the sovereign state system is an important way to govern overseas public security. This not only requires the construction of coordination and cooperation mechanism, mechanism, institution and hard power among multiple entities, such as domestic government, enterprises, and individuals, but also the construction of international connection and collaborative network. In short, it is essential for China to develop compound approaches to address challenges on overseas risk and enhance its overall supply capacity of overseas public security in the future.

Keywords: Overseas Interest; Governance Cooperation; Capability Building

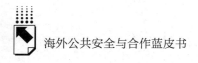
Ⅱ Overall Report

B. 2 The Comparative Analysis of Overseas Interest Protections

Xiao He / 012

Abstract：Overseas public security identified the issue of protecting Chinese citizen's personal safety aboard more accurately than other theoretical concepts or analytic aspects such as oversea interest. The key problem of overseas public security cooperation the gap between the development of international economy and politics：the global governance driven by globalization is divided by the territorial boundaries of national sovereignty. Under this context, the international cooperation of public security meets the lack of integration of authorities, capabilities and willing and dilemma of power, resource and benefit. To overcome these limitations, on the one hand states try to make the international order more coercive and tame the sovereignty, on the other hand states all attempt to bypass the sovereignty system by decentralization and delegation, aiming at more efficient distribution of security resources. China should also follow the new tides of international public security cooperation and enhance its overall capabilities of public security provision.

Keywords：Overseas Public Security Cooperation；Overseas Interest Protection；International Cooperation；International Rule；Power in Network

B. 3 Current Situation and Development Trend of Overseas Chinese Citizens' Safety

Wei Ran / 028

Abstract：With the implementation of " Going Out " strategy and the advancing of the Belt and Road Initiative, a growing number of Chinese citizens make overseas trips. Under the background of the complicated international situation and the intertwined security threats, safety accidents of overseas Chinese citizens demonstrate several characteristics, such as the increasing frequency, various category and distinct regional feature. Meanwhile, it also shows some developing trends. For instance, the enhancement of security risk, accended peril ratio and development of younger age. Taking above mentioned into consideration, some effective measures should be taken in order to fufill the mission of protecting people's security and improve the capability of safeguarding overseas Chinese citizens' lawful rights and interests. On the one hand, government should adopt different measures for different groups of people, establish and strengthen mechnish for communication and cooperation. On the other hand, overseas Chinese citizens themselves should attach great importance to related safety information and always be prepared for the journey. In this case, the pace of "going out" is not only fast, but also steady.

Keywords: Chinese Citizens; Overseas Safety Accidents; Risk

B. 4 China's Overseas Investment and Its Risks *Liu Xiaoxue* / 060

Abstract: The article provides a general picture of China's overseas investment, and by following the definitions of risks given by the various study bodies, analyzes the major challenges facing Chinese enterprises abroad, some rising from bilateral political relations, some from the host countries' doing-business environments, or from agency risks of the enterprises themselves. To illustrate such potential risks may prepare the enterprises better for the future going-abroad practices.

Keywords: Overseas FDI; Excess Production; Infrastructure

III Special Report

B. 5 China's Consular Protection Mechanism in 2018

—Analysis According to Reports Published on the Website of
Consular Service, Ministry of Foreign Affairs of China

Xia Liping / 076

Abstract: This paper summarizes the progress of China's consular protection mechanism in 2018, and analyzes its characteristics according to reports published on the website of Consular Service, Ministry of Foreign Affairs of China. MFA emphasizes providing legal support to consular protection, improving citizens' law-abiding consciousness and no protection for citizens' " illegal acts ". The mechanism of liaison officer of consular protection has matured gradually, which to a certain extent, alleviates the pressure brought by the shortage of professional consular personnel. Chinese embassies and consulates have set up liaison and coordination mechanisms involving local government departments and local Chinese citizens. Publicity on consular protection and prevention mechanism are more targeted, different contents for different groups of citizens. The participants in the construction of emergency mechanism are diversified and the procedures of emergency disposal are clear. In the process of emergency disposal, MFA, Chinese embassies and consulates release information timely, let the public understand the detailed process in order to lead public opinion.

Keywords: Consular Protection; Emergency Disposal Mechanism; Prevention Mechanism

B. 6 Overseas Practice Status and Challenges of Chinese Security Company

Jin Guiling, Jiang Shan and Bian Hong / 106

Abstract: Since the implementation of the "going out" strategy in 1997 and the implementation of the "Belt and Road Initiative", Chinese-funded enterprises have gone through 20 years. While we have achieved fruitful results in overseas investment and overseas undertaking projects, we have also paid a heavy price and the cost of life. With the increasing complexity of international relations and security environment, various types of risks faced by Chinese-funded enterprises and personnel overseas have gradually intensified. Doing risk identification, risk prevention, risk warning, and risk disposal and effectively protecting overseas personnel and property has risen to national will. The rigid demand for overseas interest protection has spawned and promoted the overseas security market and the integration of Chinese security market with the international market. This paper analyzes the current situation, development dilemma, market opportunities, problems encountered and solutions of Chinese security companies in overseas markets. On the one hand, it helps Chinese companies and security companies understand and prevent overseas risks. On the other hand, it will help Chinese security companies understand how to locate overseas markets, how to achieve model transformation, and realize the "China Security Going Out" in the true sense.

Keywords: Overseas Risks; Overseas risk Response; Overseas Security; Security Going Out

B. 7 The Construction of International Security System: Current Condition, Progress and Experience

Zhou Zhanggui / 125

Abstract: With increasing overseas investment and project development under the "Belt and Road Initiative" (BRI), China is facing challenges of national interests protection, meanwhile a quick growth of market opportunity for Chinese security industry. It's obviously important to regulate and guide the security industry stakeholders in a healthy way, particularly those private security companies (PSCs) conducting overseas operation. The international regulation of private security industry over several decades witness an international legal framework established, among them, the Montreux Document and the International Code of Conduct for Private Security Service Providers are most core documents. The long international regulation history reflects a multi-stakeholder co-governance mode, with a balanced emphasis of different functions of government, enterprises and civil society. It will take time for China's security services going abroad and become mature. The main players should actively adapt to the industry transformation from a normal environment to "a complex environment". At present, speeding up security industry regulation and legalization become a high priority for China, meanwhile the private security providers should make efforts to enhance capacity building and play a good role in facilitating the security protection system construction for "Overseas China".

Keywords: Overseas Interests; The Montreux Document; Private Security Service Regulation

IV Report on Hot Issues

B. 8   Analysis on the Advancement of the Belt and Road Initiative and Major Overseas Public Security   *Ren Yuanzhe* / 138

Abstract: Since the Belt and Road Initiative has been promoted for more than five years, it has achieved remarkable achievements in all aspects and became an important platform for China's participation and leadership in global cooperation. Meanwhile, the security risks faced in advancing the Belt and Road Initiative are also increasingly prominent. Therefore, safety of people, institutional and investment need to be better secured. The main challenges of overseas public security issues while advancing the development of the Belt and Road Initiative can be listed as follows. Increased superpower games, the impact of the changed domestic political situation, rising risks of terrorist attacks, weak global economic recovery, accelerated public opinion changes and rising challenges of non-traditional security. In the future, it is essential for China's overseas public security protection to strengthen the top-level design, increase the awareness and capability of overseas security risk prevention, enhance security forces according to local conditions, actively explore the new mode of cooperation of "going out", steadily advance the Belt and Road Initiative and promote to build a new pattern of opening-up.

Keywords: The Belt and Road Initiative; Overseas Public Security; Risk Prevention; Security Force

B. 9　The Developments of Global Terrorism and its Challenges to Overseas Public Security

Kong Dehang, Wang Jin / 155

Abstract: Global Terrorism is a major threat to China's overseas public security, and the global terrorism could be divided into three blocs: ISIS network, Al-Qaeda network and the local terrorism network represented by al Shabaab in Somalia and Abu Sayyaf organization in Southeast Asia. These terrorism groups impose major terrorist threats to states along the Belt and Road Initiative area and challenge China's overseas public security. Although China is not the major target of these terrorist organizations, China still needs to focus on the latest developments and ensure its own overseas public security.

Keywords: Terrorist Organizations; Al Qaeda; ISIS; Overseas Public Security

B. 10　China's Libya Evacuation Operation and Crisis Management of Overseas Public Security

Guo Lijun / 172

Abstract: Under security crisis, demand for protection has become a major

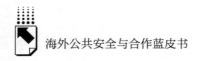

concern for overseas Chinese, when more and more visitors, students and businessmen travel aboard as the "Belt and Road Initiative" promoted China's cultural and economic cooperation to nearly every corner in this world. As a result, the Chinese government has made every effort to protect its citizen aboard, including massive evacuation campaign using diplomatic, even military power, as it did in Libya, 2011. In this article, the author made several interviews to compare evacuation operations from Libya in 2011 and 2014, as well as evacuations from Syria, Viet Nam, and so on. Based on those case studies, the author suggests the Chinese government to pay higher attention to risk evaluation for unstable areas in which overseas investments and individual activities are concentrated. Related methods should include: building up-to-date database for overseas Chinese, database for key geographical information, as well as software and hardware for emergent communication reliable during major local facility failure. In order to make timely and effective decision for evacuation, the government should also encourage specialized experts with overseas working experience on crisis management, to work on solutions and action plans based on real cases. At the same time, efforts should be made to build "safe house" in high-risk area, as temporary shelter or gathering point before evacuation. Major engineering project sites, logistic bases, supply stations along transportation routes, etc., could be upgraded to safe shelters. It is important for the government to mobilize all kinds of resources with preferential policies to connect the shelters into evacuation routes, and further, into global rescue network. It is even more important for the rescue network to comply with international code of conduct.

Keywords: Crisis Management; Overseas Public Security; Libya Evacuation Operation

V Appendix

❖ 皮书起源 ❖

"皮书"起源于十七、十八世纪的英国，主要指官方或社会组织正式发表的重要文件或报告，多以"白皮书"命名。在中国，"皮书"这一概念被社会广泛接受，并被成功运作、发展成为一种全新的出版形态，则源于中国社会科学院社会科学文献出版社。

❖ 皮书定义 ❖

皮书是对中国与世界发展状况和热点问题进行年度监测，以专业的角度、专家的视野和实证研究方法，针对某一领域或区域现状与发展态势展开分析和预测，具备原创性、实证性、专业性、连续性、前沿性、时效性等特点的公开出版物，由一系列权威研究报告组成。

❖ 皮书作者 ❖

皮书系列的作者以中国社会科学院、著名高校、地方社会科学院的研究人员为主，多为国内一流研究机构的权威专家学者，他们的看法和观点代表了学界对中国与世界的现实和未来最高水平的解读与分析。

❖ 皮书荣誉 ❖

皮书系列已成为社会科学文献出版社的著名图书品牌和中国社会科学院的知名学术品牌。2016年，皮书系列正式列入"十三五"国家重点出版规划项目；2013~2019年，重点皮书列入中国社会科学院承担的国家哲学社会科学创新工程项目；2019年，64种院外皮书使用"中国社会科学院创新工程学术出版项目"标识。

中国皮书网

（网址：www.pishu.cn）

发布皮书研创资讯，传播皮书精彩内容
引领皮书出版潮流，打造皮书服务平台

栏目设置

关于皮书：何谓皮书、皮书分类、皮书大事记、皮书荣誉、

　　　　　皮书出版第一人、皮书编辑部

最新资讯：通知公告、新闻动态、媒体聚焦、网站专题、视频直播、下载专区

皮书研创：皮书规范、皮书选题、皮书出版、皮书研究、研创团队

皮书评奖评价：指标体系、皮书评价、皮书评奖

互动专区：皮书说、社科数托邦、皮书微博、留言板

所获荣誉

2008 年、2011 年，中国皮书网均在全国新闻出版业网站荣誉评选中获得"最具商业价值网站"称号；

2012 年,获得"出版业网站百强"称号。

网库合一

2014 年，中国皮书网与皮书数据库端口合一，实现资源共享。

权威报告·一手数据·特色资源

皮书数据库
ANNUAL REPORT(YEARBOOK)
DATABASE

当代中国经济与社会发展高端智库平台

所获荣誉

- 2016年，入选"'十三五'国家重点电子出版物出版规划骨干工程"
- 2015年，荣获"搜索中国正能量 点赞2015""创新中国科技创新奖"
- 2013年，荣获"中国出版政府奖·网络出版物奖"提名奖
- 连续多年荣获中国数字出版博览会"数字出版·优秀品牌"奖

成为会员

通过网址www.pishu.com.cn访问皮书数据库网站或下载皮书数据库APP，进行手机号码验证或邮箱验证即可成为皮书数据库会员。

会员福利

- 已注册用户购书后可免费获赠100元皮书数据库充值卡。刮开充值卡涂层获取充值密码，登录并进入"会员中心"—"在线充值"—"充值卡充值"，充值成功即可购买和查看数据库内容。
- 会员福利最终解释权归社会科学文献出版社所有。

数据库服务热线：400-008-6695
数据库服务QQ：2475522410
数据库服务邮箱：database@ssap.cn
图书销售热线：010-59367070/7028
图书服务QQ：1265056568
图书服务邮箱：duzhe@ssap.cn

社会科学文献出版社 皮书系列
SOCIAL SCIENCES ACADEMIC PRESS (CHINA)

卡号：122561574897
密码：

S 基本子库
UB DATABASE

中国社会发展数据库（下设 12 个子库）

全面整合国内外中国社会发展研究成果，汇聚独家统计数据、深度分析报告，涉及社会、人口、政治、教育、法律等 12 个领域，为了解中国社会发展动态、跟踪社会核心热点、分析社会发展趋势提供一站式资源搜索和数据分析与挖掘服务。

中国经济发展数据库（下设 12 个子库）

基于"皮书系列"中涉及中国经济发展的研究资料构建，内容涵盖宏观经济、农业经济、工业经济、产业经济等 12 个重点经济领域，为实时掌控经济运行态势、把握经济发展规律、洞察经济形势、进行经济决策提供参考和依据。

中国行业发展数据库（下设 17 个子库）

以中国国民经济行业分类为依据，覆盖金融业、旅游、医疗卫生、交通运输、能源矿产等 100 多个行业，跟踪分析国民经济相关行业市场运行状况和政策导向，汇集行业发展前沿资讯，为投资、从业及各种经济决策提供理论基础和实践指导。

中国区域发展数据库（下设 6 个子库）

对中国特定区域内的经济、社会、文化等领域现状与发展情况进行深度分析和预测，研究层级至县及县以下行政区，涉及地区、区域经济体、城市、农村等不同维度。为地方经济社会宏观态势研究、发展经验研究、案例分析提供数据服务。

中国文化传媒数据库（下设 18 个子库）

汇聚文化传媒领域专家观点、热点资讯，梳理国内外中国文化发展相关学术研究成果、一手统计数据，涵盖文化产业、新闻传播、电影娱乐、文学艺术、群众文化等 18 个重点研究领域。为文化传媒研究提供相关数据、研究报告和综合分析服务。

世界经济与国际关系数据库（下设 6 个子库）

立足"皮书系列"世界经济、国际关系相关学术资源，整合世界经济、国际政治、世界文化与科技、全球性问题、国际组织与国际法、区域研究 6 大领域研究成果，为世界经济与国际关系研究提供全方位数据分析，为决策和形势研判提供参考。

法律声明

　　"皮书系列"（含蓝皮书、绿皮书、黄皮书）之品牌由社会科学文献出版社最早使用并持续至今，现已被中国图书市场所熟知。"皮书系列"的相关商标已在中华人民共和国国家工商行政管理总局商标局注册，如LOGO（￼）、皮书、Pishu、经济蓝皮书、社会蓝皮书等。"皮书系列"图书的注册商标专用权及封面设计、版式设计的著作权均为社会科学文献出版社所有。未经社会科学文献出版社书面授权许可，任何使用与"皮书系列"图书注册商标、封面设计、版式设计相同或者近似的文字、图形或其组合的行为均系侵权行为。

　　经作者授权，本书的专有出版权及信息网络传播权等为社会科学文献出版社享有。未经社会科学文献出版社书面授权许可，任何就本书内容的复制、发行或以数字形式进行网络传播的行为均系侵权行为。

　　社会科学文献出版社将通过法律途径追究上述侵权行为的法律责任，维护自身合法权益。

　　欢迎社会各界人士对侵犯社会科学文献出版社上述权利的侵权行为进行举报。电话：010-59367121，电子邮箱：fawubu@ssap.cn。

社会科学文献出版社